ENIGMA 11
双書エニグマ
ichinose masaki

原因と理由の迷宮

The Labyrinth of Cause and Reason

The Philosophy of 'Because'

「なぜならば」の哲学

一ノ瀬正樹

keiso shobo

まえがき

「なんでそんなに分かってしまうのか」。中学生の頃から私はそう思いはじめた。数学の時間に、「球」などの立体について教わった。そのとき先生は、球と球は「点」で接します、という。そして同時に、「点」は「面」でも「線」でもないので、広がりも長さもありません、ともいう。はて、それでは球と球が「点」で接しているということは、接している面はないということなのか。しかし、接している、というのは、触れあっていることであって、触れているということは触れている面があることなのではないか。ということは、点で接しているというのは、実は接しているのではなく、浮いていることなのではないか。だから、球と球はどんなに近づけても本当に接することはなく、いつも浮きあっているのではないか。休み時間になると、私はこんなことを思いはじめていたたまれなくなり、先生に質問にいった。「先生、球と球が点で接しているということは、球と球はくっつけても浮いてしまうということなのですか。「点」には面積がないんだから」。こう質問したときの、先生の何ともいえなくゆがみゆく顔を思い出す。たしか、「そんな難しく考えなくていいんだよ。点で接すると覚えればいいんだよ」と、そんなふうにいわれたと思う。私は納得ができなかった。点で接するという事態に納得がいかなかっただけではない。こんなに不思議なことを誰も何の苦労もなく「分かってしまう」ことに納得がいかなかった。なんで、そんなに分かっちゃうのか。

こうした、納得がいかない、合点がいかない、分からない、という感覚はいい大人になったいまでも濃密に残り続けている。べつに、そういう状態を望んでいるわけではない。分からないという状態は、ときどきシュールな快感を覚えるけれど、好きなわけではない。第一、分からないでいると、ふわふわしていて心もとない。何かどっしりとした、絶対に確信できるものがあれば、それを土台にして、しっかりと地に足のついた生活ができるだろうに。しかし、世間には、ものごとに自信をもってなにかを断言できる人たちがいるように見える。しっかりした人生観をもっている人。一つの物事に確固たる信念を持っている人。一つの価値をゆるぎなく追求する人。そういう人たちの多くは人々の信頼を得て、尊敬を集める（なかには危険な方向に走る人もないではないが）。でも、私にはできない。本当にそうなのか、という冷めた疑念がいつも頭をもたげる。こうした性向は、自分一人の個人生活にのみ関わっているならべつに他人に害を与えるわけではないし、まして哲学を勉強するぶんにはむしろ都合がよい。哲学とは、なによりもまずは「問うこと」「疑うこと」を重要な動機とする学問だからである。けれども、それで済まないのが世間である。社会である。私は、哲学を教える立場になってしまった。教えるとは、規定的に、自信と確信をもって情報や実践方法を伝えることでなければならない。告白しなければならないが、私は大学で哲学を講じるときいつも自己弁解を用意している。哲学を教えるというのは、「問うこと」「疑うこと」を示すことなのだから、むしろ自信や確信をもって語ってはいけないのだ、と。かつて哲学者カントは、哲学は教えられないが、哲学することは教えられる、と述べたが（カント2005下、160参照）、私個人の感覚では、哲学するという実践方法でさえ教えることなどできない。どんな実践方法がよいのか絶対の確信はもてないからだ。ああ、なんということだろう！　哲学の教師など、語義矛盾ではないのか！

けれど、さらに観察してゆけば、自信をもってなにかを断言し、それゆえに尊敬を集めている人も、べつに自分たちの自信の根拠が絶対的に確実なものだと思っているわけではない、そう思えるはずがない、ということが見えてくる。というのも、彼らも自信を砕かれ、間違いや失敗をしでかすときがあるからである。しかし、それにくじけず、次に進もうとする。そうなのだ。絶対的な自信や確信は、絶対的で確実な根拠があることを含意しているのではなく、根拠が不確実ななかでの、なにかの態度の形なのである。それは、「意志」とか「勇気」とか、そういうものかもしれない。いずれにせよ、不確実な根拠を前にしてどうするか、実はそれが問題なのだ。そのように思い至ったとき、哲学を論じるため講義室に向かうときの地面が、ほんの少しだけ固くなったように感じられた。

「不確実な根拠」、これがこの本の主題である。ここで「根拠」は、「原因」と「理由」という二つの概念によって分析される。「根拠」を問われたとき、私たちは「なぜならばこれこれだから」と答える。こうした答えの中の「これこれ」として現れるのが「原因」または「理由」である。そうした「原因」や「理由」が、ことの本性上、どうしても不確実でしかない、という迷宮性に焦点を合わせて、おもに現代哲学で論じられている主題を素材にしながら、そして私自身が細々ながらも考え続けている方向性に沿って、とことこと歩くように論じ進めてみた。先に述べたように、それはいわば私自身の実感に発した、自分を勇気づける営みでもある。

全体の流れを述べておこう。まず序章において、「原因と理由の迷宮」という問題設定の意義を「不確実性の認識論」として論じる。そして前半の第一章と第二章とで、不確実性の内実をなす「確率」と「曖昧性」を主題的に論じる。その後、後半では、前半の議論を「原因」や「理由」を語る二つのタイプ、すなわち過去言及タイプと未来包含タイプ、にそれぞれ応用して、検討してゆく。まず第三章では、過去言及タイプの「原因」や「理由」に関わる問題を「歴史認識」という主題のもとで論じる。次に第四章で、未来包含タイプの「原因」や「理由」のありようを「仮説の確証」という場面に即して検討してゆく。この筋立てからも了解されるように、本書は、「不確実性」に焦点を合わせると同時に、過去や未来という「時制」も議論を組み立てる基軸としている。私は数年前に同じく勁草書房から『原因と結果の迷宮』という本を出版した。それは、計画では、私の因果性研究の三部作の第一作であった。本書はその第二作目である（本当に第二作ができるかはまさに不確実だったのだが）。したがって、多くのことを『原因と結果の迷宮』から受け継いでいる。「時制」を重視する、というのも継承した方針の一つである。望むらくは、前作と合わせてお読みいただければと願っている。しかし、もちろん、本書は本書としての独立性もあり、単独でも十分に理解していただけると思う。少なくとも私は、読者を目の前にして、呼びかけ、応答し合うことを想定しながら、つまりは理解してもらうことを強く想いながら、執筆した。よって、読者のみなさんを「あなた」と表現している。

文献の引用は、巻末の文献表に従って、著者名、発行年、頁数を、本文中かっこ内に表示した。また、前作『原因と結果の迷宮』は、『迷宮1』と表記した。

では、「原因」と「理由」をめぐる迷宮にいよいよ歩を進めることにしよう。

原因と理由の迷宮
「なぜならば」の哲学

目次

第二章　曖昧な理由　vibrante……101

序　章　不確実性の認識論

call and response

1　原因なのか理由なのか

日本語に対する関心が高まっているそうである。確かに日本語には正しく識別することが難しい言葉があり、それが興味をそそることは間違いない。「おざなり」と「なおざり」の違いをいえ、などと急に問われると、大学の文学部教員といえども、いや文学部教員だからこそ間違えたら恥ずかしいので、狼狽してしまう（自分は哲学専攻で、国語学専攻ではない、などという言い訳は見苦しくてまずできない）。しかし、日本語の中には、「おざなり」と「なおざり」のように明白な区別があるのだけれど（はっきりしない人は自分で調べてください）、あまり深く考えてなかったがゆえに識別しにくいというのではなく、本質的に識別しにくい、それゆえしばしば交換して使っている、という言葉がある。たとえば、「首相」と「総理」、あるいは「謝る」と「詫びる」などはそうだろう。これらはほぼ同義語である。それでは、「原因」と「理由」はどうだろうか。この二つは、「おざなり」と「なおざり」のように明白な区別があるのだろうか、それとも「首相」と「総理」のようにほぼ同義語なのだろうか。

このように私が問いかけるのは、「原因」と「理由」は同じような用法で使われることが多々あると感じられると同時に、区別して使われている場合も多いと思われるからである。大雪のため高速道路がひどく渋滞していたとしよう。このとき、私たち通常の日本語スピーカーにとって、「渋滞の原因は大雪です」という述べ方と、「渋滞の理由は大雪です」という述べ方との間に、大きな相違は認められない。「労使交渉決裂の原因」と「労使交渉決裂の理由」などの場合も、やはり違いはないといってよいだろう。実際、さまざまな報道機関からもたらされる情報においても、「原因」と「理由」は交換可能な仕方でほぼ同義的に用いられていることがある。たとえば、ネットで朝日新聞のサイト内検索をしてみると、二〇〇五年一〇月二五日富山版で、出没するツキノワグマの被害が減少しているというニュースが見出される。それは、「その理由とこれからの課題を探った」とはじめられていて、その後「減少した原因について、県自然保護課は「山の木の実りが昨年と比べて良く、エサ不足にならなかったため、例年程度の被害になった」と推測する」と報じている (http://mytown.asahi.com/toyama/news.php?k_id=17000178888880437)。ここでは明らかに「原因」と「理由」はほぼ同義に使われている。

けれども、他方で、「原因」と「理由」にははっきりと違いが感じられる文脈も多い。小学校で特定の子に意地悪をし続けている少年に対して、先生が「意地悪をする理由をいいなさい」と問うことは意味をなすが、「意地悪をする原因をいいなさい」という問いは日本語として落ち着きが悪い。逆に、突然痙攣しはじめて倒れてしまった人に関して、「原因は何か」と探ることは理解できるが、「理由は何か」という探り方は奇妙に聞こえる。この場面で「理由」を問うのは、まるでわざと倒れたことを見越しているかのように響く。新聞の紙面にも「原因」と「理由」とを区別して使い分けている例は多い。再び朝日新聞に例を取れば、二〇〇五年四月二〇日のネット上の紙面で、パソコンによる目の不調についての健康相談の記事が載った。そこでは、仕事にパソコンを使用する人の眼精疲労に関して「作業をしやすい労働環境条件に対する理解不足などの理由から社会問題となったことがあります」と記されている。その後でドライアイも言及され、ドライアイの「原因も老化にともなう種々の自然変化以外にいろいろあると考えられています」と述べられている（http://www.asahi.com/health/soudan/jhealth/TKY200504200196.html）。ここでは、ドライアイの「原因」は老化や自然変化であって、眼精疲労が社会問題となった「理由」は理解不足であるとされているわけで、おおまかに「原因」は自然的現象、「理由」は人為的現象という振り分けが行われているように読める。

しかし、それで何が問題なのか、とあなたは思うかもしれない。言葉は微妙なニュアンスをそれぞれ持っていて、文脈や条件に応じて近い意味になったり異なって用いられたりすることは当たり前だ。「騒がしい」と「うるさい」だって同じになったり、違って用いられたりするではないか、と。けれども、哲学という禁断の実を食べてしまった人にとって、「原因」（cause）と「理由」（reason）の対比はとてつもなく重大なのである。ものの考え方の根本を決定してしまうほど、根源的なのである。というのも、「原因」と「理由」の対比は、推論、認識、行為という哲学のほぼすべての主題の根幹に本質的に関わっているからである。最近の文脈でいえば、行為の説明という問題圏においてこの対比が顕著に主題化された。アメリカの哲学者デイヴィドソンは、人間の行為は「原因」によって説明されるべきなのか「理由」によって説明されるべきなのか、という問いを論じて、「行為の理由は行為の原因である」という独自の因果説を提起したことで知られている。そこで彼は、行為を合理化する「理由」として「賛成的態度」(pro attitude) と「信じること」(believing) とを挙げ、「賛成的態度」の内容を「願望、欲求、衝動、さまざまな道徳的見解、美的基準」などなどと記述している (Davidson 1980, 3-4)。これに対して「原因」は、状態、性向、出来事、といったタームによって把握されている (Davidson 1980, 11ff)。ここから窺われるように、哲学者はまず「原因」と「理由」を区別して、その上で両者の関係性を論じる、というスタンスを基本的に取っているのである。こうした事情は、何も現代になってはじまったことではない。一九世紀ドイツの哲学者ショーペンハウアーは、最初の著作『充足理由律の四つの根について』において、認識・論理に関わる「理由」原理と、自然的現象に関わる「因果」原理とをきっかりと区別することの重要性を説き、両者を混同しているとしてアリストテレスやデカルトやスピノザなどを批判したのである (See Schopenhauer 1977)。ただ、ショーペンハウアーの言い方から逆に示唆されるように、近世前期までは「原因」と「理由」はむしろ同一視されていた、という事情も浮かび上がってくる (村上 2005, 181-199 を参照)。ちなみにいえば、私は、「原因」と「理由」の対比をどう捉えるかという点を基準にして哲学史を叙述すると、思考の流れがクリアに浮かび上がってくるのではないかとひそかに思っている。少なくとも、合理論、経験論、ドイツ観念論などという叙述よりはよっぽど内実が伴うだろう。

2 「なぜならば」文の響き

本書は、私の因果性研究三部作の第二部として、このように錯綜し、一種の迷宮をなしている「原因」と「理由」の関わりようについて探究することを主題とする。そこで、まず、日常的な語感、およびいま少しだけ触れた哲学史的知見とを踏まえて、さしあたりの手掛かりとして、「原因」と「理由」という対比を次の三つの観点から大まかに整理しておきたい。

(1)「原因」は時間的推移を包含した概念であるのに対して、「理由」は無時間的である。よって、痙攣して倒れたという時間的推移を有す出来事に対しては「原因」が適用されるが、友達に意地悪をする根拠は、意地悪をすることを納得させる正当化の論理が問われているのであって、そうした論理はいつ誰が誰に意地悪しようと当てはまるという意味で時間性から独立なので、「理由」概念が当てはめられる。

(2)「原因」は自然的出来事に適用されるのに対して、「理由」は意味的内容に当てはめられる。意味的内容とは人為的・言語的なものであり、よってそこには、意味それ自体以外に、認識、信念、意図、欲求などの内容が含まれる。こうした対比は、「因果性」(causality)と「志向性」(intentionality)という哲学での基本的対比とおおよそ対応している(『迷宮1』序章参照)。いずれにせよ、このような対比によって、ドライアイの「原因」として「老化」という自然的出来事が指定されたりするのであり、眼精疲労が社会問題となった「理由」として労働環境への「理解不足」という認識・信念のありようが割り振られるのである。

(3) 原則的に、「原因」は外延的(extensional)であり、「理由」は内包的(intensional)である。このことは(2)からの帰結である。すなわち、「原因」は出来事を指示するので、その出来事を指しているのであればどういう表現でそれを記述しても事態としては同じことが指示されている。よって、同じ対象を指示する表現(外延を等しくする表現)によって交換可能である。それに対し、「理由」は本質的に言語依存的なので、出来事として同じであったとしても、どう表現するによって(内包によって)異なることを意味していることになる。

しかしながら、こうした大まかな対比を眺めればすぐに分かるが、以上の三つの対比はあくまで大筋であって、厳密なものではない。実際、以上の三つの観点が引く境界線は、少なくとも日常的には簡単に飛び越えられ、反転してゆく。「原因」が時間的といっても、「原因」概念を用いる自然法則は無時間的に理解できるし、「理由」が無時間的だといっても「理由をもつこと」や「理由を述べること」(そういうふうにしか「理由」なるものは出現しえない)としてそれを捉え返すとき、時間的なものに変転する。また、自然的出来事についてあてがわれる「原因」とて実はやはり言語的にしか記述できないことを考えると、意味的内容をもつし、「理由」も、もったり述べたりすることによってしか発現しないならば、実はやはり出来事であるといいうる。ならば、「原因」の外延性と「理由」の内包性との境界線も直ちにゆらぎゆくことになってしまうだろう。こうした点から振り返るならば、「原因」と「理由」をほぼ同じ仕方で用いるという私たちの使用法にも、十分な正当性があったことが了解されてくる。「原因」と「理由」とは、異なる素地をもちつつも、混じり合ったり、反転し合ったりして、私たちの世界理解の骨組みを形成しているのである。よって私は、「原因」と「理由」はどう違うか、という問題を論じるつもりはない。そうではなく、「原因」と「理由」という形で区別されながらも、互いに反転し合って区別がゆらいでゆくさま、それにこそ眼差しを向けたい。（このように、両者を決定的に相容れないとは考えないという点で、私は近世前期以前の伝統に立つといえるかもしれない。）

実際、「原因」と「理由」には強力な共通性がある。それは、「なぜ」、「どうして」といった問いに対する「なぜならば」文（および事実上それに該当する文）のなかで用いられるということ、そのことである。「なぜ」という疑問は、人間の知識の拡大、人間相互のコミュニケーションを担う、私たちの知的活動のきわめて基本的な指針である。それに応じる基本形が「なぜならば」文であり、そこに「原因」と「理由」がともに現れるというのだから、この二つの概念がいかに根源的かがここからもうかがい知れる。同様な事情は、「なぜならば」に対応する英語の「because」からもかいま見ることができる。多くの辞書に書いてあるように、「because」は「by cause」（原因によって）から発した語であり、それが「for the reason that」（これこれの理由のゆえに）を意味しているのである（E. g. see Compact Oxford English Dictionary, 2000, 84）。そして私は、この事情を受けて、「原因」と「理由」の対比のありようを探るには、まさしく「なぜならば」文に焦点を合わせればよいのではないかと思うのである。ただ、どのような形で焦点を合わせるのかは、少し説明が必要である。

私は、「なぜ」と「なぜならば」を実際に発話して用いている場面を基本モデルとして捉える。よって、それ以外の、単に自分の頭の中でだけ自己問答している場合も、言葉を用いて内語として発話している状態として解したい。本を読んだり、メディアを通じて何らかの情報を受けとる場合も、その情報内容の理解に至っている場合は、「なぜ」と「なぜならば」の自己問答を経ていると捉えたい。すなわち私は、総じて、推論であれ認識であれ行為であれ、それらについてなにごとかを理解するという知的営みは「なぜ」と「なぜならば」という発話を通じた「原因」と「理由」の理解実践であると、そう押さえたいのである。以後私は、論理、認識、行為などに関する「なぜならば」文の発話を通じて「分かる」という知的な営みや活動全般を、流通している用語がないので、「理解実践」と表現することにする。いずれにせよ、以上のような発想は、私が以前から展開している「音楽化された認識論」という考え方と連動している（一ノ瀬 1999 参照。着想の源泉はアウグスティヌスの『音楽論』にある）。なにごとかについての知的な理解が理解するという実践として、しかも発話として捉えられるならば、知的な理解実践とは「音声」としてあるのであり、したがって（美的にはどうあれ）そこにはリズム・メロディー・ハーモニーといった音楽の構造が認められなければならない。理解実践が音楽である、というのは比喩ではなく、文字通りの意味なのである。もしかしたら、低音で、絶妙の間合いで語られる名講義が頭に染みこんでくる、といった誰もが経験するようなことが際立った一つの例解になるかもしれない。私は、知識や理解というのは「音」や「声」に本来的に関わっていると思うのである。言葉に魂を込める、という言い方があるが、魂とはスピリットであり、スピリットとはもともと「呼気」の意味であることを考えるならば、そこには間違いなく「音」が絡んでいる。いずれにせよ、本書で私は、「原因」と「理由」の問題を「なぜならば」文という音声の問題として検討していく、ということを基本スタンスとしたい。「なぜならば」文の響き、それが検討すべき対象である。

3 「呼びかけと応答《コール・アンド・レスポンス》」

以上のようなスタンスからすると、「原因」と「理由」という知的な理解実践の現場となる「なぜ」と「なぜならば」の応答は、アフリカ音楽に由来し、今日ではゴスペル、ブルース、ジャズなどに受け継がれている、「呼びかけと応答」(call and response) の形式にほかならないことが見えてくる。こうした形式は、西洋音楽の「交唱」などにも見出されるし、「対位法」という手法も聞き手によっては「呼びかけと応答《コール・アンド・レスポンス》」に聞こえることもあるだろう。この「呼びかけと応答《コール・アンド・レスポンス》」とは基本的には「通常異なる音楽家によって演奏される二つの別個なフレーズの連なりであり、そこでは第二のフレーズは第一のフレーズに対する直接的なコメントあるいは応答として聞こえる。これは人間のコミュニケーションにおける呼びかけと応答のパターンに対応している」が、発祥元とされるアフリカ西部では「声や楽器による音楽的表現と同様に、市民に関する問題、宗教的儀式、などでの公的な集会など、民主的参加の普及したパターンでもある」(Call and response 2005)。私はこれをさらに普遍化して、人間の理解実践一般のモデルと捉えたいのである。[1]

こうしたモデルに従うならば、「原因」と「理由」の対比もまた少々違った相貌を帯びてくる。たとえば、「原因」と「理由」が原理的には異なっていることを示す例として、それゆえ「原因」と「理由」がどのように関わっているのかを検討する試金石として、よく知られている「ソプラノ問題」というものがある。それはドレツキが印象的な仕方で提示しているもので、「ソプラノ歌手の高音域の哀願調の歌声はグラスを割るかもしれないが、その意味はそれがこの結果をもたらすことに対しては無関係である」（ドレツキ 2005, 132）という事態のことを指す。ソプラノ歌手の物理的な意味での歌声はグラスが割れたことの「原因」にはなるけれど、歌の「意味」はグラスが割れたことを何も説明しない、何の「理由」にもなっていない、という含みである。ドレツキ自身は、デイヴィドソンの路線をさらに錬磨し、何とか「意味」すなわち「理由」を自然化して（自然現象と見なせるように捉え返して）、「意味」を因果のタームに包摂しようとしている。しかし、「なぜならば」文の響きを検討対象にするという私の立場からすれば、そもそもこの「ソプラノ問題」は「意味」や「理由」の概念を正確に捉え損なっているように思えるのである。どういうことか。ソプラノ歌手であれ普通の人であれ、声の調子や高低や強弱という自然的現象の特徴は、そのまま「意味」の一部を形成するからである。甲高い声で「止めろ」というのと、弱々しく震えながら「止めろ」というのと、ドスのきいた低音でゆっくりと「止めろ」というのとでは、おのずと表現の意味を異にする。「意味」とは、もちろん字面で含意される内実を主としつつも、音声の特徴によっても構成されているのである。こんなことはむしろ自明なことだろう。「原因」と「理由」の対比を検討するには、こうしたごく当たり前の事態を考慮に入れなければならない。(2)

さらに私は、もう一歩進んで、このように主張したい。さまざまな文脈で現れるさまざまな事柄の「原因」と「理由」は、「なぜならば」文を発したその瞬間にそうした「原因」と「理由」としていわば生成するのであって、本質的に「なぜならば」文と一蓮托生の関係にあるのだ、と。極言するならば、「原因」と「理由」は「なぜならば」文の音声（すでにのべたように自己問答の内語も含む）として誕生するのである。そして、私たちの理解実践がまさしく「呼びかけと応答《コール・アンド・リスポンス》」の連なりあるいは積み重なりであるとするなら、実は「なぜならば」文それ自体が「なぜ」の疑問を生み、次の「なぜならば」文を誘発してゆく。してみれば、先に整理した「原因」と「理由」の対比の三つの観点を踏まえて改めて両者の対比を捉え返すならば、「なぜならば」文に生成する「原因」とは「なぜならば」文の「音」であり、「なぜならば」文に生成する「理由」とは「声」であると、そう大胆に押さえてしまうことができるのではなかろうか。別な言い方をするならば、「なぜならば」文に現れる「原因」とは「響き」であり、「理由」とはその「歌詞」なのである。「なぜ渋滞しているのか」、①「雪が降ったからだ」、「なぜこんな時期に雪が降ったのか」、②「異常気象だからだ」、「なぜ異常気象だと分かるのか」、③「ニュースでそう解説していたからだ」云々。こうした「呼びかけと応答《コール・アンド・リスポンス》」の段階的連なりに現れる三つの「なぜならば」文において、①の「雪」という音・響きが渋滞の「原因」という事象の本体をなす。その音が最初になければ渋滞の「原因」はどこにも誕生しない。そんなばかな、「雪」という音とは独立に「雪」は降ったろうし、それが渋滞を引き起こしもしただろう、という言い方は自己矛盾に陥る。というのも、そう述べる人は（考えただけの人も）、まさしく「雪」という音（内語も含めて）を発してしまっているからである。私たちの理解実践は、それが理解実践である限り、徹底的に音とともにある。そして音が声・歌詞として聞こえたとき、渋滞と雪との関係を私たちが信念としてもつという意味連関としての「理由」が誕生する。さらに、①の「雪」という音・響きは、次の「なぜ」を引き起こす二段目の「原因」ともなり、②の「なぜならば」文に至る。①から②にいたる信念の推論構造は「雪」が声・歌詞という二段目の「理由」となって、それを支えている。

同様に③に至り、それが続くのである。ただし同時に、各々の段内では、異常気象が雪の「原因」である、のように、段階的連なりを導く原因・理由とは逆向きの原因・理由構造も成立してゆくのであり、そこに理解実践の重層的なダイナミズムが見とられる。しかしいずれにせよ、すでに述べたように、このように「音・響き」と「声・歌詞」として「原因」と「理由」の対比を捉え返したとしても、「原因」と「理由」は絶えず相互に反転していくのである以上、こうした対比づけもやはりつねに反転していかねばならない。音は声として聞こえるようにもなるし、歌詞は響きとして鳴りもするのである。

もしかしたら、以上のような私の議論は、「存在するとは知覚されることである」(esse is percipi)とする、悪しきバークリ主義の奇を衒った不格好なエピゴーネンにすぎないと思われるかもしれない。奇を衒った不格好な議論かどうかは読者であるあなたに判断していただくほかないが、二点だけいっておきたい。音と一切関わりのない言葉が考えられるだろうか、言葉のない理解実践が考えられるだろうか、理解実践と関わりない世界を「理解」できるだろうか、「理解」できない世界を「理解」できるだろうか。私にはできない。なので、そうした音・言葉・理解実践・世界との結びつきを素直に承認する立場をバークリ主義と呼ぶとするなら、私はバークリ主義者である。次にもう一つ、「音楽」は知的活動の、比喩どころか、本体であると伝統的に捉えられていたことを今日の哲学は不注意にも忘却してしまっている、といいたい(デリダの「音声－ロゴス中心主義」批判については述べたいこともあるが、ここでの議論と文脈があまりに異なるので、いまは措く)。music の語源であるギリシャ語の「ムーシケー」(*μουσική*)は「学芸・教養」一般を表していたし、先に触れたアウグスティヌスは『音楽論』において自然現象全般を「リズム」の概念によって捉えていた。そして、認識や行為の主体である「person」つまり「persona」（人格）の概念は、明らかに「persono」（反響する、声を上げる）という言葉と対応している。[3]

以上のような私の議論の道筋は、『迷宮1』で展開した自己言及の手法と「因果的超越」という考え方にのっとっている。『迷宮1』の「まえがき」で記したように、私は、「何かが分かる」という理解実践を論じるとき、その理解実践そのものも考察対象にしていくという手法を採っている。それが自己言及である。自分だけは特別、というやり方は哲学の議論としては徹底的に不純だからである。そのように捉えると、因果的な理解実践（理由による意味的理解実践を含めても同じことである）それ自体が、因果的に生成してきたことに気づき、そしてその理解実践そのものの原因（高階の原因）はいわば定義的に理解の外部にあること、理解実践を超越していること、に思い至る。もちろん、考察地平を改めて、そうした原因を理解していくことはできるが、そこでも再びその新しい理解実践の原因がその理解実践を超越していくという事態が生じて、かくして絶えず原因は超越され後退してゆく。これが「因果的超越」と私が呼んだ事態である。このことは、私たちの「分かる」という思いが根本的に不安定であることを宿命づける。『迷宮1』で私は、そうした不安定性を「プロバビリティ」の用語に収斂させ、最終的に、自分が「なにかを分かっている」という思いがプロバブルであると思い至る瞬間の「間《ま》」に、因果的超越を逃れゆく可能性を見出した。こうした議論を受けて、そうした瞬間の「間《ま》」を「呼びかけと応答《コール・アンド・リスポンス》」という理解実践の現場に定位し直して、そこに集約される「音・響き」と「声・歌詞」という形で「原因」と「理由」を捉え返していくこと、これが本書での私の基本的な問題設定である。（それゆえ、先の渋滞の例のような「なぜならば」文の連なりがすなわち「因果的超越」となるのではないこと、この点念のため注記しておく。）

4　不確実な「応答《リスポンス》」

けれども、このように問題設定を提示しただけでは、実はほとんど何もはじまらない。やはり、以上のような枠組みを踏まえた上で、「なぜならば」文の中身を検討することこそが大切である。そして、そのように論じ進めるとき、私が何としても強調的に主題化を果たしていきたいのは、「なぜならば」文に現れる「原因」や「理由」は「不確実性」（uncertainty）にすみからすみまで浸されているという、この問題なのである。このことはもちろん、『迷宮1』での「プロバブルな瞬間」の位相を受け継いでもいる。まず、経験的知識、たとえば「犬は30歳までは生きられない」のような知識についていえば、それが「原因」あるいは「理由」として「なぜならば」文で言及されるときに不確実性がまとわりつくことはいうまでもない。未来には想定外のことがおこりうる。このことは自然科学一般に妥当しよう。物理学者ファインマンもいう、「科学者は疑いと不確実性に慣れている。すべての科学的知識は不確実である」（Feynman 1998, 26）。さらに実は、論理的・数学的真理が「原因」や「理由」としてあてがわれる場合でも、「呼びかけと応答《コール・アンド・リスポンス》」という理解実践の場で問題を捉える限り、不確実性を免れない。というのも、たとえ論理的規約、公理、文法といったルール・規範群に必然性というステイタスを帰属できるとしても、必然性が「いつでも成り立つ」を含意するとするなら、経験的知識と同様、「帰納の問題」（過去と未来は同じである保証はないのに、どうして過去のデータから未来の予測を導けるのか、という問題）に巻き込まれてしまうからである。もちろん、「呼びかけと応答《コール・アンド・リスポンス》」で使われる言葉をめぐる不確実性もある。昨今の日本語現象を瞥見するだけで、言葉の意味や用法は実にダイナミックに動き、確実な意義を固定することは厳密には無理だということは容易に了解できよう。さらには、「呼びかけと応答《コール・アンド・リスポンス》」を行う話者にまつわる不確実性もある。記憶、推論能力、語彙の適切性、これらに不確実性がまとわりつくことは明らかだし、場合によってはわざと混乱させようという悪意が介入する場合さえあろう。人間を介した情報の「信頼性」は現代認識論の主要な課題の一つである（See Bovens & Hartmann 2003, 56-88）。

こうした不確実性のなかで、私が今回主題化していきたいアスペクトを示すため、このような不確実性に哲学的問題を見取ったパイオニアであるアダムズとエジントンの例を援用して（See Adams 1976, 1-2 and Edgington 1995, 27-28）、次のような推論を想定してみたい。

ある地方裁判所に新人裁判官として勤めている私と同僚のA君が、上司のB裁判官から呼ばれて、こういわれた。「私が一九八一年に担当した裁判の再審がなされることになった。資料室にその裁判の記録が保管されている箱があるから、それをもってきてほしい。たしか一番奥正面の棚のどこかにあるはずだ。箱は二つあって、赤のラベルと黄色のラベルがそれぞれ貼ってあって、そのラベルには「1981, B」と、年数と私の名前が記してある。重いが、もってきてほしい」。私とA君は資料室に入り、がさがさとそれを探した。A君が「あった。これがその一つだろう」といって、朱色のラベルの貼ってある箱を持ち上げた。それを見て私は、あとは黄色いラベルの箱を見つければばいいのだな、と思った。

べつに新人裁判官でなくとも、これに類似した推論は、日常生活において常時行われているといってよいだろう。その意味で、私たちの思考・判断の典型例といえる。では、形式的にいって、この例での私はどういう推論を行ったことになるのか。「私が赤いラベルの箱をもってゆく」をR、「私が黄色いラベルの箱をもってゆく」をYとおき、∨を「または」、~を否定とし、推論を→で表すと、

(R∨Y) & (~R)→Y

と表記できるだろう。⊃を「ならば」として、これを実質含意律((A⊃B)≡(~A∨B))を利用して書き換えるなら、

(~R⊃Y) & (~R)→Y

となるだろう。これは結局、論理学の基本的な定理として知られている「前件肯定式」(modus ponens)の形の推論にほかならない。つまり、一般的に「妥当な」(valid)な推論である。しかし、一見してあまりに明白なように、この推論の結論は「不確実性」(uncertainty)を伴っている。まず、二つの前提のうち、第一の前提(~R⊃Y)についていえば、これはB裁判官の記憶に基づいた前提

であり、絶対の信頼性があるとはとてもいえない。さらに第二の前提（～R）についていえば、私の見た朱色のラベルが果たしてB裁判官のいう「赤い」ラベルに当たるのか定かではない、という意味でやはり不確実性に巻き込まれている。こうした不確実な前提から導かれる結論は、たとえそれが「妥当」で恒真な論理形式に従ったものであったとしても、到底確実性を保証されえない。というより、直観的にいって、こうした場合の結論は、各々の前提の不確実性が両方影響してくるのだから、各々の前提よりもさらに不確実になってしまうと考えられよう。そして、第一の前提に現れる不確実性は、真であると断定できない、真理性や信頼性の度合いが完全でない、という意味であり、「確率」(probability) の用語に馴染む事態である。また、第二の前提での不確実性は、「赤い」という述語の適用に絡む不確実性であり、「曖昧性」(vagueness) という問題圏に関わる不確実性にほかならない。私が本書で主題化したいのは、この「確率」と「曖昧性」という、「原因」と「理由」にまとわりつく二つの不確実性のアスペクトなのである。「確率」に関しては『迷宮1』でもすでに一定程度論じたが、とても論じ尽くせてはいない。まことに「確率」と「曖昧性」に関する問題は、事柄それ自体としても、現代哲学の論争状況に照らしても、錯綜に錯綜している。ここには『迷宮1』でかいま見た迷宮にまったく劣らない、重層的に入り組み、もつれ合った、途方に暮れてしまうような迷宮がそびえ立っている。哲学がここに挑まないわけにはいかない。

しかし、「なぜならば」文での「応答《リスポンス》」として生成する「原因」や「理由」の不確実性は具体的にどのように取り出せるのだろうか。それは、先の渋滞の例のように、当該の「なぜならば」文に対して二段構え、三段構えで「なぜ」を繰り返し、高段の「なぜならば」文を導き出せばよいのである。

西アジアで事件が起こり多数の死傷者が出たという話をしている人に対して、「なぜ知っているのか」と尋ねたとき、その人が、「原因」や「理由」としてメディアでの報道を引き合いに出して「なぜならば」文を発したとしよう。それに対して、「なぜメディアの報道が真実だと分かるのか」と二段目の「なぜ」を投げかければ、最初の「なぜならば」が実は確実なものではなく、確率的なものでしかないという事情が浮かび上がってくる。メディアの情報がつねに絶対確実なわけがないからである。また、上の例でいえば、「なぜ同僚のＡ君が持ち上げた箱が赤いラベルの箱だと分かるのか」と私が尋ねられて、「朱色のラベルが貼ってあったからだ」と述べる。これに対して、「なぜ朱色のラベルが赤色のラベルだと分かるのか」という二段目の「なぜ」が投げかけられて、私が「赤色はだいたい朱色をも意味しているからだ」と二段目の「なぜならば」文を発したならば、ここには明らかに私の提示した「原因」または「理由」が曖昧なものであるという事情が露わとなる。

　こうした不確実性の観点から「原因と理由の迷宮」をめぐる私たちのさまざまな理解実践を解きほぐしてゆくという私の企図を、私は「不確実性の認識論」と呼びたい。実際の中身は理解実践の分析なのだが、「理解実践」という言い方よりも「認識論」という言葉のほうが圧倒的に流通しているので、主題の呼び方としては認識論を用いる。そして、そうすることでむしろ、いわゆる認識論とは理解実践の分析であるべきなのだ、というメッセージをこの呼び方に込めてもみたいと思う。ただ、不確実性を全面に出すからといって、懐疑論的な議論を展開しようとしているのではまったくない。そうではなく、私たちの理解実践には不確実性が瀰漫しているという事態をリアリティとしてそのまま受け入れて、理解実践の分析をなす認識論とはこうした不確実性のありようを整理し、秩序立てていくことだ、というリアリズムの視点を提起したいのである。実際、『迷宮1』で私は、「因果的超越」という果てしなき後退という不安定性に対して、それに抗う実在性の概念を「制度的実在」と呼んで、その追求を課題として掲げたが、本書はまさしくそうした「制度的実在」という実在概念の実質を解き明かしていく前進の過程でもあるのである。

では、まず「確率」という不確実性の大きな壁に立ち向かっていこう。

第一章　確率の原因　a tempo primo

1　意識の迷い

迷うこと、それは人間として生きて活動していることの証しである。目が覚めた、うつつの状態に生き、世界と交流している姿である。結婚や就職などでの「迷い」はいうまでもなく、休みをどう過ごそうか、夕食は何にしようか、どのペンで手紙の返事を書こうかなど、私たちの生活は迷うことの積み重ねである。私たちには、ほぼつねに、幸せになりたいとか楽しみたいとか、なにかを実現したいというなんらかの欲求や願望があるが、それを現実に実現させる道筋をどうするかで迷ってしまう。実際、すべてを見通し、一切ためらい迷うことがない、というのは生身の人間には不可能な真の解脱の状態であるか、そうでなければ単なる哀れな狂信者であるにすぎないだろう。もっとも、「迷い」を明らかに伴う就職や結婚のような場面を一方の極として、その反対の極に、迷わず直ちに行ってしまうという場面も私たちの生活には多々あるように思われる。無意識的にいわば自動的に行ってしまうような反射的あるいは習慣的行為、あるいは瞬時に遂行してしまう行為がそれである。しかし私は、寝返りや純然たる生理的反射運動などは別としても、ほとんど意識せずに遂行してしまうような習慣的行動や咄嗟の振る舞いもまた、事実としては迷いとそれへの対処のプロセスをほぼ経過しているのだと捉える。単に、そのプロセスが迅速であったり、単純であったりするために、迷いながら行っているという事実が露わになっていないだけなのではないか。人に話しかけられたとき、すぐにそちらを向く。ほぼ自動的である。しかし、そちらに顔を向けないことはできなかっただろうか。できただろう。実際、誰が声を掛けているのか明らかで、しかもその相手に応じたくないときには、顔を向けないはずである。そうであるならば、そのとき私たちは投げかけられた音声を注意すべきものとして捉え、瞬時にどうすべきかの態度決定をしたのだと、つまり、声のする方を向いて相手を確認する、呼びかけに反応《コール・アンド・リスポンス》する、という行為を即座に選んだのだと、そういってよいだろう。すなわち、そこには、どうすべきか、どうしようか、というある種の迷いが、たとえ瞬時に解決されたのだとしても、生じていたのである。このような即座の行為のレベルでこの点が認められるならば、人間の意識的な振る舞いはおしなべて、ここでいう「迷い」を経過したものであると考えてよいだろう。

　けれども、少し考えてみるなら、こうした指摘はごく当たり前のことに結びついているのだということが見えてくる。人間の意識的な振る舞いは、一般にどのような特徴によって輪郭づけられるか。「自由」であるということ、これであろう。寝返りが、あるいは電車に乗っていて急ブレーキが掛かったとき隣の人を押し倒してしまうことが、意識的な振る舞いと認められないのは、そうした事態が「自由」になされていないからである。言葉を加えるなら、「自由」に選択されたものではない、選択の余地がなかった、ものだからである。そしてそのことが、意識的に遂行されていないということを、ひいては人間が人間として行ったことではないということを、意味するのである。ここから分かるように、「自由」は選択と強固に結びついている。伝統的に、「そうでない仕方で行為することもできた」(could have done otherwise) という言い方が「自由」そして「責任」に重ねられてきたのはゆえなきことではない(1)。しかるに、選択というのは、そもそもその成立条件として、可能な選択肢のなかでの「迷い」を含意している。そうでなければ選択とは呼ばないだろう。そして、そうした「迷い」をあらかじめ包含するところの「自由」こそが意識的な振る舞いの核心をなしている。だとすれば、意識的な振る舞いが「迷い」を経過したものであるという私の指摘は、私たちのごく常識的な人間理解に沿ったものであることが了解されてくるだろうと思う。

ここで私のいう「意識的な振る舞い」は、現代哲学の文脈では「意図的行為」(intentional action) と表現され、行為論の重要な主題とされてきたものにほかならない。その文脈で問われたのは、たとえば、意図（アンスコムの「観察によらない知識」(Anscombe 1976, 13ff) も含めて）や欲求や信念は行為の原因なのか理由なのか、といった問題であった。明らかにこの問いかけは本書の主題である「原因と理由」という対比に連なっており、実際私は第三章である観点からこの問いに触れたいと思う。さらに、「迷い」から選択という、私がいま述べてきたプロセスは、一般に「意思決定」(decision) と呼ばれる問題圏に位置する。「意思決定」とは、行為の選択に際して目的や価値や実現見込みを勘案しながら最も合理的な道筋を決めることを意味し、会社などでの新商品のデザインを決定するときのような場面が典型的だが、個人の内面での「迷い」を経た選択も構造的には同様である。

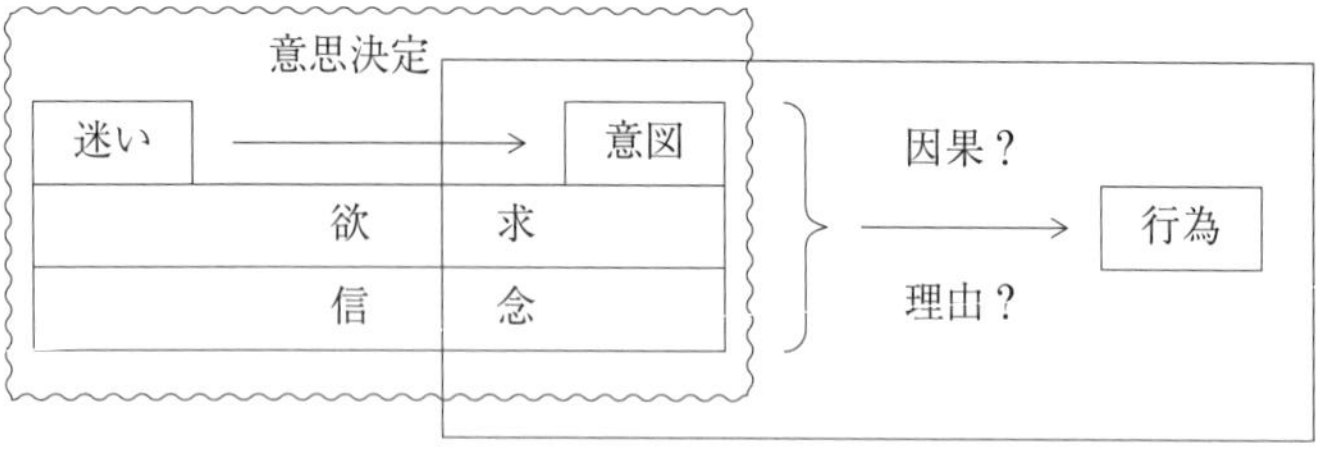

だとすれば、意識的な振る舞いには迷いが伴っている、という私の論点は、換言するならば、意図的行為は意思決定を伴っている、と表現できることになる。なるほど確かに、現代行為論が主題化したような、意図が行為にどう関わるか、という問いは人間の行為を理解するにあたってきわめて基本的な問題設定であることは明らかである。しかし、そのような問題設定はややもすると、そうした意図それ自体がどのように形成されてきたのか、という意図発生のプロセスへの眼差しを欠きがちである。「窓を開けよう」といった意図がすでに立ち上がった後の事態のあり方をこそ主題化しようとしているからである。しかし、意識的な振る舞いが「迷い」を経過したものであるならば、その「迷い」の様態すなわち意思決定のプロセスを考慮に入れた仕方で行為について論じることが結局は要求されてくるはずである。そうした考慮なしでは、行為の哲学的解明は十全とはならないだろう。上の図でいえば、波線の部分への考慮が必要だ、ということである。ここに示したように、欲求あるいは願望、つまりどういう状態になることを望んでいるかという点、そして周囲の事情や条件に対する信念や理解は、意思決定と意図実行の両方に共通して関与している（「意図」と「欲求」がどう関わるかといった問題についてはここでは立ち入らない）。もっとも、反対に、意思決定それ自体が一つの意識的な振る舞いであるという側面も無視してはならない。さまざまな要素を考慮して職業を選択する（いまどき

ずいぶん贅沢な話かもしれないが)、といったプロセス全体が一定のときを掛けて行われる行為であることは疑いようがない。ならば、正確にはこういうべきだろう。人間の振る舞いや生活のありようを理解するには、「意図的行為」の解明と「意思決定」の分析との両方を相補的な仕方で追求していくべきである、と。(2)

実をいえば、「意思決定」のプロセスを経過するという点は、なにも振る舞いや行為だけに当てはまるのではない。単なる認識や認知にも当てはまるのである。このことは、与えられた材料だけでは内容が判然としない情報の場合は比較的理解しやすい。身長一七〇センチぐらいの長髪の人の後ろ姿を見たとき、男性なのか女性なのか迷う。歩き方などでどちらであるかを推定する。こうした推定が純粋に推定にとどまっていて、推定をする人のいかなる態度にも関わりがないのならば、これを意思決定と呼ぶことはできない。しかし、そうした推定をするということは、まず間違いなく、確からしさの度合いに応じてその判断を「受容」することにほかならない。そしてそれにのっとってその場の事態への態勢を作るのである。前を歩く人が女性であるか男性であるかは、確かに些細なことである場合が多いかもしれないが、なにがしかの影響を私に及ぼす。そうであるなら、こうした認識の場面にも「意思決定」のプロセスが介在していると述べてよいだろう。このことは、内容的に明白な材料が与えられているときにも実は当てはまる。窓を眺めるとケヤキの木が見える。私はそう知覚し、そう判断する。しかし、そう判断する以外にもやり方はなかったかというと、あったはずである。鮮やかな緑が風になびいている、と判断することもできただろう。しかし私は、ケヤキが見える、と判断した。つまり私は、多様な言葉や概念のなかから即座に「ケヤキ」を選択して、判断したのである。

原理的にいって、ここにも、たとえ明白に顕在化されていないとしても、迷いから意思決定というプロセスが入り込んでいると見るべきだろう。実際、このことは俳句によって現在の私の知覚風景を表現しようとするときなどに顕在化する。そうした場合、言葉の選択に迷いが生じるのは当然で、何らかの基準と適切性などに鑑みてこの言葉がよいと意思決定していくのである。言葉や語彙の選択は、認識論においてほぼ無視されている主題だが、私の「音楽化された認識論」の立場ではむしろ認識論の核をなすテーマである。どういう言葉で、どういう音で、知覚を表現するかが世界の相貌を決定していく。

いずれにせよ、迷いから意思決定というプロセスが私たちの認識と行為のすみずみまで行き渡っているということ、それゆえ私たちの生活の骨組みを形成しているということ、このことを確認することによって、一つの重大な論点が導かれてくる。すなわち、迷った上で選択するとき、そうした選択はそれぞれの選択肢の欲求・願望を実現させる「確からしさ」に基づいて行われるしかないということ、これである。核心をなすファクターの欲求実現性が明白に確実である場合、そもそも迷いは生じない。しかし、そのような確実性は、神でもない限り、まずありえない。よって、迷いが生じ、確からしさが問題となってきてしまうのである。人に呼びかけられて顔を向けるとき、私たちは誰であるかを確認したいという欲求のゆえにそうする。つまり、顔を向けてみることが最もそれを実現する確からしさが高いと思われるのである。けれども、絶対に確実であるわけではない。声の方に顔を向けても、誰もいないときがある。幻聴もありえる。窓を見て、ケヤキが見える、と認識するとき、私は、自分の前に現れた光景を適切に表現したいというかすかな欲求に従って、「ケヤキ」という語がその役を最も果たす確からしさが高いとほとんど瞬時に判断し、「ケヤキ」という語を選択したのである。けれど、真には「ケヤキ」でない場合もあるし、「鮮やかな緑」という表現の方が一層適切でしっくりくる状況もありえる。帰結についてはじめから絶対の確実性は見込めない。こうして、行為であれ認識であれ、私たちは迷うことによって、「確からしさ」との対話へと呼び込まれゆくのである。

2　過去的出来事の確率

では、「確からしさ」とは何か。それはまさしく「確率」にほかならない。すなわち、「確率」こそが行為や認識における迷いから意思決定へというプロセスに通底する基礎概念だということ、これが前節の議論であぶり出されてきたのである。本書の主題に沿って別な言い方をすればこうなろう。なぜそのように振る舞ったのか、なぜそのように判断あるいは表現したのかと根拠を問われたとき（この場合の根拠はさしあたり「原因」よりも「理由」概念に傾斜していよう）、私たちは、独断的でなく誠実である限り、厳密には「確率」に訴えて理に適った選択すなわち合理的選択であることを示すべきである、と。「なぜ」の問いに対する「なぜならば」の答えでは、原理的には実際上、つねに私たちは「確率」に訴えなければならないのである。なぜこの人を結婚相手に選んだのか。なぜならば、この人となら幸せな結婚生活を送れる「確率」が選択肢のなかで最も高いと判断したからだ、というように。したがって、「なぜならば」文の表現構造を分析することによって「理由」（あるいはそれと反転し合う「原因」）のありようを見定めていくという本書の主題にとって、「確率」概念の検討がまずもって出発点とならなければならない。それがこの第一章の課題である。

ここで、私が確率概念への訴えを合理性と連なる「べきである」という規範の形で提示していることに注意してほしい。つまり私は、事実としてつねにこうした理由の説明がなされるということを意味してはいない。強制、不注意、怠慢、激情などのもとにあるとき、事実として私たちは合理的正当化ができないような振る舞いや表現をしてしまう[3]。しかるに、たとえそうした規範の文脈に限定したとしても、哲学者たちのなかには「確率」を導入することを本能的に嫌う人たちがいる。そうした確率嫌いを促す最大の要因は、確率の数値化が胡散臭いと感じられることであろう。今回のロケット打ち上げの成功の確率は七〇%だ、といわれたとき、なぜ七〇%であって七〇・五%ではいけないのか、どういう違いがあるのか、と感じられてしまう。確かにその通りである。しかし、だからといって、確率は怪しげなので、確実でないものはすべて不確実性として一緒くたにして、1か0かというオール・オア・ナッシングの考え方を採る、というのもいただけない。自分は火星に行ってきたという話と、自分は心停止一〇時間後に蘇生したという話とでは、どちらもいかにもありえなさそうで眉唾だが、ありえなさに相違があるといわなければならない。まだしも後者の蘇生話の方が、もしかしたらそんなこともあるかもしれない、と思わせる度合いが高いのである。こうしたことに鑑みるとき、たとえ万全の明瞭性を備えていないとしても、「確率」を導入し不確実性の「度合い」を問題にしていくことは、私たちの行為や認識の実相をきめ細かく分析しようと志向することであり、大いに説得力をもつといえるのではないか。不明瞭性のある概念は絶対に使ってはならない、というのは不当に硬直した態度だというべきだろう。

しかし、そうはいっても「確率」への疑念は尽きない。かつてパースが疑念を抱いたように

(Peirce 1986, 282-2)、確率に基づいた意思決定は果たして合理的な理由によるものとして正当化されうるのか、という根源的な問いさえ投げかけられるときがある。たとえば、確率を使って算定した「期待効用」が最も高い選択肢を最も合理的な選択肢として選んだとしても、生じる確率が非常に低かったのでほとんど予想していなかった出来事が結果として生じてしまうということもあるだろう。九五%の成功率の手術だというので受けようと決定して手術された結果、死亡してしまったとき、果たして九五%の成功率というのは何の意味があったのか。そうした場合、私たちは合理的な意思決定を果たしてしたのだろうか。したのだというなら、確率に基づく合理的な理由など実際には役立たずであるというべきではないか。(4)

ここに合理性あるいは理由概念に関する深い哲学的問題が現出していることは間違いない。しかし、この点に言及することで今回私が焦点を当てたいのは、合理性それ自体についての問いではなく、そうした問いにはからずも現れてしまう秘匿された直観的な考え方である。すなわち、確率の値は、その確率が帰せられる出来事が現実化する、あるいは現実化しない、ということになった瞬間に、突然に1か0に固定しなければならないという、こうした考え方である。前段の例は、ある出来事に低い確率があてがわれていたにもかかわらず、その出来事が実際に生じてしまった、という事例を取り上げていた。それで、生起確率の低い出来事が実際に生じてしまった後で振り返って考えたとき、確率に基づく意思決定が果たして合理的といえるのかという疑問が提出されたわけである。明らかに、こうした疑問の背後には、生起確率の低い出来事が実際に生じるやいなや、その出来事はもはや生起確率は低くなく、最大確率すなわち確率1でもってすでに固定された、とする考え方が宿っている。そうでなかったなら、意思決定の結果はいまだ未決のままであり、そうした意思決定を不合理であると告発することはできないはずであろう。いわば、状況が突然反転し、そして固定されたのであり、意思決定は、それが「合理的意思決定」を標榜する限り、そうした反転の事態を取り込むことが課せられているにもかかわらず、取り込むことができなかったのである。これに対し、ジェフリーの古典的な意思決定理論におけるような、確率運動学（時間の推移のなかで値が変化していくものとして確率を捉える立場）(See Jeffrey 1983, chapter 11) の何らかのモデルが採用されたならば、そのときの変化は突然ではないといえるかもしれない。けれども、実はそうした場合でさえ、状況は同じである。なぜなら、当該の出来事が生じた瞬間に不確実性から確実性へという決定的な飛躍がそこには生じていたからである。むしろ、そうした確率運動学での最後の瞬間の直前の高確率は、当該の出来事が現に生じた後になってはじめて遡及的にあてがわれうるものにすぎないのではないかと、そう私は怪しんでいる。いずれにせよ、確率に基づく期待効用最大化原理は、予想していなかった結果が現実化されてしまった場合、すなわち期待された結果の確率が0で固定されてしまった場合を考慮に入れたとき、合理的な指針とは見なしがたい、という疑いがありうる。こうした疑いそれ自体の根底を支える考え方は次のような直観的に受容可能な主張として表現できるだろう。以下、私はそれを「過去的出来事の確率原理」(the Principle of Probability of a Past Event、「過去確率原理」と略称) と呼ぶ。

〈過去確率原理〉

ある出来事が特定の仕方でたったいま生じてしまったものとして確認されるやいなや、少なくとも単独的出来事の確率に関する限り、その出来事の生起確率は1とならなければならない[5]。

実際、デイヴィッド・ルイスもこの「過去確率原理」と同種の考え方を明示的に支持している。ルイスはいう、「過去に生じたことはもはや決して偶然的ではない。過去は、未来と違い、現実にそうである以外の状態になるチャンスを全くもたない」(Lewis 1986, 93)。このような、すでに生じてしまった出来事の確率が1となるという考え方はきわめて自明であるように思われる。これに対して、そもそも過去の事象に対して確率を当てはめることはありえないのではないか、という基本的な疑問が提出されるかもしれない。しかし、歴史認識に関する仮説を検証するとき、確率に訴えた統計的な手法を使用するというアイディアは決して奇妙でないことを考えるならば、そうした疑問も治まるだろう。この点は第三章で主題的に扱う。

ところで、そもそも確率1は一般的にどのように規定されているのだろうか。今日の文脈で確率を論じるときには、「コルモゴロフの公理」と呼ばれる、ごく基本的な(それゆえまず普遍的に承認できる)規定にのっとるのが常道である。以下、確率の表記として、慣用に従って、P(a)という表記を用いる。P(a)とは、確率の担い手をどう採るかによって意味が異なり、「aが生起する確率」(担い手が出来事)、「aが占める確率」(担い手が集合)、「aが真である確率」(担い手が文)となろうが、全体として大まかに「aが成立する確率」と理解されてよい。そして、ある事柄の確率を考えるに当たっての全体の領域(「標本空間」とよばれる)をΩ、Ωの部分集合の集まりをF、Fの要素である集合をA、Bなどとおくと、次の四つの条件がいわゆる「コルモゴロフの公理」と呼ばれるものに当たる（See Howson & Urbach 1993, 31 or Jaynes 2003, 651-652）。（P(A｜B)）は、Bという条件のもとでのAの確率、すなわち「条件つき確率」を表す。）

（1）　Fの要素であるすべてのAについて、$P(A) \geqq 0$

（2）　$P(\Omega)=1$

（3）　$A \cap B = \phi$（空集合）ならば、$P(A \cup B) = P(A) + P(B)$

（4）　$P(B)>0$のとき、$P(A \mid B) = \dfrac{P(A \cap B)}{P(B)}$

ここで問題となるのは（2）である。標本空間全体についての確率とは結局何を意味するのか。どのような場合であれ成立していて、それを表す文が真であるといえる事態に対する確率の意であろう。ホーソンとアーバックは、確率の担い手を「文」だと解した上で、この（2）の条件を次のように解釈している（Howson & Urbach 1993, 21）。

（2′）　tがトートロジーであるならば、$P(t)=1$

確かに、トートロジーならばいつでも成立し、真であるといえるので、その確率は1であろう。けれども、（2′）がいみじくも示しているように、トートロジーであることは確率1の十分条件であるにすぎず、確率1が付値される別の事態がありうることがここでは示唆されている。私は、たったいま生じてしまった過去的出来事の場合こそまさしくそれに当たる、と考える。実際、ハッキングは「コルモゴロフの公理」の(2)を「確実性」に対する確率と捉え返した上で、「確実な命題」と「確実な出来事」の二つがそれに該当すると記している(Hacking 2001, 58-59)。たったいま生じた出来事こそ「確実な出来事」にほかならないのではないか。これは直観的に自明だろう。あるいは換言するならば、「過去確率原理」が直観的に受容されるとき、私たちは実際上「すでに起こってしまったことは起こってしまった」といった一種のトートロジーにコミットしているのであって、過去的出来事の確率1はホーソンらのいう(2′)に包摂される、といえるかもしれない。いずれにせよ、この「過去確率原理」の重大な含みは、ある出来事の生起する確率は現実の生起を確認する以前には明らかに1より小さかったにもかかわらず、現実の生起が確認された途端に確率1へと突然に変化する、という点である。つまり、「過去確率原理」は、たとえば、「私に落雷する」という出来事は、実際そうした出来事が生じる前までは確率は1より小さかったにもかかわらず、その出来事が生起して過去のものとなった途端に確率1へと飛躍する、といった事態に焦点を合わせた把握なのである。こうした例解のもとで考えるなら、自分が落雷にあった後で「私に落雷する」の確率を1だと思わない人はいないだろう(そんなことを考える余裕があればだが)。前節の例でいえば、呼びかけられて顔を向け、相手が誰であるか現に見取ったとき、相手が誰々であるかはさしあたり落着し、その確率は1となったのである。そして、この「過去確率原理」は、フォン・ミーゼスの頻度説のような単独出来事の確率の概念を除外する立場を別とすれば、いかなる確率概念の解釈を採用しようとも、確率概念に普遍的に当てはまる原理だと、そう考えられる。

3　確率概念の多様

しかし、もう少し精密な議論をするべきだろう。以下の議論の準備ともなるので、ここで確率概念の解釈のあらましを押さえておきたい。確率とは何であるか、というのは根源的な哲学的問いだが、今日では大きく二種類の解釈に分類して整理するのが一般的であるように思われる。その二種をどう呼ぶかは論者によってさまざまだが、私は「認識的」(epistemic) と「物理的」(physical) というように表現したい(6)。認識的に確率を理解するということは、認識の主体がもつ「信念の度合い」(degree of belief) として、期待感や予期感のようなものを確率と見なすということである。野球の三割バッターが一試合で四度打席に立つとするなら、少なくとも一回はヒットを打つだろうと予想するとき、そうした予想のなかで機能している三割という確率は認識的に理解されている。これに対して、確率を、私たちの信念などとは独立の、「実在」(reality) の事象に属する何らかのあり方と捉えるのが、物理的解釈である。放射性元素が安定した状態に崩壊する確率、というときの確率はまず物理的に解釈された確率であるといってよいだろう。

そして、「認識的」と「物理的」の二種がそれぞれさらに二つに細分されると考えられる。まず「認識的」確率は、「個人的」(personal) と「間個人的」(interpersonal) という二つに分けられる。「個人的」確率とは純粋に個人的な信念の度合いとして解された確率であり、競馬で賭ける人がそれぞれ勘に頼って勝ちそうな度合を信念として抱くとき、それは個人的確率である。こうした確率を、コルモゴロフの公理に基づいた数学的な確率論と整合するものとして体系化したのが、ラムジーとデ・フィネッティである。確率を問題にしようとする事柄をすべて賭けに見立てて、各人が受容可能に思える掛け率によって信念の度合いとしての個人的確率を数値化する、というのが基本的アイディアである。この考え方は、選好や効用のランキングによって確率の値を求めるというシステムへと展開していった。それに対し、同じく信念の度合いなのだが、多くの人が公共的に認めるような指針にのっとった信念の度合いとして確率を捉えるとき、間個人的確率となる。ごく普通のさいころを振って5の目が出る確率は1/6だというように、いわゆる「無差別原理」(the Principle of Indifference) を適用するとき、これは一般的に承認される確率付値のやり方なので、間個人的確率である。もっとも、「無差別原理」には根本的な困難があり、無批判的に使用できないということは広く認識されている (See Gillies 2000, 33-49)。いずれにせよ、ケインズの確率論はこうした確率解釈を展開したものである。実際、「無差別原理」という言い方はケインズが導入した (Keynes 1921, 42 et al)。間個人的確率は「論理的」(logical) 解釈とも呼ばれ、それはかつてカルナップが「確率1」と呼んだものにほかならない (Carnap 1950, 19ff)。今日では、ベイズ的認識論の文脈でこの解釈による確率を「客観的」(objective) と形容するときがある (「物理的」解釈を「客観的」と呼ぶときがあるので注意が必要。第四章註 (5) も参照)。間個人的確率を「客観的」と形容するときには、個人的解釈による確率が「主観的」(subjective) 確率となる。さて他方で、「物理的」確率は、「頻度」(frequency) 説と「傾向性」(propensity) 説とに二分される。頻度説はフォン・ミーゼスによって確率論として体系化されたもので、それは「確率についての語りは適切に定義された集団との関連においてのみ可能で

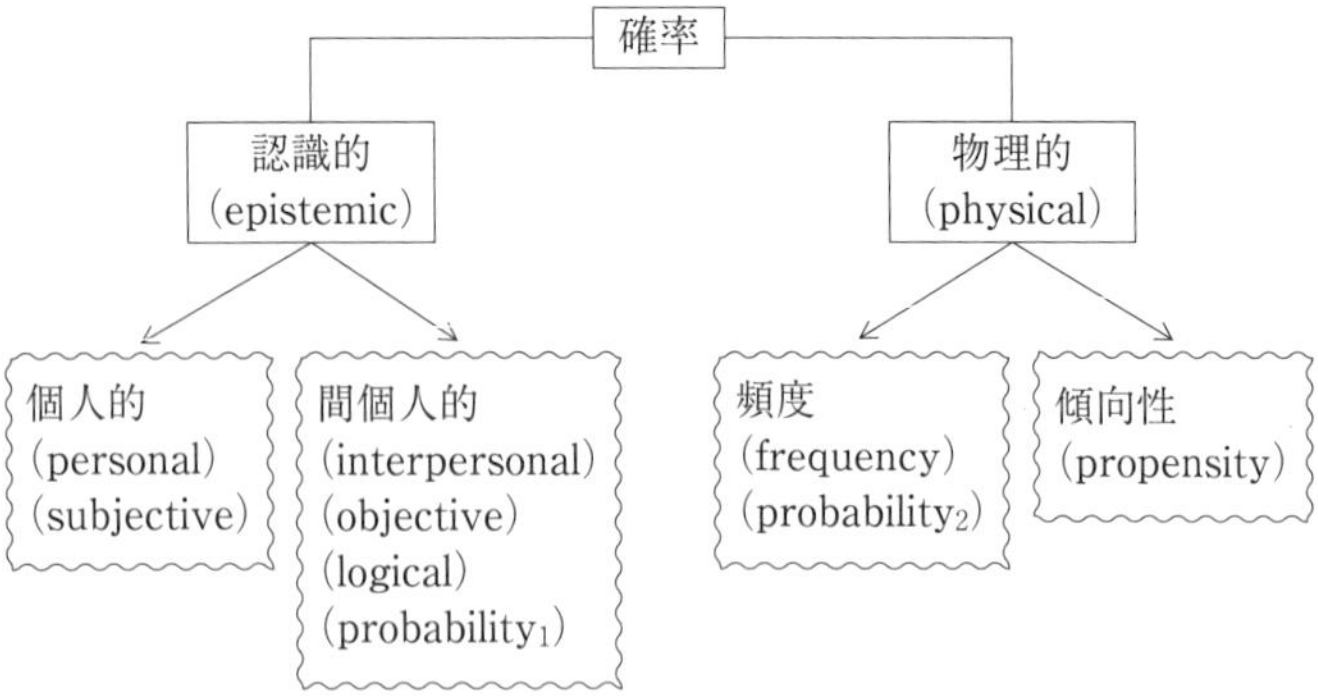

ある」(Von Mises 1957, 28) とする立場であり、統計的なデータによって確率を定義する立場にほかならない。カルナップはこれを「確率$_2$」と呼んだ。これに対して、頻度と同様に物理的な事象として理解可能であり、かつ頻度を基にして数値化していくのだが、しかし集団ではなく単独で個別の出来事にも適用できる確率として、しかも因果的な効力を含意する確率として、ポパーによって考案されたのが傾向性である。これは、後にも触れるが、量子の確率的な動きを、認識的で主観的な確率概念によってではなく、実在の物理的あり方として捉えよう、という反コペンハーゲン解釈的な動機によって導入された確率であった。理解の便宜のため、以上を上のように図示しておこう。

　こうした整理を踏まえるならば、「過去確率原理」が、規定的に単独出来事の確率を論じない頻度解釈の場合を除いて、すべての確率解釈において妥当するという、その事情が位置づけやすくなる。まず、傾向性解釈を採った場合、ある出来事がいままさに生じたということが観察されたならば、その生起確率として1が付与されねばならないことは疑いない。傾向性は実在のあり方なので、観察・確認されたかどうかにかかわらず現に生じたら確率

1になるのであり、その意味で傾向性に関しては「過去確率原理」が成り立つのはトリヴィアルに自明である、といわれるかもしれない[7]。しかしいまは、トリヴィアルであろうがなかろうが、ともかくも「過去確率原理」が妥当する、という点だけ押さえておこう。この問題は、ポパーの傾向性理論を動機づけた量子力学と絡んでおり、後に触れたい。さらに、「過去確率原理」は明らかに認識的解釈に対して一般的に妥当しなければならない。なにかが私の目の前でまさにいま現実に生じたことを確認したときには、私は、錯覚とか理論負荷性といった哲学的懐疑を別とすれば、私の認識に関わる限りは、「そのことがたったいま生じた」という文を自動的に受け入れるはずである。こうして、「過去確率原理」は単独事象の確率についてのすべての解釈に妥当すると、そう述べることができる。実際、今日のベイズ的認識論――それは認識的確率に基づいた立場だが――の基本的考え方においても、証拠が現実に観察されたときにはその証拠の生起確率は1となるということが前提されている[8] (See Howson & Urbach 1993, 99)。もちろん私は、傾向性説と認識的解釈との間に根本的な相違があること、すなわち、前者は実在の出来事そのものに関わり、後者は信念の度合いに関わるという相違があることと、それを十分に承知している。しかし、少なくとも、「過去確率原理」での確率1に関する限りは、そうした相違は事実上無視しうるのである。

けれども、未確認の過去的出来事についてはどのように考えるべきだろうか。私が思うに、未確認の過去的出来事には二つの場合がある。一つは、全くもって確認されず、単に生じたということが時間空間的に不特定の曖昧な仕方で想定されているだけの過去的出来事である。たとえば、地球が誕生する前にも何かが存在した、というような不特定の出来事である。「過去確率原理」はこうした出来事に言及することを避けている。そもそも不特定なのだから、確率の担い手を特定することが不可能であり、よって、果たして何の確率について語っているのかが分かりにくい。たとえば、宗教的な世界創造の物語などについては「過去確率原理」は沈黙するということである。第二の場合は、確認されていないけれども特定の仕方で表象されている過去的出来事、たとえば「昨日の午後四時に私の部屋の机の上に新聞が置いてあった」（実際そのときには確認されていなかったという仮定のもとで）という出来事である。「過去確率原理」はこうした出来事の確率は1より低くなければならないと主張する。そうでなければ、「過去確率原理」は確認の瞬間における突然の確率変化を含意しないことになりかねない。実際、もし確率の認識的解釈を採用したとするなら、そうした種類の出来事には1より低い確率を付与するべきだろう。なぜなら、そうした出来事は現実のものではなく、単に不確実で想像上の、せいぜい推論されただけのものにすぎないからである。しかしでは、傾向性解釈を受け入れた場合はどうか。それは私たちの信念から独立であり、よってその出来事が実際に生じたなら、たとえそのことが私たちに確認されなかったとしても、確率1をもつと、そういえないだろうか。これに対する私の考えはこうである。傾向性説が量子物理学に由来する限り、量子力学のいわゆる「観測問題」と呼ばれる事態を考慮に入れるならば、そうした種類の出来事に1より低い確率を付与することは完全に不合理だとはいえないだろう、と。こうした述べ方は奇怪に響くかもしれない。けれども私は、後に、ポパーの傾向性についての議論と過去概念と確率との連関との両方を省察することによって、私の考え方を理解可能なものに仕上げたい。

ともあれ、ここでは、確率概念をできるかぎり明快に理解するという目的のために、以上のように定式化された「過去確率原理」について検討していきたい。「過去確率原理」を構成する確率1の概念は、実際、確率概念を形成する基本事態であり、それが何であるかを解明することは確率というものの理解一般の基盤となることは間違いないだろう。以下の私の議論は、まず仮説的な見方を提示し、それをいくつかの問題に対する解決能力という点から吟味し、補強していく、というスタイルを取る。完全な主張に到達するのは難しいが、ともかく一歩でも前に進むこと、それを私は意図している。

4　確率1のミステリー

確率1とは何なのか、というのは私にとって以前からの謎であった。一見すると確率1というのはあまりに自明な事態のように思われるので、私の知る限り、誰もそれが何であるかについて真剣に説明しようとしてくれなかった。けれども、明らかに、確率1は、確率概念を規定するときの基本事態であるにもかかわらず、問題含みである。私はこれについて、少なくとも三つの基本的困難を提示することができる。すなわち、「様相的 modal 困難」、「時間的 temporal 困難」、「因果的 causal 困難」の三つである。最初に確率1についての様相的困難を取り上げてみよう。「過去確率原理」に示されているように、確率1はすでに現実化された過去の出来事に適用されうることは直観的に明らかであろう。しかるに、すでに言及したように、確率1は「この犬はオスかそうでないかのいずれかである」のようなトートロジーあるいは論理的必然性にも適用できることもまた疑いようがない。こうした事情を言い換えるならば、確率1は二つの根源的な様相概念、「現実性」と「必然性」とに結びついている、と表現できる。けれども、ある困難が、とりわけ必然性の側から生じるように思われる。

もし論理的必然性の成立する確率が1ならば、非必然的で偶然的な文の成立する確率は1より小さくなければならない。このことは、論理的必然性を確率1をもつ事態として受け入れることの含意であろう。この点は、予見の場合を想像するならば容易に理解できる。(現在が二〇〇六年一月だとして)次の二つの予見文を考えてみよう。

A 「トニー・ブレアは二〇〇六年五月に英国首相を辞任するかまたは辞任しないかのいずれかである」。

B 「トニー・ブレアは二〇〇六年五月に英国首相を辞任する」。

このとき、明らかに、P(A)=1である。なぜならAは論理的に必然的な真理だからである。それに対し、P(B)<1である、というのもBは必然的ではなく単に偶然的な文だからである。にもかかわらず、もしトニー・ブレアが現実に二〇〇六年五月に英国首相を辞任したとするならば、Bは現実性であるがゆえに突然にP(B)=1となる。しかしそれでも、Bは依然として単なる偶然的真理のままなのである。しかるに、再びそれにもかかわらず、Bが現実化された後でさえ、依然としてP(B)<1であるといいうる。すなわち、もし様相概念を説明するに際してある種の可能世界意味論を二重に応用したならば、Bが真であるような世界に私たちがいるということは必然的(貫世界的に成立する)とはいえないという意味で、P(B)<1といいうるということである。かくして、P(B)=1 & P(B)<1というあからさまな矛盾が少なくとも表面上は生じる。もっともおそらく、同様な困難は現

実性としての確率1を基準にして論じ始めるならば発生しないだろう。というのも、現実性は必然性をもとから外延的に含むと思われるからである。いずれにせよ、必然性をめぐってこのように産み出される矛盾は確率1に関する基本的困難の一つであると私は考える。こうした問題は、可能世界意味論などの様相理解の一般的道具立てのなかで、「現実性」という伝統的な様相概念を「必然性」や「可能性」などとどう連関づけるかという課題と結びついている。ならばおそらく、確率1の様相的困難と対峙するに最初にすべきは、時間あるいは時制を考慮に入れた場合に様相概念はどう理解されるのかという、その点を考察することであろう。「現実性」はなによりも時制の変化によって発現してくるものだからである。加えていえば、「過去確率原理」にもっと直接関わるもう一つの困難もある。「過去確率原理」と現実性の間の関係の問題に焦点を当てて、過去においてすでに現実化された出来事に確率1が付与されることを確認するとき、私たちは現実性を（ほんのちょっと前の）過去にあるものとして扱っている。では、現在の現実性はどうなのか。過去の現実性は現在の現実性とどのように関係するのか。再び様相概念と時制とを交差させようとするこの問いもまた、確率1の問題と絡めて真剣に受け取られなければならない課題であろう(9)。

第二に、確率1に関する「時間的困難」に言及しなければならない。「過去確率原理」が容易に受け入れられる考え方だとしても、その出来事の確率1はその後もずっと永久に1であり続けるのかどうかということは問われうる。換言すれば、確率1はそれが確立された後は時間的に不変なのかそうでないのかということを私たちは問わなければならないのである。この問いは、確率1の存在論的ステイタスと「過去確率原理」の形而上学的意義との双方にかなり錯綜した仕方で深く関わっている。

確率とは実在に内属する自然的性質なのか、それとも私たちの思考のなかで機能する概念にすぎないのか。これはまさしく確率概念の解釈で問題となる係争点にほかならない。そして過去については次のような問いが立ち上がる。過去は永遠に存続するのか、それとも経過とともに変化したり消滅したりするのか。このような問いについて詳細に論じる余裕はいまはないが、さしあたり次の一点だけは確認しておこう。事実問題として、私たちは確率を自然的性質と捉えるときもあるし、単なる一種の心的状態としてのみ捉えるときもあり、そしてそれと同様に、私たちは過去というものをすでに固定したまま永遠に存在するものと見なすときもあれば、記憶のなかにのみ現れるうたかたの観念として受け取るときもある。実際、もし確率がそのように柔軟な仕方で理解されていないとしたら、確率が競馬の賭け行為と量子力学というかなりかけ離れた二つの場面でともに現実に機能しているのはなぜなのか説明しがたいだろう。このことは、確率解釈に関してしばしば多元論が提起されるという事実によっても示唆されるかもしれない。[10] そして過去概念に関しては、一方で私たちは、過去はすでに定まっており変えることはできないと固く信じているが、他方で、厳密に過去を確証することはできず、すべては藪の中だとして過去を疑うこともある。もしそうなら、たとえ「過去確率原理」を受け入れたとしても、過去の出来事はそれの生起（した）確率を1から1より小さい値へと徐々に減じていくと、そう述べることも可能ではなかろうか。なぜならば、私たちは過去の出来事を忘却していくものだからである。確率の認識的解釈が存在し、記憶としての過去観念が存在する限り、確率1について忘却という要素を導入することは確率と過去についての私たちの日常的了解と齟齬を来すことはない。ティモシー・ウイリアムソンは私のいう「過去確率原理」が示す状況を「証拠的確率」（evidential probability）が1であるケースと把握して、忘却の要素を考慮に入れることによって、彼のいう「単調性」（monotonicity）の主張を拒否している。その主張とはこうである。

〈単調性〉
ひとたび一つの命題が証拠的確率1をもったならば、それは以後それを保持する（Williamson 2000, 218ff）。

ウイリアムソンは、証拠的確率についての命題それ自体に対する高階の確率（確率の確率）が考慮されるべきだという確固たる考え方を通じて、「単調性」の拒絶に至っている。これは確かに一つの洞察であろう。ただ、同時に、確率1に関する少々困惑するような状況を明らかに示すことにもなる。なぜなら、それは「過去確率原理」をいくぶん損なうように思えるし、おそらく「過去の不変性」という自明的な思念に（多分に反実在論的な色合いで）挑戦しているようにも思えるからである。[11] いずれにせよ、こうした状況も確率1についての自然な含意の一つであると言わなければならない。ここにもやはり対峙すべき深刻な困難がある。[12]

第三に、私たちは確率1についての「因果的困難」に対面しなければならない。「過去確率原理」を受け入れるときに最も顕著に現れる特徴は、当該の出来事が現に生じて過去のものとなった途端に、その生起確率が突然に1に変化する、という点である。このことは、なにか最もありそうもなく不確実だと思われた予見が的中した場合にめざましい仕方で表に現れる。たとえば、「私がこの宝くじで一等の一億円を当てる」という文の真である確率は(無差別原理を使って)0.00001と算定されていて、その後実際に一等に当たったと想定せよ。この場合、私のくじの番号が選ばれた瞬間、先の文が真である確率が一瞬にして0.00001から1へと飛び上がった。ここにはなにも哲学的に問うべき問題事象はないだろうか。この状況を問題にした人はこれまで少なかったかもしれない。しかし、こうした瞬時で突然の確率変化を、問題的なものは完璧に何もなく、一切説明を要しない現象として受け入れられるだろうか。私はそうは思わない。そうした変化は、上の例のように、しばしばきわめて劇的かつ徹底的であり、したがって、なぜそのようなことが起こったのか、と問うことはとても自然なことのように思われるからである。実際、私たち人類は、物理的現象における顕著な変化に気づき、それを観察し、そして、なぜ、どのように、それらは変化するのか、と問うことによって、科学的知識を発展させてきた。そして私が思うに、そうした問いを向けるとき、私たちは通常、現象間の因果的関係を探り出そうとしているのではないか。それゆえ、私は現在の文脈においても次のような因果的問いを提起したいのである。1より小さい確率から確率1へという突然の変化の原因は何なのか、と。これが確率1に関する第三の基本的困難であり、実際それは答えることが極端に難しい問いのように思われる。

5 確率の崩壊

さて、では以上の三つの困難のなかで最も注目に値する困難はどれだろうか。まず明らかなことは、様相的困難は形而上学的あるいは論理的観点から論じられるべきであり、時間的困難は認識論的観点から検討されねばならないということ、この点であろう。だとすれば、「不確実性の認識論」を主題とする本書の観点からすると、時間的困難が最も重要視しなければならないようにまずは思われる。しかしでは、因果的困難はどうだろうか。一般に、因果の問題というのは、形而上学的、認識論的な諸問題を含めて、哲学的主題のおよそすべての分野にまたがっている。その意味で、最初に因果的困難に焦点を合わせることはとても便利なように思われる。つまり、因果的困難を検討することで、他の二つの困難を適切に理解することに向けての、有望な道筋が示唆されることが期待されるのである。[13]加えて、因果的困難を最初に吟味することは、単に便利なだけでなく、本質的でもあろう。なぜなら、様相的困難と時間的困難の場合、確率1を有する何ごとかがすでに存在しているということを当然の前提とすることによって困難が立ち上がってくるが、因果的困難とは、そもそもどのようにして確率1が現出するのか、何ごとかが確率1を得るというプロセスはどのようなものなのか、ということを問題として提起しているからである。この意味で、因果的困難が最も基本的であり、よってそれが最初に問われねばならない。「なぜならば」文に現れる「理由」のなかで確率が言及されるべきであり、そしてそうした確率の意義を問うには確率概念の根幹をなす確率1を主題化し、その「原因」を問わねばならない、という筋立てである。「原因」と「理由」が反転し合うことを考慮するとき、ここには重層的かつ螺旋的に両者が絡み合っている。「原因と理由の迷宮」を扱う本書の第一章は、それゆえ、この確率1の原因についての問いに照準を定めていく。

もっとも、因果的困難について吟味する前に、一つだけ述べておかねばならない。すなわち、確率と因果とでどちらの概念がより基本的か、ということについての哲学的問題が提起されうるということ、これである。因果性を理解するのに確率の概念に訴えてそうしようとする人々がいることはよく知られている。いわゆる「確率的因果」(probabilistic causality)である。その主たる着想は、原因概念をその結果の生起確率を高めるものとさしあたり定義する点にある。a、bを出来事(を表す文)とすると、次のように定式化できる。

〈確率的因果〉
「aはbのさしあたりの原因である⇔P(b｜a)＞P(b)」
(より厳密には「aはbのさしあたりの原因である⇔P(b｜a)＞P(b｜～a)」となる。[14])

明らかに、確率的因果の理論は確率概念が因果性に先立つことを要請している。しかしながら、他方で、確率1に関して私が提起した因果的困難は、因果性が確率よりもずっと原初的であるということを前提したときにのみ、意味をなす。因果的困難は確率1の原因は何かと問うているからである。こうした状況をどう調停すべきだろうか。私はこういいたい。こうした状況はあらかじめ調停される必要はない。確率と因果の両方とも極端に根源的なので、両者が互いにもつれ合っているというのはむしろ自然なのだ、と。

実のところ、もし確率1の原因を見出したとしても、今度はそうした確率の原因それ自体が(高階の)確率的な仕方で循環的に作用するという余地はやはりある。似たような状況は、確率的因果の側にも同様に生じうる。たとえば、ラムジーが確率の主観説(個人的確率)を苦労して練り上げたとき、

その基となったのは信念・欲求と行為との間の想定された関係であったこと、つまり行為という外的なものへと関係づけることで主観説を単なる心理描写ではないリアリティをもつ理論とさせようとしたこと、このことはよく知られていよう。そして彼は、そうした関係を因果的なものと見なしたのである（Ramsey 1990, 65）。だとすると、もし確率の主観的（個人的）解釈に訴えて確率的因果の理論を提出しようとするならば、私たちは循環に陥らなければならない。もちろん、確率的因果の有効性を依然として奉じ、その理論を一層受け入れられやすくしようとしている論者もいる。たとえば、パピノーは、確率的因果の理論をもっと精巧なものにしようとして、確率的因果の理論で因果の向きを決定するときに通常使われている「ろ過」[15]（screening-off）の非対称性の考え方の代わりに、別の新しい要件を提示している。すなわち、「結果はみずからとは確率的に独立な原因を持たなければならないという要件」がそれである（Papineau 2001, 28）。しかるに、「確率的に独立」とはどういうことか。ホーソンとアーバックによれば、二つの文、h_1とh_2とが確率的に独立であると呼ばれるのは、$P(h_1 \& h_2)=P(h_1)P(h_2)$のとき、そのときに限る、とされている（Howson & Urbach 1993, 41）。結局それは、条件つき確率の定義を介するなら、$P(h_1|h_2)=P(h_1)$のときであるということになる。これは相手の要素と連動して変化する確率が0であるということ、言い換えれば、相手の要素の変化にもかかわらず不変である確率が1であるということ、そういうことにほかならないではないか。かくして、パピノー流に確率的因果の理論を精巧に練り上げていったとしても、やはり、確率1とは何か、という問いへと私たちは促され、そうして結局は確率1についての因果的困難と遭遇してしまうのである。因果と確率は、本質的な意味で、これほどの困惑をもたらすほどもつれ合っている。それゆえ私は、

本章の末尾まで、この両概念の調停は先送りにしておく。私の議論はまさしく、因果と確率の関係を考察する試みなのである。そしてそれが、私たちがさまざまな場面で「理由」を述べるときの基盤の解明につながっていく。

さて、先の問いに戻ろう。「1より低い確率が確率1へと突然変化することの原因は何か」という問いはどう対処しうるだろうか。おそらく、最初に思いつく可能な答えの一つは、時間それ自体、特に現在それ自体がそうした確率の突然の変化を産み出すのだ、というものであろう。けれど、これはあまりに説得力を欠き、到底採用しがたい。第一に、この見解は時間というものを因果的効力を持つ一種の存在者あるいは実体と見なしており、それは何か特有の形而上学によってのみ支持されうるにすぎず、万人が得心するはずもない。第二に、もし時間が確率の突然の変化の原因だと認めるなら、世界のいかなる変化も時間によって引き起こされたのだと主張しうることになりかねず、結局、この見解にはいかなる説明力もないということになるだろう。では、どう答えるべきか。明らかに、そもそも出来事が生じたというのはどのように確立されるのかという点が問いの核心にある。シンプルな答えはこうだろう。それが生じて過去へと過ぎ去っていったというのは事実であって、それ以上解明される必要はない、単にそう受け止めるしかない、と。しかし、こうした論じ方は、時間それ自体が突然の変化の原因だとする、先の説得力を欠く見解に最終的に舞い戻ってしまうのではないか。なぜなら結局、このシンプルな答えは確率の突然の変化を説明するのに単に時制の変化に訴えているだけだからである。これは探究の拒絶であり、問う価値のある問題を前にしたとき、哲学的態度とはいえない。

では、他のやり方はあるのだろうか。少し考えただけで、確率が1へと突然変化することを説明する既存の理論を想起することができるだろう。すなわち、量子力学における「波束の崩壊（波束の収縮）」（the collapse（reduction）of wave packet）である。この文脈でこの問題に言及することは実際的外れではない。なぜなら、先に述べたように、量子力学に由来する問題をはらむ現象こそが、確率についての強力な解釈、傾向性説、を産み出す原動力になっていたからである。一般には傾向性説、とりわけポパーによる最初のそれは、確率の物理的解釈として分類されているが、厳密にいうならば、ポパー自身の意図にもかかわらず、そうした分類は必ずしも正しくない。その点は、ポパーが量子力学との連関のもとで傾向性説を導入するその仕方を吟味することによって判明するが、それは後に行おう。ともあれ、事実として、「確率振幅」（probability amplitudes）のように数学的にかっちり規定されて使用される場合は別とすれば、量子力学それ自体は確率概念をどう解釈するかという哲学的問いに関しては必ずしも明確なことを言明しているわけではない。その主たるアイディアが、自然の実在的あり方を記述するときに確率に訴えるという点にあるにもかかわらず、量子論は確率とは何かには主題的にコミットしていない。それゆえ、量子力学における確率はどう解釈されるべきかという問いが哲学の文脈でしばしば真剣に論じられてきたのである。[16] 実際、ポパーの文脈と独立にいえば、量子力学における確率が文字通りの意味で物理的で客観的であるはずだというのはさらに疑わしいといえるだろう。いうまでもなく、ここで考慮されねばならないのはいわゆる「観測問題」（the measurement problem）であって、それに絡んで「波束の崩壊」の問題とともに論じられる確率は物理的というより明らかに認識的といいうるからである。そしてポパーはそれを認識していたがゆえに、そうした確率概念を自覚的に批判することで傾向性説を提示したと、それが一般に語られるストーリーである。よって私は、「過去確率原理」を論じる文脈で量子力学に言及するに当たって、こうした「波束の崩壊」の問題を、量子力学において論じられる確率概念にある意味で普遍的に関わりうる材料として取り上げたい(17)。もちろん、量子力学それ自体を詳しく考察することはここでの私の意図ではない。よって私は、以下では古典的な「コペンハーゲン解釈」にとりあえず焦点を合わせたい(18)。そうした戦略が私の議論の意義をはなから損なうことは決してない。というのも、そうした戦略に沿って仮説を提起して、それが他の問題を解決する力があることが検証されるならば、それで私の目的は取りあえず果たせるからである。

さて、それでは、「波束の崩壊（収縮）」とは何なのか。確率はどのようにして突然に変化するのか。それはどのように引き起こされるのか。いうまでもなく、この問題はハイゼンベルクのいわゆる「不確定性原理」（uncertainty principle）が下敷きとなっている。すなわち、ごくラフにいえば、対象の量子力学的な振る舞いを追跡するにはそれの「位置」と「運動量」との両方の情報を知らなければならないが、その両者の誤差を乗じたものが一定の値になるので、一方の誤差が小さいときには（正確な情報のときには）他方の誤差が大きくなってしまい、両方の情報を同時に確定的に知ることはできない、というあの考え方である。ハイゼンベルク自身は、p_1を運動量の誤差、q_1を位置決定の精度の誤差、hを定数とした上で、次のような形で不確定性の関係を表現している。

$$p_1 q_1 \sim h$$ (Heisenberg 1927, 175.)

今日では、次のように表記されるのが一般的である。

$$\Delta p_x \Delta x \geq \frac{\hbar}{2} \left[\hbar = \frac{h}{2\pi}\right.$$ （hは「プランク定数」、xは「位置」、pは「運動量」$\left.\right]$

(See Cushing 1998, 300.)

もっとも、ここで不確定性の関係について、そしてそこから「波束の崩壊」が導かれてくる詳細について、詳しく立ち入って論じる必要はない。私の目的にとっては、不確定性の関係に従う限り、観測以前には、量子的対象の位置は確率分布としてしか表象しえないが、実際に観測することによって劇的な変化が生じなければならないという、基本的論点を確認するだけで十分である。そのために、権威によって明晰に要約された表現に拠ることにしよう。ジョン・ポーキングホーンは次のように簡潔かつ紛れのない仕方で記述している。

観測は瞬間的で非連続的な変化の機会でなければならない。もし電子が「ここ」「あそこ」そしておそらく「いたるところ」に広がっているという確率的な状態にあるとして、それが観測され、この機会には「ここ」にあると見出されたときには、そのとき確率分布は突然に変化して、「ここ」という現実に観測された位置の一点に集中しなければならない。確率分布は波動関数によって計算されるべきものなので、波動関数もまた非連続的に変化しなければならない……こうした突然の変化という現象、これが波束の崩壊と呼ばれる（Polkinghorne 2002, 25-26）。

加えて、次のディラックの（観察対象 α に関する）表現も引用して、崩壊の結果が何であるのかを明確に確証しておこう。

観察の後のシステムの状態は α の固有状態でなければならない、なぜなら、α の観測の結果は確実性（certainty）でなければならないからである（Dirac 1930, 49）。

この議論はそれ自体としてよく知られており、さらには物理学においてのみならず哲学的にも多くの困惑と困難をもたらすこともよく知られているが、ここではそれらを論じることはしない。この議論に絡めて私が提起したい問いは、確率が確実性へと突然に変化することの原因は何か、ということなのである。つまり、1より低い確率が確実性という確率1へと突然変化することの原因は何か、と問いたいのである。そして、上の記述が示唆するように、観測または観察がこの問いに何らか関係していることは間違いない。ポーキングホーンは観測を「瞬間的で非連続的な変化の機会」と表現していた。一瞬、機会原因論者マルブランシュの考え方が想起される。疑いなく、ここには因果性についての深い哲学的な問いが潜在している。量子論の哲学の研究者であるバレットによれば、ハイゼンベルクは「自然をして特定の選択をするよう強制したのは観察者の観察行為であるということを意味しようとしていたに違いない」（Barrett 1999, 26）。これをどう理解しようか。自然そのものが突然の変化の原因だ、ということだろうか。確かにそのように述べることは無難かもしれない。けれど、そう述べるだけでは私たちの日常的な原因概念を十全に保全できない。たとえば、私が誰かに致死薬注射を打ってその人が死んだとき、自然（の法則的あり方）がその人の死の原因だ、と述べることは間違ってはいない。あるいは、私がどこかの家のゴミ箱に火を付けてその家が火事になったとき、そうした燃焼は自然の仕組みによって引き起こされたと述べることも誤りではあるまい。しかし、そんな言い訳が通じるなどと誰が思おうか。通常は、多くの背景情報を潜在させつつ、何か他方の事柄が生じる機会となり、かつそれなしには他方の事柄が生じないようなもの、それが他方の事柄の原因であるとルーズに呼ばれているのである。哲学史が証するように、原因概念を厳密に定義しようという試みは、その意味や使用のルーズさのゆえに、不成功に終わるか定義自体が曖昧にとどまるかのいずれかであった。しかしでは、どう考えたらよいだろうか。実をいえば、ディラックは後年次のように記していた。「観測が、観測されている力学値をもつ固有状態へと力学系がジャンプすることの原因である」(Dirac 1958, 36)。このように物理学者たちによって理解されているとするなら、思い切って、あっさりと、私たちの観測あるいは観察こそがまさしく波束の崩壊の原因であると、そう仮説的に理解してみようではないか。こうした理解を完璧にばかげていると拒絶することができる材料は何もないだろうと思う。

もちろん、厳密にいうならば、以上の議論は波束の崩壊に関するものであって、確率の突然の変化それ自体に関わるものではない。けれども、先に触れたように、原因概念は現実にきわめてルーズである、というより本来的にルーズであるがゆえに、もしある出来事の原因と等外延的（集合として等しいこと）な現象があったとするならば、そうした現象がその出来事の原因と呼ばれることがあってもおかしくない。このことは波束の突然の変化と確率の突然の変化の場合にも当てはまる。なぜなら、二つの突然の変化は、少なくともこの文脈では、明らかに等外延的だからである。かくして、もし波束の崩壊の原因が私たちの観察だとするなら、私たちの観察は確率の突然の変化の原因であると見なされてもよいのではなかろうか。いってみるなら、波束の崩壊と同時的に「確率の崩壊」がここで生じているのである。つまり、確率分布が崩壊し、確率が現実性の位置である「1」にのみ集中するようになる、という意味での崩壊が生じているのである。このような見方を踏まえて、私が仮説として提起してこれから検証していきたい考え方はこうである。「確率の崩壊」という事態は「過去確率原理」で示されているような確率の突然の変化という事象一般に類比的に当てはまる、と。この仮説を、次のように整理して提示しておこう。これは「過去確率原理」から派生する系であり、（少々大げさだが）「確率崩壊仮説」（The Collapse of Probability Hypothesis）と呼ぶことにしたい。

〈確率崩壊仮説〉
私たちがある出来事が過去へと過ぎ去っていくのを観察するやいなや、そうした私たちの観察こそが、その出来事の生起確率が値1へと崩壊することの原因となる。[19]

時間そのものや事実そのものが確率の突然の変化の原因になりえない以上、私たちの観察行為こそが原因として指定可能な唯一の説明力のある候補であろう。[20] もちろん、理論的には、それぞれの場合に応じて、確率の突然の変化の原因として記述できる要素は無数にといってよいほどあるかもしれない。原因の指定というのは、もともとから「風が吹いて桶屋が儲かる」風の任意性のもとにある。私のくしゃみの原因を人が私の噂をしていることだ、とすることを完璧に誤りであるとすることは理論的にできないので、まさしく「確率」概念を持ちだして一定の合理的秩序づけを図ることが目論まれているのであり、そうした探究の方向性の根幹をなす「確率」概念そのものについていま論じているのである。ともあれ、現在の文脈においても、私が探っているのは確率の突然の変化という事象一般をほぼ包括的に説明できるような原因である。「過去確率原理」に関する限り、その原理中の「として確認される」というフレーズに対応する私たちの観察、それがそうした包括的説明力をほぼ持ちうる原因として唯一の選択肢であるように私には思われるのである。そして、「過去確率原理」における確率の1への突然の変化は、事態の構造に着目する限り、量子物理学の確率の崩壊のケースに酷似している。こうして、「確率崩壊仮説」に到達したわけである。しかし、むしろ私は、実をいうと、議論の順番を反転させてもっと大胆な議論を展開したいのである。すなわち、そもそも確率は本来的に崩壊する、それゆえ量子力学における波束や確率の崩壊の方こそ、確率概念一般の本性からの自然な帰結なのである、と。おそらく、このように論じることで、哲学的文脈においてそれ自体激しく物議を醸すものである量子力学の事例に訴えるという、いささか危うく見える私の戦略の奇怪さも相応に減じることができるだろう。私の目的は確率の本性一般の解明であって、そのためにそうした本性に至る一つのとっかかりとして量子力学に言及したにすぎない。もちろん、こうした論の成否は「確率崩壊仮説」の普遍性が検証されるかどうかに依存しているのだが。いずれにせよ、こうした道筋に沿う限り、私は、自分の議論を量子力学のもとに基礎づけようなどとは毛頭意図していないし、そうする必要もまったくない。

6　ポパーの遺産

さて、ここでポパーの議論に眼を向けてみるのは無駄ではないだろう。というより、以上の私の議論は自然とポパーの議論の検討を促すであろう。なぜなら、私がとりあえずたどりついた「確率崩壊仮説」は基本的に量子力学における確率の意義を考察することを通じて提示されたのであり、そうした確率の意義とはまさしくポパーが自身の「確率の傾向性説」を構築するときに焦点を当てたものにほかならないからである。実際私はすでに何度もポパーの傾向性説に言及したので、ポパーの傾向性説に対する態度決定をある程度はしておく義務があると思う。ポパーの傾向性説は、確率の哲学の歴史のなかでひときわ目立った仕方で屹立する巨峰なので、「ポパーの遺産」と称されてしかるべきほどの哲学的価値を有する。私見では、ポパー哲学の今後語り継がれる最大の哲学史的功績は、「反証主義」の提唱よりもむしろ、「確率の傾向性説」の提示であるに違いないと思う。傾向性説は持続的影響力を生々しく保ち続けているからである。ともあれ、ポパーの遺産をいささかなりとも振り返ることによって、私の議論は補強され、「確率崩壊仮説」の含意もさらに明快になるはずである。

私が最初に焦点を当てたいのは、ポパーが『量子論と物理学の分裂』のなかの「ランダム・ウォークと「可能なものから現実のものへの遷移」」と題された節で次のような思考実験を提示している箇所である。

砂漠のなかである兵士がポケットルーレット盤を与えられて、それを使って、その針を回して針が止まるまで待ち、針が指した方向に一分間行進せよと指示されている。そして同じ行為を繰り返し、再び針を回し、また針の方向に一分間行進する。直ちに直観的に明らかとなること、それは、この指示に基づくなら、兵士の行進速度に応じて出発点からすべての方向に広がった兵士の位置の確率分布を得るということである。それは、中心部分が濃くて、その周辺部に行くに従って薄くなっている一種の雲のようなものであろう…

さて、一時間の後、その兵士がポケットルーレットの結果をまさに見ようとしているとき、彼を観察してみよう。そのとき、古い雲は消え去り、私たちがその兵士を観察したその地点から新しい雲がはじまっていく、といってよいだろう。

これはまさしく「波束の収縮」と同じことである…それは、ペニー硬貨を投げるようないかなるゲームにおいてさえも、たとえいささかトリヴィアルな仕方になるとはいえ、生じる。表が出たという情報に相対的に、表が出たという（相対的）確率は1/2から1へと変化する。これこそが量子論の理論家たちを悩ませてきた問題と根源的に同じ問題なのである（Popper 1982, 123-124）。

要するにポパーは、確率の突然の変化は硬貨投げのような場合でさえ生じているのであり、そうしたトリヴィアルな現象がまさしく波束の収縮が意味していることにほかならないということ、そのことを指摘しているのである。明らかにこのポパーの主張は、量子力学での波束の崩壊の問題は確率概念が一般的に備えている特徴の一つの現れにすぎない、と示唆した私の議論と軌を一にしている。けれどもポパーは、主張をさらに拡張し、こうした突然の確率変化にはいかなる問題も存在しないとさえ述べるに至っている。彼は『量子論と物理学の分裂』の他の箇所あるいは『科学的発見の論理』のなかで、アインシュタインに由来し、ハイゼンベルクも言及している次のような思考実験を介して、一層強い主張を提示している (Popper 1982, 76-78 and Popper 1959, 235-236)。

半透明の鏡を取り上げて、そこで光が反射する確率は1/2と仮定しよう。すると、光が通過する確率も1/2である。「通過する」すなわち「伝達される」という出来事をa、実験配置をbとすると、次の式（α）が成り立つ（ポパーの表記を条件つき確率の標準的な表記に直して以下記す）。

$$(\alpha)\quad P(a \mid b)=\frac{1}{2}=P(-a \mid b)$$

ここで「-a」（つまり「非a」）は「反射」という出来事を表す。もしこの実験が一つの単独の光子で遂行されるならば、この光子に伴う確率波束は分裂し、上式（α）での$P(a \mid b)$と$P(-a \mid b)$とに対応する二つの波束が得られるだろう。そこで次に、写真乾板の助けを借りて、その光子が反射された、すなわち「-a」である、ということが見出されたとしよう。そのとき、ハイゼンベルクによれば、波束のもう一つの部分にある光子を見出す確率は直ちにゼロになる、とされる (Heisenberg 1930, 39)。一体何が起こったのだろうか。私たちは、（α）によって表現される相対的な確率をもっていたし、いまも依然としてもっている。もし「-a」であるという情報を得たならば、その情報に相対的に、次式（β）が成り立つことになる。

$$(\beta)\quad P(a|-a)=0,\ P(-a|-a)=1$$

確かに$P(a|-a)=0$は真であるが、しかし、このことを、もともとの波束$P(a|b)$がある種の変化をして「直ちにゼロになった」ことなのだ、と述べることはゆゆしき間違いである。もともとの波束$P(a|b)$は依然として$1/2$に等しく、そのことは、もとの実験を繰り返せば、光子が伝達される実質的な頻度は$1/2$に等しいだろう、ということを意味すると、そう解釈されなければならない。そして$P(a|-a)=0$というのはまったく別の相対的確率なのである。それは全くもって異なる実験に言及しているのであり、それは最初の実験と同様にはじまるが、その終わりは、光子が反射されたということが見出されたときだけという特殊仕様にしたがっていなければならない実験である。波束$P(a|b)$に対しては何の作用も及ぼされていない。なぜなら、$P(a|b)$はもともとの実験配置に相対的な光子の状態の傾向性だからである。それは全然変化していない。このように、波束の収縮は量子論には何の関係もない。それは確率論のトリヴィアルな性質なのであって、aが何であろうと、$P(a|a)=1$であり、$P(a|-a)=0$なのである。硬貨を投げたとき、その可能な状態（表か裏か）の各々の確率は$1/2$に等しい。硬貨投げの結果を見ないうちは、その確率は$1/2$であろうと依然として述べてよい。腰を曲げて見たならば、それは突然「変化する」。私たちが見ることによって、ここに量子飛躍が生じたのだろうか。硬貨は私たちの観察に影響を受けたのだろうか。明らかにそんなことはない。以上

がポパーの議論であり、それは非常に強力すぎて、「確率崩壊仮説」を補強してくれるというより、かえって陳腐化させてしまうような響きを伴っている。

私は、このポパーの議論に対して三つの論点を提起したい。第一に、ポパーの議論をそのまますべて認めることは極端に直観に反するといわなければならない。なぜなら、彼の議論に従うと、時間の経過に沿った確率の変化を主題とする「確率運動学」(probability kinematics)が原理的に不可能となってしまうが、それは確率運動学が確率の哲学の一つの領域として認知されている現状に反するし、実際私たちは、確率が変化すると述べることに何か問題があるとは全く思わないからである。しかし、ポパーの議論はそのように述べることを禁じているように聞こえる。だとすれば、それはばかげている。ポパーに従うと、結局は、世界はいかなる連続性もなしに、瞬間ごとに再誕生し新たな別の世界へと生成している、とする考え方に至りつくだろうが、それはまず受容不可能な観念だろう。そして実は、ポパー自身、確率変化という概念に事実上言及しているのである。彼はいう、「ゼロになるのはaの客観的傾向性である」(Popper 1982, 88)。これは彼のハイゼンベルク批判と矛盾しているように聞こえる。さて、私が第二に提起したい論点はこうである。ポパーは、P(-a|-a)=1にはいかなる問題もない、なぜならそれは単なるトリヴィアルなトートロジーだからだと主張していると思われるが、ポパーはここで、問うべき哲学的問題を素通りしてしまっているように私には思われる。彼の考え方に沿って厳密に定式化するなら、ここで問題となっているのは、P(「その光子は反射される」|「その光子は反射された」)という条件つき確率がどのように扱われるべきかであって、そしてそれは必ずしも自明なトートロジーとして見なされない。条件づける項は過去時制(すでに得られた

情報）だが、条件づけられる項は無時間的あるいはもしかしたら未来時制であって、おそらく、「その情報をすでに得たときに、もしいま改めて確認したならば」という反事実的想定に基づいている。疑いなく、ここには私が言及した時間的困難に類似のデリケートな哲学的問題が潜んでいるといえるだろう。いずれにせよ、ポパーが主張できるのは、せいぜい、P(「その光子は反射された」|「その光子は反射された」)＝1だけであって、それはまったくもって陳腐なトートロジーであり、何の意味ももたらさないし、何の役にも立たない。

第三に、私は次の点を提起したい。観察は硬貨に何の影響ももたらさないというポパーの断定に示されているように、彼は、物理的現象だけが因果的影響を持ちうるものとして受け入れられうると暗黙的に前提しており、その前提に基づいて、観察や知識や無知といったものは因果的過程となんら関わりない、と結論づけている。同様な論調はポパーがパウリをからかっている部分からも見取ることができる。ポパーは、パウリは私たちの無知がエントロピーを増大させるなどというばかげた結論を出している、と揶揄しているのである（Popper 1982, 109-110）。けれども、こうしたポパーの議論はまったくフェアでない。明らかに、因果的影響が物理的現象に関してのみ発生するというのは単なるドグマにすぎない。実際、心理的あるいは認識的な局面での因果的影響の例など、いくらでも挙げることができよう。たとえば、電車で目の前に立っている人がまだ面識のない自分の上司だと突然分かったとしたら、その認識が私の心理的状態に因果的影響を及ぼすことはまず避けられないだろう。こうした点を考慮すると、もし波束の崩壊あるいは確率の崩壊のさいの観察者とは非物理的なレベルでの因果的影響を及ぼしている何ものかであると想定することができるならば、ポパーの議論は必ずしも有効ではない、ということになるはずである。実際のところ、事実として、物理的現象の因果的理解というのは、端的な裸の物理事象というのではなく、私たちの知のネットワークに依存している(昔は雨乞いが天候に実際に因果的影響を与えるとされてきたが、いまではそうでないように)。であるなら、そうした知の枠組みを物理的現象に適用するという観察者の行為が波束の崩壊と称されている過程を立ち上がらせる原因なのだ、と考えることはそれほど不合理とはいえないのではないか。実は、ポパー自身が次のようなことを宣している。「座標空間における粒子の軌跡の一部の「観察」でさえ、現実には、見かけの直観的な明白さにもかかわらず、諸理論に照らしたところの一つの解釈なのである」(Popper 1982, 143)。こうした議論の道行きはポパーの「傾向性」の物理・客観的ステイタスにも影響を与えてしまう。その辺りの事情は、ポパーによる「傾向性」概念の定義がなされている次の箇所からも実際に確認することができよう。

単独の場合に対して確率論をこのように適用することこそ、まさしく傾向性解釈が達成しているところのものである。しかしそれは、粒子や光子について語ることによって達成しているのではない。傾向性とは、粒子の性質でも、光子の性質でも、電子の性質でも、ペニー硬貨の性質でもない。物理学における傾向性についての言明は状況の諸性質を記述しているのであり、もしその状況が典型的ならば、すなわち、(光の放射の場合のように)もし状況が反復されるならば、テスト可能である。それゆえ、傾向性は、反復可能な実験配置の性質でもあり(properties of repeatable experimental arrangements)、それは物理的で具体的である(Popper 1982, 79-80)。

だとすれば、こう問えよう。一体「誰が」そうした反復可能な実験配置を設定するのか。「誰が」配置するのか。明らかに、誰かが、何らかの科学的知識を背景にして、人為的にそれを配置するのでなければならない。従って、ポパーの「傾向性」を物理・客観的として扱う公式的な立場に反して、ここには特定の科学的知識をもち特定の考え方を提示している誰か（何らかの認識主観）が明らかに介在している。もし「物理・客観的」ということで観察者の知識からの独立性を意味するとするなら、ポパーの「傾向性」は、驚くべきことだが、定義的に物理・客観的とはいいえないことになる。むしろそれは認識的ということさえできるのではないか。ただし、量子力学の側にポパーの批判を招く余地があったということも確かだろう。なぜなら、波束の崩壊での観察の因果的影響があたかも（私たちの眼から放射される光があるかのごとく）物理的現象と同じ次元で生じているかのように解釈される可能性を量子力学が絶対的に封じているとは、少なくとも私には思えないからである。ともあれ、以上のように考えてくると、「確率崩壊仮説」が主張するように、私たちの観察が確率の崩壊を因果的に引き起こすと捉えることは可能だと見てよいだろう。こうして、少なくとも、以上の私の議論は、「過去確率原理」と「確率崩壊仮説」とが確率の物理・客観的解釈だけでなく確率の認識的解釈にも関わっていることを確証する。というのも、私の議論の主な素材となったポパーの傾向性説は、確率の物理・客観的理論であると公言しつつ、同時に確率の認識的解釈にもコミットしていると考えられるからである。

要約する。ポパーの議論は、いわゆる波束の崩壊と呼ばれる事象が、ミクロの量子の運動だけに制限されているのではなく、確率概念に関して日常生活のいたるところでごく卑近に確認される現象であることを示した点で、私の議論を支持してくれている。そして同時に、ポパーの理論は、確率の物理・客観的解釈の代表的見解として私の議論に主な素材を与えてくれたものでありながら、実質的にはそれは確率の認識的解釈にコミットしているという、そうした錯綜した事情を胚胎しているのであり、そうした点を指摘することによって、ポパーの理論を利用した私の議論が頻度説を除く確率のいかなる解釈にも適用可能であることが示されたと思う。

7 ハンフリーズのパラドックス

以下私は、「確率崩壊仮説」が確率的な現象を説明する能力が果たしてあるのかどうかを検証し、そして「確率崩壊仮説」は最終的にどのような含意をもたらすのかを明らかにしていきたい。そのために、「ハンフリーズのパラドックス」と呼ばれる問題を取り上げたい。このパラドックスは確率概念についての根本的な困難を提起すると考えられるだけでなく、「確率崩壊仮説」を適用することで解決しうるパズルの典型例でもあるように思われるからである。こうした点を跡づけていくことが「確率崩壊仮説」を検証する過程に当たる。その後、なぜ「ハンフリーズのパラドックス」が問題であると考えられてしまうのかということを吟味することによって、「確率崩壊仮説」がどのような帰結を産み出すのかを考察したい。これが「確率崩壊仮説」の含意を明確化するという、第二のステップであり、この過程を経ることで一層深部にある困難へと導かれることになるだろう。

さて、「ハンフリーズのパラドックス」とは何だろうか。このパラドックスは最初ポール・ハンフリーズによって提出され、後にサモンによって公にされた (Salmon 1979, 183-216)。その後フェッツァーによって「ハンフリーズのパラドックス」と名付けられたのである。このパラドックスは元来は、ベイズの定理によって逆条件つき確率を作ることを通じて、傾向性解釈に疑念を投げかけるものであった。いくつかのヴァージョンがあるが、私はサモンが後年になって再言及した、次の最もクリアなヴァージョンを引用する(21)。

〈缶切りの事例〉

たとえば、缶切りを生産する工場を考えてみよう。その工場には二つの機械しかなく、それぞれA、Bと名指してよいだろう。機械Aはかなり古く、一日に千個の缶切りを生産するが、そのうち二・五%が不良品である。機械Bはもっと近代的なもので、一日に一万個の缶切りを生産し、その生産品のわずか一%だけしか不良品はない。さて、一日の終わりに、すべての不良品の缶切り（それらは検査員によって選り分けられた）が一つの箱の中に置かれていると想定せよ。誰かがランダムに箱から一つの缶切りを取り出して、それが近代的な機械Bで生産されたものである確率を尋ねる。私たちは容易に計算できるだろう。それは4/5であると。それにもかかわらず、私はこの不良品の缶切りが機械Bによって生産されたという0.8の傾向性をもっている、と述べるのはきわめて受け入れがたいことだと思う。機械Bは不良品の缶切りを生産する0.01の傾向性をもっている、と述べることは十分に意味をなす。けれど、その缶切りについて、機械Bによって生産されたという傾向性をもつ、と述べることは決して有意味ではない（Salmon 1984, 205）。（傍点は一ノ瀬による）

Dは「取り出された缶切りは不良品である」を、Aを「それは機械Aによって生産された」を、Bは「それは機械Bによって生産された」を、それぞれ表すとする。すると、定義より、$P(D \mid A)=\frac{25}{1000}$, $P(D \mid B)=\frac{1}{100}$, $P(A)=\frac{1}{11}$, $P(B)=\frac{10}{11}$であると考えられる。ここで問題となっている確率は$P(B \mid D)$である。それは「ベイズの定理」を用いて次のように計算できる。

$$P(B \mid D)=\frac{P(D \mid B)P(B)}{P(D)} \qquad \text{（ベイズの定理）}$$

$$=\frac{P(D \mid B)P(B)}{P(D \mid A)P(A)+P(D \mid B)P(B)}$$

$$=\frac{\frac{1}{100}\times\frac{10}{11}}{\frac{25}{1000}\times\frac{1}{11}+\frac{1}{100}\times\frac{10}{11}}$$

$$=\frac{\frac{100}{11000}}{\frac{125}{11000}}=\frac{4}{5}$$

「ベイズの定理」が受け入れられる限り、これは完璧にクリアである。そして「ベイズの定理」を拒絶する理由はまったくない。であるなら、そもそも何が問題なのか。ギリスが、フリスビーの例を使って、このハンフリーズの事例がどのようにパラドクシカルなのかを明瞭な仕方で記述しているので、私は、フリスビーの代わりに上の缶切りの例をそのまま用いて、ギリスの表現をパラフレーズしてみる。すなわち、次のような事態を考えると問題のポイントが分かりやすくなるのである。ハンフリーズの事例において傾向性概念を用いると「夕方に箱から不良品の缶切りを取り出すことが、その日の昼間にその缶切りが機械Bによって生産されたということを4/5の重みで引き起こす部分原因になっていることになる。そのような概念はナンセンスであるように思われる。なぜなら、缶切りが選択されるときまでに、その缶切りは明らかに、機械Bによってすでに生産されたか、あるいは機械Bによって生産されなかったかのいずれかだからである。この点を一層際立たせるには、機械Aは白い缶切りを、機械Bはオレンジ色の缶切りを生産する、と想定してみるとよい。もし一日の終わりに取り出される不良品の缶切りがオレンジ色であるならば、それは明確に機械Bによってすでに生産されたものなのであり、よって、それが機械Bによってすでに生産されたようにする4/5の傾向性をもっていると述べることにどのような意味があるのか明らかでない」(See Gillies 2000, 131)。つまり、もし缶切りの事例を傾向性説によって理解するならば、「部分的逆向き因果」(partial backward causation)の概念を採用しなければならなくなるのであり、それはあまりに不条理であり受け入れがたいと思われるのである。

大まかに述べて、「ハンフリーズのパラドックス」に対しては三つのタイプの反応がこれまで提起された。第一に、このパラドックスは確率の傾向性解釈の不適切性を示すのであり、したがって私たちは端的に傾向性説を放棄すべきである、と主張される。この応答はハンフリーズ自身やミルンによって提唱された。ハンフリーズはここに現出している因果的な困難を完璧に自覚しており、「傾向性の因果的本性は標準的な確率論によって十全な仕方で表現されえない」とはじめから宣言している(Humphreys 1985, 557)。ミルンも同様に、条件つき確率についての「ベイズの定理」を出来事の傾向性に適用することの奇妙さを強調し、「条件つき確率は確率の実在的単独事例解釈［傾向性説のこと］において十全に取り扱うことができない」(Milne 1986, 131) と結論づけた上で、長期的頻度に基づく確率解釈へのシフトを示唆している。ミルンの指摘では、このパラドックスは三つの前提から成り立っている、すなわち、(i) 条件つき確率(の有意味性)、(ii) 実在的単独事例解釈と不定なものの間の結びつき(が語りうること)、(iii) 過去と現在は未来と違って確定的であること、この三つである。そして彼は、これらの前提のどれを拒絶しても不幸な選択になってしまうと述べる (Milne 1986, 132)。つまり、「ハンフリーズのパラドックス」は成立するのであり、よって傾向性説は維持できないということである。第二のタイプの応答は、出来事の傾向性に「ベイズの定理」を適用することは、どういう場合には適切で、どういう場合には適切でないのか、その点を明確化すべきだ、とする立場である。これはマッカーディによって展開された。彼は、傾向性についての条件つき確率が完全に有意味である状況を、条件つき確率を計算するときの時間を考慮に入れることによって、確保しようと試みる。再び缶切りの例を取り上げてみよう。t_1を機械が稼働する前の朝、t_2を機械が稼働している日中のどれかの時間、t_3を検査員が箱の中から一つの不良品の缶切りを取り出す日没時をそれぞれ示しているとし、$Pt_i(Dt_j \mid Bt_k)$をt_kにBが生じたという条件のもとでt_jにDが生じることのt_iにおける確率として解釈されるとする。その上で、次の二つの確率を比較してみよう。

（1）$Pt_1(Bt_2 | Dt_3)$
（2）$Pt_3(Bt_2 | Dt_3)$

マッカーディの主張の趣旨はこうである。（1）は完璧に意味をなしており、4/5という値を付与されるが、他方で、（2）は完全にナンセンスである。なぜなら、Dt_3または〜Dt_3のどちらかが一旦実現されてしまったならば、出来事Bt_2の生起に関してはいかなる不確定性もないからである。Bt_2はすでに生起したか生起しなかったかのいずれかである（McCurdy 1996, 107ff.）。換言すれば、マッカーディは一方で、（2）の意味でハンフリーズの事例を理解した場合にパラドクシカルな困難に巻き込まれてしまうことに全面的に同意しつつも、他方で、（1）のように当該の出来事が生起する前の時点でハンフリーズの事例を考察したときには、「ベイズの定理」を通じた逆条件つき確率はまったく何の問題もなく傾向性解釈に適用可能であると主張するのである。これは、部分的にとはいえ、傾向性説を擁護する試みである。そしてマッカーディは、ニーニルオトの示唆に訴えながら（Niiniluoto 1998, 103-4 note 16）、（1）が物理的確率であるのに対して、（2）は認識的確率であるという論点も付け加えている。さて次に、「ハンフリーズのパラドックス」に対する第三の反応だが、それはきわめてシンプルである。すなわち、「ハンフリーズのパラドックス」は確率の実在的単独事例解釈としての傾向性説が維持できないということを証明しているにすぎないのであって、よって、そうしたパラドックスを免れている長期的傾向性説を支持し洗練させていくことは依然として可能である、とする立場である。これは上述のミルンによって暗示されていた立場だが、ギリスによって明確かつ自覚的に提案された（Gillies 2000, 131-136）。けれども、この第三の応答はここでの私の考察の範囲外にある。なぜなら、私はさしあたり「過去確率原理」が示しているような単独的出来事の確率についてのみ主題化したいと考えているからである。

8　過去についての決定論

いずれにせよ確かに、ここには確率についての真に深刻な困難が現出している。では、「確率崩壊仮説」を適用することで、どのような応答を提示できるだろうか。いくつか述べるべきことがあるが、最初に次の点を確認しておこう。私が箱の中から一つの缶切りを（白いのであれオレンジ色のであれ）取り出して見た途端に、その缶切りがオレンジ色である確率は、「確率崩壊仮説」に従うならば、0か1に崩壊する。それゆえ、少なくともそうした崩壊が生じた直後には、確率を問う余地はまったくないし、意味をなさない。よって、ハンフリーズの事例が崩壊直後の確率を問題にしているのならば、それがパラドクシカルで解決不能な状況に陥るのはきわめて当然である。というのも、その場合、もともと意味をなす問いが存在していないからである。それはちょうど、確定した確率1の確率はいくつかと問うことに似ている。この意味で、「ハンフリーズのパラドックス」は最初からナンセンスであり、それゆえこのパラドックスをもって傾向性説の不適切性を結論として導くのは説得力に欠けるというべきである。けれども、だからといって私は、「ハンフリーズのパラドックス」は確率に関していかなる重要な論点にも触れていないといいたいのではない。このパラドックスを多少修正し作り直し、「確率崩壊仮説」をそれに適用することによって、確率に関するある隠れた重大な含みが露わとなってくると、そう思われるからである。では、どのように修正するのか。缶切りの事例について次のような条件を想定してみよう。

〈修正版〉

一日の終わりにすべての不良品の缶切りが置かれている箱は木製で、中身は外からは見えない。私はその箱から一つの缶切りを取り出すようにといわれる。手を箱の中に入れて、特定で単一の缶切りを握る。この瞬間、その握った缶切りが近代的な機械Bによって生産されたものである確率はいくつかと聞かれる。すなわち、私は、その缶切りを取り出して見る前に問われるのである。

この状況はもともとの「ハンフリーズのパラドックス」よりも条件が詳細に設定されただけであって、確率計算に関してはいかなる変更点もない。それゆえ、「ベイズの定理」を使って$P(B|D)=\frac{4}{5}$ということに再びなる。

さて、では、この状況のなかで$P(B|D)=\frac{4}{5}$という結果をどう理解したらよいのだろうか。それはパラドクシカルだろうか。この状況の場合、「確率崩壊仮説」に従えば、確率はまだ崩壊していない、なぜならまだ観察していないからである。あるいは「過去確率原理」の用語で言い換えれば、私はそれが白色であるかオレンジ色であるか確認していないからである[22]。こうして、この場合は、「確率崩壊仮説」を受け入れる限り、$P(B|D)<1$でなければならない。ここには、「ベイズの定理」に従って、$P(B|D)$に$\frac{4}{5}$を割り振る強い理由がある。t_3を私が缶切りを握った時間を示すとするなら

ば、先にマッカーディによって提示され、かつナンセンスだと斥けられたところの（2）式に4/5を割り振ること、すなわち$Pt_3(Bt_2 | Dt_3) = \frac{4}{5}$とする計算さえ同様に受け入れられるはずである。こうすることの何が悪いのか。もちろん問題は、私が握っている缶切りは、それが見られるかどうかには関わりなく、白色かオレンジ色かのどちらかにすでに現実に固定されている、という直観的かつ強固な観念が私たちにあることである。こうした観念があるからこそ、「ハンフリーズのパラドックス」の修正版にさえにもやはり「ベイズの定理」を適用することを拒絶せざるをえないと私たちは思ってしまう。確かに。私もその観念に同意する。私も通常そうした観念をもって生活している。しかし、いまは一種の思考実験を通じて、哲学的問題を考察しているのである。そうした理論的な観点からすると、ここで最初に注目されるべきは、こうした直観的観念は過去についての決定論（determinism）によって支持を与えられており、それは過去の出来事はすでに起こったか起こらなかったかのいずれかであり、それゆえその生起の確率は1または0でなければならないと主張するという、そうした考え方である。あるいは、ダメット風に別の仕方で言い換えるなら、先の直観的観念は排中律が過去に対して当てはまるという見方を当然のこととして前提しているのである。こうした見方は、決定論という立場が、原因が生じると必ずその結果が生じる、という見方を意味する限り、厳密には過去の決定性というよりも過去の確定性というべきかもしれないが、過去においてある出来事が生じたことによってその結果が生じた確率は1以外にありえない、という理解を包含しているので、「決定論」という言い方をしておく。

いずれにせよ、しかし、こうした決定論的前提はまったく問題なしなのか。その前提の根拠は何なのか。正直にいって、こうしたことを前提しなければならない絶対的な根拠は存在しないと私は思っている。ここで重要なのは、哲学の議論の二つの理論的レベルの区別であろう。すなわち、「形而上学的議論」と「認識論的議論」の区別である。「過去はすでに定まっていて変えられない」というのは経験を越えた形而上学的主張にほかならない。というのも、認識論的にいうならば、過去が変えられないかどうかを確認する手立てがないので（過去に戻って変えられるかどうかを検証できない）、過去が不変だというのは認識論的には不確定の主張と見なされなければならないからである。それどころか、現在生じている様々な変化は過去がどんどん変化することによって引き起こされているのだと、したがってむしろ過去は刻一刻と（？）変化しているのだと、そう考えることさえ理論的には可能ではないかと私は思っている。いずれにせよ、こうした点は第三章でやや詳しく触れることになろう。しかしもちろん、形而上学と認識論というのはまったく厳格に区分できるものでもなく、両者はしばしば混じり合う。ただ、「序章」で述べたように、「原因」や「理由」を述べる「なぜならば」文の問題を「呼びかけと応答《コール・アンド・リスポンス》」という現実の理解実践のなかで「不確実性の認識論」として捉えていこうとする本書のスタンスからすると、おのずと認識論的な視点に重きを置くことになる。だとしたら、過去の決定論についてはこういう言い方をしておきたい。確かに私たちは過去の決定論という前提をもって生活しているけれど、認識の実相としては、そうした前提は一定の「程度」をもって確信されているにすぎない。こうした前提とは異なる見方を完全に封鎖する根拠は何もなく、過去の決定性に対する直観的観念は完全ではなく、確率1には達していない、と。かつてA. J. エアは「センス・データ」の概念について、「センス・データ」言語が私たちの決断によって選ばれているということにすぎず、それ以上のことではない、と正確に指摘した（Ayer 1940, 28）。私もここで同様のことをいいたい。過去の決定論についての私たちの直観的観念は、つねに単に私たちの（もしかしたら本能的？）決断によって選ばれているにすぎないのだ、と。まだ確認されていない過去の出来事は、たとえ特定の仕方で生き生きと表象されていたとしても（たとえば「ただいまこの特定の箱の中で」のように）、先に述べたように、1よりも低い確率をあてがわれなければならない。すでに見たように、ミルンは過去の決定性を拒絶不可能な基本的前提であると見なしていた。しかし、それは必ずしも正しくない。それが必ずしも正しくないということが「確率崩壊仮説」の含意なのである。かくして、結局、「ハンフリーズのパラドックス」の困難性は「部分的逆向き因果」に存するというよりも、むしろそうした因果を受け入れがたいと思わせる根底、すなわち「過去についての決定論」にこそ淵源しているという事情が浮かび上がってくる。ならば、決定論が絶対に受容しなければならないものではない以上、「ハンフリーズのパラドックス」も解決可能なはずである。この限り、確かに「確率崩壊仮説」は「ハンフリーズのパラドックス」に対する解決能力を有していると判断されてよい。

過去の決定性は拒絶可能だなどという、こうした議論の進め方は奇妙に聞こえるかもしれないが、実はそれは不合理でもないし、常識とも背反しない。実際問題として、木製の箱の中身についてあなたは一体何がいえるのか。白い缶切りとオレンジ色の缶切りとが箱の中に入っているのを先に見た、という想定を付け加えてもよい。たとえそう想定したとしても、私たちは、それらの缶切りが絶対的に完璧な意味において同じ固定された色を持ち続けていると真に確信することができるだろうか。現に箱の中身をチェックすれば確実に確証できる、といわれるかもしれない。けれど、いま私が問うているのは、先に修正版において記したように、チェックされる前の場合についてなのである。そうした場合、厳密には不確定だとするのが誠実な答えだろう。そして、決定論という考え方それ自体、前段に述べたような意味で、単に私たちの決断の結果でしかないのだから、やはり完全に根拠づけられているとはいえないのである。こうして、理論的に述べる限り、缶切りが箱の中で同一の状況を保ち続けている確率は1より低くなければならない。現に、私たちは歴史的出来事に関して通常このように捉えている。歴史を記述する際、たとえそれが過去に生じたことを主題にしているのだとしても、確率概念を使用することに何の奇妙さもない。この点は第三章の主題だが、ここでも少しだけ触れておく。ある歴史的に重要な人物（たとえば静御前や東州齊写楽など）がある特定の時期にある特定の場所にいたことが確証されているが、その後歴史の表舞台から姿を消してしまったので、その人物のその後の足取りについて複数の物語が語られているという場合を想定してみよう。そうした場合、未確認の物語としてそれぞれの説に1より小さい確率を適用するのはごく普通のことである（もっともらしさにそれぞれ度合いがあるだろうということ）。実際、マッカラが示唆するように（McCullagh 1984, 57-64）、認識的確率に訴えて仮説の確証の問題を捉えるベイズ的理論が、歴史的出来事についての仮説の確証にも適用されることとさえまれではない。この種の議論を展開していくとき、かつてヒュームが確率の概念に依拠して提示した奇跡の真実性についての有名な議論を想起する人もいるだろう（Hume 1975, Section X および『迷宮1』第一章参照）。いずれにせよ、こうした歴史についての議論はごく普通のことであり、「過去確率原理」と「確率崩壊仮説」とも完全に整合する。かくて、日常的な語り方をしたとしても、箱の中の缶切りが同じ状態を保持している確率は1より低いといってよ

いはずである。数時間前に色を確かめた箱の中の缶切りの状態を歴史的というのは多少大げさかもしれないが、少なくともある時間が経過した過去の出来事となっているという点では歴史的といいうると認めるならば、そういえると思うのである。ならば、「ハンフリーズのパラドックス」の修正版に「ベイズの定理」を適用して、$P(B|D)=\frac{4}{5}$という結果を引き出すことには何も間違った点はない。

ところであなたは、私のこれまでの議論は、少なくとも議論の構造という点では、量子力学の観測問題に驚くほど類似していると思ったのではないか。確かにその通りである。実際、議論がこのように進んでくることには相応の理由がある。もともと「ハンフリーズのパラドックス」は確率の傾向性説への批判として提起されたのだが、その傾向性説それ自体は量子力学に絡む場面から動機づけられてきたものであり、その意味で、「ハンフリーズのパラドックス」の分析が量子力学の観測問題に似た状況へと至るというのは自然なことであろう。とはいえ、「ハンフリーズのパラドックス」はマクロな事象に関わっている。ということは、それについての議論が観測問題に似てくるということは、量子力学の観測問題から生じる波束の崩壊は確率概念一般のもつ自然な含意の一例であるとした、先に述べた私の仮説的議論を支持していると考えられる。ならば、かえって事態は逆であること、つまり、「確率崩壊仮説」で表現される確率の崩壊が、その一つの帰結として、量子力学における観測問題として現れているということ、それが実相であるといってよいであろう。

けれども、話をここで止めてはならない。なぜなら、観測問題はまさしくそれ自体依然として物議をかもす問題だからである。私は先に、決定論は完全には根拠づけられていないと述べた。しかしそれは理論的な言説にすぎない。事実問題としては、私たちは、たとえ理論的には可能な一つの選択肢にすぎないとしても、過去についての決定論をつねに選択している。そうした事実に照らす限り、観測問題は真に問題的なのであり、そのことは、周知のごとく、有名な「シュレーディンガーの猫」によってきわめて印象的な仕方で明るみにもたらされたのである。議論の構造に関する限り、同じことが「ハンフリーズのパラドックス」にも当てはまると思われる。もちろん、物理学の観点からすれば「シュレーディンガーの猫」と「ハンフリーズのパラドックス」の間に根本的な相違があることはいうまでもないが。しかし、いずれにせよ、ここで私が押さえたいのは、「ハンフリーズのパラドックス」は理論的にはパラドクシカルではないといえるが、実践的には依然としてパラドックスであるというしかないということである。ならば、そうしたパラドックス性が実践の場でどのように発生し、どのような帰結を産み出すのか、それをさらに探る必要があるだろう。

次の段階に進む前に、一つの基本的なポイントを注意しておきたい。これまで私が論じてきたことは、「ハンフリーズのパラドックス」が最初に提示された事情を想起すれば明らかなように、主として確率の傾向性解釈に関わっている。けれども、このパラドックスは認識的解釈にも同様に妥当するということ、これを私は強調しておきたい。「ハンフリーズのパラドックス」の修正版に戻ってみよう。この場合「ベイズの定理」を適用することは完璧に有意味である、なぜなら、私たちは主観的観点からしても握っている缶切りが白色かオレンジ色かについて確信できないからである。しかし同時に、私たちは主観的観点からしても過去についての決定論をやはり受け入れている。何か特殊なことが生じたのでない限り、缶切りが木製の箱の中に置かれた後でその色が可変的であったり不安定に揺らいだりなど決してしないと私たちは信じている。それゆえ、私たちは主観的にも、握られている缶切りの色は握られた瞬間にはもうすでに固定されていたと信じている。すなわち、私は白色の缶切りを握っているのかオレンジ色のを握っているのかは、主観的つまり認識的意味において確率的なのだけれど、そうした主観的・認識的意味においてさえ、私が握っている缶切りが、私がいま握っているということとは無関係に、機械AかBのどちらかによってすでに生産されていたものであるということは確かなのである。ニーニルオトやマッカーディが示唆したように物理的確率と認識的確率との区別をここで強調的に持ち出すことは、「過去についての決定論に対する主観的信念」という様態を見逃してしまっているように思われる。「ハンフリーズのパラドックス」は確率の認識的解釈にとってもやはりパラドックスなのである。従って、これまでの私の議論は傾向性解釈だけでなく、認識的解釈にも関わっているといわなければならない。実際、私の議論が両解釈に妥当することは、先にポパーの傾向性解釈を吟味したことによってもすでに確認されていたはずである。

9　確率1の遡行的割り振り

さて、ではなぜ私たちは物理・客観的な意味で過去についての決定論を受け入れてしまうのか。なぜ主観的にも過去についての決定論を信じてしまうのか。「確率崩壊仮説」に深く宿る含意あるいは展開性を引き出すため、こうした問いに向かいたい。明らかに、こうした問いは過去をどう理解するのかという問いと深く結びついている。これはあまりに巨大な問いなので、ここで徹底的な仕方で扱うことなどかなわないが、しかしおそらく、過去概念についての私の基本的直観を提示することは許されるだろう。私には、過去が最もリアリスティックに私たちの心に刻み込まれるときとは、してしまったことを後悔するときや、かつてのありように郷愁を感じるときこそ、それなのではないかと思われるのである。そうした場合こそが私たちが過去概念の意味を学ぶ最初の機会なのであって、それから一般化することによってそれを他の場合にも拡張していく、と考えることはできないだろうか。私にはそう考えることは一つの有力な道筋であると思われるのである。そこで、過去概念は後悔や郷愁から発生する、と仮説的に想定したい。そう想定するとき、次の二つの点が注意されなければならないだろう。

（a）私たちがなにかを後悔したりなにかに郷愁を感じるとき、記憶のなかの過去の光景は、そうした記憶に誤りがありうるとしても、特定の仕方で生き生きと表象されている。

（b）そうした過去の光景は変えられないものとして捉えられており、そのことが後悔や郷愁を、何らかの仕方で変化させたり制御したりできるという含みをもつ未来に対する態度と異なった仕方で、特徴づけている。

「過去確率原理」や「確率崩壊仮説」に従えば、（a）は、当該の出来事の確率は1でなければならず、そして私たちが表象することがそうした確率1の原因になっている、ということを含意するように思われる。けれども、ここで急いで注意しなければならないのは、「過去確率原理」や「確率崩壊仮説」は当の出来事が生じた直後の場合のみを規定しているだけなのに対して（それゆえ「たったいま」とか「されるやいなや」という言い方をしたのである）、（a）は出来事が生じた直後だけでなく、その後長い時間が経った場合をも包含している。よって、厳密には、「過去確率原理」や「確率崩壊仮説」を後悔や郷愁の場合に適用することは適切ではない。それに実際問題として、後悔されたり郷愁の対象になったりする過去の出来事は間違いうる（記憶が混乱していたり勝手な創作が加えられたりする）のであり、よって私もその点を（a）に挿入したのである。加えて、忘却という点に訴えながら先に言及した確率1の時間的困難に巻き込まれもするだろう。かくて、たったいま生じたなにかに対して後悔したり郷愁を感じたりするという場合を除いて、後悔や郷愁の対象となっている過去の出来事の生起には、1より低い確率をあてがうことが合理的であるといえる。けれど、それにもかかわらず、後悔や郷愁の概念は、後悔されたり郷愁を感じたりされているすべての過去の出来事は、上の（a）や（b）の考え方に沿って、実際に生じたのであり、すでに固定されているということを、おそらく文法的に要求している。実際そうでなければ、後悔や郷愁の概念は本来の意味を失うだろう。当の出来事が生起していなかったり、変化させることができたりするのだったら、後悔も郷愁も生じえないはずである。では、どのようにこうした状況を理解することができるだろうか。私の理解はヒューム的なものである。あたかも私たちがたったいまその出来事を観察しているとする何らかのフィクション、つまり「虚構」がここに導入されているのだ、と。私たちは、過去の出来事を現にたったいま生じているものとして虚構的に現前化させることによって、過去のなにかを後悔したりそれに郷愁を感じたりするのであり、それゆえに確率1をあてがうのだ、と。このように理解した場合、それらの出来事の確率は私たちが現前化する前は1よりも低いと想定される。少なくとも、現前化以前に、「過去確率原理」や「確率崩壊仮説」のいう意味での確率1をもつことはまったくありえない。それゆえ、ここでも確率の突然の変化が生じているように見える。「確率崩壊仮説」と類比的に考えるならば、後悔したり郷愁を感じたりするときに私たちが過去の出来事を現前化させることが、いわば、1より低い確率を1へと突然に変化させる「原因」なのだと、そう述べることができよう。言い換えれば、過去的出来事の確率は、私たちの虚構的な現前化によって、「遡行的」な仕方で崩壊したのである。(23)

以上の議論は、後悔と郷愁という特殊な事例にのみ関わっている。しかしでは、後悔や郷愁と構造的に類似するような、過去的出来事を虚構的に現前化させる他の場合はありえるだろうか。私はあると思う。それは、静的な事物を以前と同様なそれとして確認する場合である。この場合、私たちは過去におけるその形を現前化し、現在の形がそれと同じであることを確認していると考えられる。あるいはむしろ、二つの形を重ね合わせているというべきだろう。結果として、私たちは過去の出来事をきわめて生き生きと現前化させていることになる。これは、現前化の仕方として、明らかに後悔や郷愁の場合に類似している。ならば、虚構的現前化による確率の遡行的崩壊がここにも生じているように思われる。こうして、静的事物が過去において（現在と同様なあり方で）存在していた確率は、この場合は厳密には「過去確率原理」や「確率崩壊仮説」の条件を満たしていないにもかかわらず、1と見積もられていく。こうしたプロセスは、私たちの過去概念に著しい影響を及ぼすように思われる。なぜなら、静的事物、その最も根本的なものは大地・地球だが、それは私たちの認識活動の最も基本的背景を形成しているからである（これをアフォーダンスといっていいかどうかは追わない）。それゆえ、このように過去的出来事に確率1を遡及的にあてがうプロセスは、それがいかに虚構的なものだとしても、自然と過去一般の全体的理解へと拡張されていく。こうして、ここに決定論が誕生する。私たちは、過去的出来事は私たちの確認とは関わりなくすでに決定されており、それゆえそうした出来事の生起の確率は1でなければならないと、そう考える方向に傾いていく。おそらく、こうした考え方は実践的な意味で私たちの日常言語にとても適っているといえるだろう。なぜなら、行為の責任や出来事の帰属の概念は私たちの実際的な会話の大変重要な部分を形成しているが、そうした概念は明らかに過去が固定的で決定されたステイタスをもつことを定義的に要求しているからである。こうした意味で、私は先に、決定論が問題となる文脈を理論的というよりむしろ実践的であると称したのである。ともあれ、ここまで論じてきたことを次のように「遡行確率仮説」(the Retroactive Probability Hypothesis) として提示することにしよう。

〈遡行確率仮説〉
私たちが過去の出来事を虚構的に現前化させることが、確率が過去へと遡行して1へと崩壊することの原因なのであり、そこから過去についての決定論が現れる。

この「遡行確率仮説」は最初は奇妙なもののように思われるだろうが、そうした第一印象は過去について私たちが現実に抱く概念を少々反省することで拭い去ることができよう。私がいいたいのは、そもそも過去というものは定義的にどこにもないのであり、文字通りの検証などは本来不可能なのだから、過去というのは必然的に何らかの虚構的風味を帯びて語られるしかないという事情のことである。

虚構的であるというのは過去の本来的性質なのである。だからこそ、過去の不変性や決定性は端的な主張としては形而上学となるのである。この意味で、歴史の物語論がしばしば主張されるのはまことにもっともなことである。かくして、少なくとも過去理解を論じる文脈では、過去を文字通りの意味で実在的であると見なす、つまり、虚構性を考慮せずじかに生起確率1を過去の出来事に付与するというのは、哲学的欺瞞か知的怠慢かのいずれかになるしかない。

二つの点を確認しておきたい。第一に、ここに至れば、なぜ「ハンフリーズのパラドックス」がパラドクシカルに響くのかを「遡行確率仮説」を適用することによって説明することができる。木製の箱の中の缶切りの色はすでに固定されている、すなわち、それが機械Bによって生産された確率は私がそれを見る前から1か0のいずれかでなければならない、それゆえ、私が箱の中で握っている特定の缶切りが機械Bによってすでに生産された確率を計算するのにベイズの定理を適用することは不合理であると、そのように私たちが考える傾向にあることは事実である。こうしたことすべては、ひとえにその特定の缶切りを握ったときの私たちの虚構的現前化にのみ由来する、すなわち、箱の中のその缶切りを実際には観察しなかったにもかかわらず、あたかもたったいま観察したかのように現前化することに由来するのである。こうして、「遡行確率仮説」はきわめて錯綜した状況をうまく解明する。この点に関して、「ハンフリーズのパラドックス」の私の改訂版に対してティモシー・ウイリアムソンが提起した寸評は言及に値する。彼は、箱の中にビデオ機器が置かれていたら私の改訂版は意味をなさないのではないか、なぜならその場合その特定の缶切りの色は人に見られる前に固定していることが知られてしまうから、と述べたのである(24)。これは、留守番電話に録音された約束の言語行為はいつなされたことになるのか、に類するいかにも現代的なコメントで、些細に聞こえるかもしれないが、思いのほか射程が広がる問いである。彼の寸評に対して、第一に私は、ビデオ機器に録画された情報についての確率は、私たちがそれを見た瞬間に1に崩壊するのであって、この条件が私の議論を損なうことはない、と答えたい。しかし、彼のビデオ機器の例は、「遡行確率仮説」をうまく例解するという点で、非常に示唆的である。すなわち、まさにこの例が暗示しているように、私たちには、あたかも過去をたったいま観察していたかのような虚構的現前化をしてしまう強い傾向があり、そうした現前化が当の出来事の生起確率を1へと遡行的に崩壊させてしまう原因となっているのである。こうして、「遡行確率仮説」はウイリアムソンの例によってむしろ補強される。さらに、ついでにいえば、「シュレーディンガーの猫」が与えるパラドクシカルな印象も、少なくとも部分的には、あたかも私たちが猫が入れられた箱の中を見ていたかのように表象する、ビデオ機器の例に似た虚構的現前化に由来するといえるように私には思われるのである。いずれにせよ、こうした状況のなかで過去についての決定論が姿を現し、パラドックスが立ち上がる。

第二に、「遡行確率仮説」は、私たちが現在行っている現前化させるという作用が、たとえ虚構的な仕方だとしても、過去的出来事の生起確率の崩壊の原因であるとする点で、明らかに何らかの形の「逆向き因果」を含意するということ、これに注意したい。すでに触れたように、ミルンとギリスは「ハンフリーズのパラドックス」を（部分的）逆向き因果というばかげた概念に陥るものとして診断していた。彼らはある意味で正しい。「ハンフリーズのパラドックス」では、確かに何らかの逆向き因果が現実に問題化しているのである。けれども、私の見るところ、ここで逆向き因果が関わっているのは、過去の結果を4/5の確率で引き起こすという部分的な領域ではなくて、過去についての決定論の全面的形成なのであって、そうした全面的な逆向き因果こそが、部分的逆向き因果をパラドクシカルにさせる背景を供給しているのである。では、こうした全面的逆向き因果をどう扱うべきだろうか。それは完全なナンセンスだとして廃棄すべきだろうか。確かに、私の議論は全面的逆向き因果を廃棄するという戦略と整合する。なぜなら、私は「遡行確率仮説」によって表現されている考え方を虚構だと捉えているからである。けれども、ここで注意すべきは、もし全面的逆向き因果の概念を一切廃棄したとするなら、「遡行確率仮説」が成り立つ限り、過去についての決定論の概念も同時に放棄しなければならないということである。すべては、虚構という概念をどう評価するかに掛かっている。もし虚構的なものはすべて拒絶しなければならないのだとしたら、私たちは過去についての決定論を放棄して、過去の出来事間の結びつきの必然性・確定性を拒否し、過去の出来事の生起確率を1より低いと見積もらなければならない。しかし他方で、私たちの認識的活動は、たとえば無限性や完全性などといった概念への形而上学的理解（無限や完全は神的な視点を虚構的に想定しなければ真には理解不能のはず）を包含するという意味で、もともと虚構的なものに巻き込まれているという事態を強調するならば、私たちは虚構的な意味での過去についての決定論を携えながら生活しているという事実を見据えなければならないはずである。私は、後者の道筋に沿ってものを考えていくのがずっと自然で理に適っていると思う。この点はおそらく、形而上学的理解などを持ち出さなくとも、次の事情を押さえれば分かりやすい。「遡行確率仮説」における虚構的現前化は、「もし箱の中を見たならば、オレンジ色の缶切りを見出したであろう」といった一種の反事実的条件文をなしていると見なすことができる。しかるに、その種の反事実的条件文は、日常接する事物についての「こわれやすい」とか「燃えやすい」といった性向的（ディスポジショナル）性質を理解するときにもきわめて普通に使われている。加えていえば、本章冒頭で触れたように、ある人物に責任があるかないかを判断するとき、私たちは通常「そうでない仕方で行為することもできた」という見方に訴える。そして明らかに、そうした見方は反事実的条件文の形をなしている。[25] このように反事実的条件文という虚構形が私たちの日常に染み渡っている以上、同様に反事実的条件文をなす「遡行確率仮説」における虚構的現前化も、虚構的だからという理由で即座に拒絶するべきではないだろう。

さらに、もう少し注意深く考察するならば、逆向き因果でさえ現実に想定される場合があることに気づくことができる。たとえば、スッピスが指摘しているように、「古典物理の基本的方程式は時間をtから-tに変換しても妥当であり続けるということは広く知られており、しばしば論評の対象となる」(Suppes 2001, 203)。しかしもちろん、この反転可能性すなわち「時間の向きの変化のもとでの不変性は…因果的過程の本性についての哲学的緊張をもたらす」(Suppes 2001, 203)、というのも私たちの日常的な因果概念は前向きにのみ機能しているからである。いずれにせよ、少なくとも物理学においては逆向き因果の可能性が真剣に考慮されているという事実を軽視すべきではない。具体的には、タキオンや反粒子は逆向きに作用すると考えられているのである (See Horwich 1987, 101-102)。思うに、ダメット以来、因果性の哲学における必須のトピックとなった逆向き因果についての議論は、もともとは現代物理学の流れに動機づけられたものであったといえるだろう。さらにいえば、理論物理学などといわず、日常経験のレベルでも、逆向き因果の事例を見出すことさえ可能である。『迷宮1』

ですでに触れたことだが、ここでもネルソン・グッドマンが印象的な仕方でかつて論じた「仮現運動」の例にもう一度簡単に言及しておこう（『迷宮1』、120-123 & 177-178を参照）。「仮現運動」とは、たとえば、至近距離にある二つの点がある一定の時間感覚をおいて順に発光したとき、発光した点の「運動」を私たちが虚構的に知覚してしまうという現象のことである。この現象はネオンサインやテレビの画像などで実際ごく普通に生じている。そのときグッドマンはこう問う、「仮現運動において、最初の発光から第二の発光へ走る経路に沿って介在する時間を、第二の発光が生じる前に、私たちが点で埋めることができるのはどのようにしてなのか」（Goodman 1978, 73）、と。グッドマンは、この仮現運動は第一の発光から第二の発光に走っていくように見えるけれども、実は第二の発光が生じた後でしか構成されない、と答えた。彼はこれを「遡及的構成説」（the retrospective construction theory）と呼んだ（Goodman 1978, 81）。明らかにこれは、第二の発光を私たちが見るということが、第一の発光から第二の発光に至る発光点の運動という過去の出来事を産み出す原因になっているという仕方で、逆向き因果の一例として解釈することが可能である。そして、この種の仮現運動は、先に述べたように、ごくごく普通に頻発している。そうであるなら、たとえ虚構的と記述されるとしても、私たちは日常的にある種の逆向き因果に巻き込まれていると捉えることは理に適っている。ならば、「遡行確率仮説」によって表現される事態は、単に虚構的だとしてのみ片付けるわけにはいかない、重い役割を果たしていると捉えなければならないだろう。

10　「ニューカム問題」と決定論

では、以上を承けて、「遡行確率仮説」に現れる決定論の身分をどのように評価すべきだろうか。この点の検討を加えて、本章を閉じたい。その検討に向けてここでは、「ハンフリーズのパラドックス」と同様に錯綜した別のパラドックスに言及したいが、さしあたりその目的は単に私の論点を例解する、あるいは私の論点を際立たせるためだけである。私が言及したいのは「ニューカム問題」（Newcomb's Problem）であり、これは「合理的意思決定」（rational decision）に関して物理学者ニューカムが提起したパズルとしてかつてノージックが公表して以来よく知られている（See Nozick 1985, 107-133）。今回私はノージックが後年与えた最もシンプルな記述を引用する。

〈ニューカム問題〉

あなたの選択を正確に予言できる能力を持っていて、その能力に対してあなたが大きな信頼を抱いている存在者が、以下のような状況のなかでのあなたの選択を予言しようとしている。B1とB2という二つの箱がある。B1は一〇〇〇ドル入っている。B2は百万ドル入っているか、空っぽかの、いずれかである。あなたには次の二つの行為のどちらかを選ぶ選択肢が与えられている。（1）両方の箱の中に入っているものを受け取る、（2）B2に入っているものだけを受け取る。その上、以下のことをあなたは知っているし、あなたが知っていることをその存在者は知っているし等々のことが成り立っている。すなわち、もしその存在者があなたは両方の箱の中に入っているものを受け取るだろうと予言したならば、彼はB2に百万ドルは入れない。もしその存在者がB2に入っているものだけを受け取るだろうと予言したならば、彼はＢ２に百万ドル入れる。最初にその存在者が予言を行う。次に彼が、自分の予言に従って、Ｂ２に百万ドル入れるか入れないかする。その後、あなたが選択する（Nozick 1993, 41）。

この「ニューカム問題」に関して大量の文献がすでに積み上げられ、多くの見解が提示されてきたことはよく知られている。そうした見解を吟味することは私の目的ではない。しかし、本章の議論を結論づけるために、まず、「ニューカム問題」についてのいくつかの論評を要約だけはしておこう。この問題についての見解には、いわゆる「一箱派」（one-boxer）（より多くのお金を得たいことを私たちが求める限り選択肢（2）を選ぶべきだと主張する人々）、「二箱派」（two-boxer）（選択肢（1）を選ぶべきだと主張する人々）（See Sainsbury 1995, 60）、そしてそれ以外の見解、たとえば「無箱派」（no-boxer）（この問題は不整合であり未確定的であると主張する人々」）（See Campbell 1985, 24-27）、あるいはノージック自身の見解（この問題の複雑性を明瞭化するために「象徴的効用」（symbolic utility）という別の概念を導入する立場）（Nozick 1993, 26-35）などが含まれる。これらに関して大まかに私の見方を述べるならば、「無箱派」の観点はあまりに硬直していて興味を感じない、なぜなら、「ニューカム問題」はきわめて高い確率で（しかしもちろん1より小さい確率だが。というのも確率1だと一箱を選ぶことが自動的に最善になってしまいパズルではなくなってしまうからである）正確に予言できるという超自然的な予言者を含んでいるがゆえに現実の意思決定問題としてはリアリティがなく整合性を欠く、と論じることは安易だし、同時に重大な見落としもあるように思われるからである。無箱派の態度は、いかなる虚構的なものもいかなる形而上学的要素も、私たちの認識や行為の解明に求めてはならないかのようにさえ響く。しかし、私たちの認識や行為には形而上学的コミットメントや反事実的想定を通じた虚構的なものが含まれていることは、前節で論じたことから明らかだろう。つまり、「無箱派」の態度は「遡行確率仮説」と調和しない。さらに、マッキーが記述しているように、「ニューカム問題」は、もし「一箱派」がなにがしかの合理性を有しているとするならば、あなたの選択が正しい予言を引き起こす原因となっている、という意味で一種の「逆向き因果」を含みうる。マッキー自身は、こうした逆向き因果に起因する不合理性を一例として、「ニューカム問題」からいくつかの不条理が引き出されることに言及することによって「無箱派」の議論を展開しているように読める（Mackie 1985, 145-158）。けれども、すでに論じたように、最初から逆向き因果を拒絶するというのは必ずしも受容できる態度ではない。この点でも「無箱派」の立場は受け入れがたい。また、「二箱派」の議論も、逆向き因果への端的な忌避という点では、「無箱派」と共同歩調を取っているように思われる。「二箱派」の議論というのは、一旦例の予言者が予言を行い箱B2の中身を決定してしまったならば、B2の中身はあなたが後に行う選択と無関係にすでに固定されているとする直観的な考えに訴えている。「二箱派」がそのように直観する理由は、単に逆向き因果の概念は不合理だから、というものであるにすぎない。ただし、「二箱派」は、「無箱派」とは違って、「ニューカム問題」の設定は可能であると受け入れて、その上で二箱を受け取るという選択を合理的なものとして提示するのである。

誤解を避けるため、ここで強調しておきたい。私は「ニューカム問題」の設定が完璧に合理的でリアリスティックであるなどと主張するつもりは微塵もない。「ニューカム問題」が単なるお話であることは疑いない。ただ、私がここで注意を促したいのは、このお話が理解可能であるという事実である。この理解可能性に焦点を当てたいのである。こうした観点からすると、超自然的な予言力をもつ予言者や逆向き因果の概念をあらかじめばかげた考えであると前提することで「ニューカム問題」を評価してしまうことは適切でない。明らかに、「ニューカム問題」は私たちの意思決定のあり方を検証するための一種の思考実験なのであり、したがって、そこに非現実的な要素が何らか含まれてしまっても奇妙だとはいえない。それに、繰り返し述べたように、世界についての私たちの日常的理解は性向語を通じて虚構的なものに染められているのである。こうしたことを考え合わせると、「二箱派」の議論は「ニューカム問題」の核心を取り逃がしているといえるのではないだろうか。というのも、その議論は超自然的な予言者の役割という、「ニューカム問題」の本質的要素を真に受けることなしに展開されている議論だからである。最終的に二箱を取るということをもきわめて高確率で予言できる、という事態を最初から認めていないように思われるのである。それでは、「一箱派」の議論はどうなのか。私の見解はこうである。「一箱派」の議論は、「ニューカム問題」の設定を理解可能なものとして受け入れる限り、たとえそれが一種の逆向き因果を含意するという意味で奇怪な設定だと思われるとしても、最も自然で合理的である、と。しかしでは、こうした私の見解は現在の「遡行確率仮説」と決定論の関わりについて検証するという文脈にどう関連しているのか。

ここで注目すべきは、「ニューカム問題」と「ハンフリーズのパラドックス」との間には明らかなパラレリズムがあるということである。「ハンフリーズのパラドックス」の元々の形の場合、「ベイズの定理」を適用して、特定のオレンジ色の缶切りが機械Bによって4/5の確率で生産されたと計算することはナンセンスである、なぜならあなたがそのオレンジ色の缶切りを見た後で確率はすでに1へと崩壊してしまっているからである。同じことが「ニューカム問題」にもいえる。あなたが（1）か（2）の行為を選択した後で例の予言者が正しい予言をした確率を算定するのはナンセンスであるといわねばならない。けれども、「ハンフリーズのパラドックス」の修正版に関しては、理論的にいう限り、握っている缶切りに対して「ベイズの定理」を適用して、それが機械Bによって生産されたい確率を計算することは完璧に合理的である、なぜならその確率はまだ崩壊していないからである。同じ理由によって、「ニューカム問題」においても、予言はすでになされたけれど、あなたが現実に（1）か（2）かを選択する前ならば、正確な予言の確率について語ることにはまったく何の問題もない。とりわけ、「ハンフリーズのパラドックス」と同様に、二つの箱B1とB2の中が外からは見えないならば、確率算定には何の問題もないといえる。B2の中身に関しては、原理的にいっても、空っぽか百万ドルかのどちらかの出来事の生起が確率1をもつとはいえないのである。もちろん、二つのパズルには相違もある。「ハンフリーズのパラドックス」においては、白色の缶切りとオレンジ色の缶切りが箱の中で混ざっていて、あなたが箱の中でどっちを握っているかは実際誰も分からない。それに対して、「ニューカム問題」の場合、自分でB2になにも入れなかったか百万ドル入れたかした特別な予言者が想定されており、したがって少なくともその予言者本人は明確に（つまり確率1でもって）箱B2の中がどうなっているのか知っているはずだからである。しかし、たとえそうだとしても、先に論じた確率1の時間的困難を考慮に入れる限り、箱B2の中身に関して確率1をあてがうことができるとも必ずしもいえないのである。厳密にいえば、箱B１に関しても、それが外から見えないようになっていたならば、同じ議論が当てはまる。結局、あなたが実際に選択する前ならば、予言はすでに行われてしまったのだとしても、予言者の予言の正確さに対して確率概念を適用することに不合理なことは何もない。

けれども、以上の議論は理論的な側面にのみ関わっている。実践的見地から考えてみるならば、状況は一変し、過去についての決定論が力強く復活する。「ハンフリーズのパラドックス」に沿って見たように、私たちは、いわば虚構的に、ある特定の缶切りを箱のなかで握ってそれをまだ見ないときでも、すでにその缶切りの色は固定し決定されていると考える傾向のもとにある。そしてその段階で、「遡行確率仮説」に従うならば、逆向き因果を介した確率の遡行を通じて決定論が姿を現すのである。同様な論点が「ニューカム問題」にも妥当するだろう。「二箱派」の議論が図らずも示しているように、ひとたび予言者があなたの選択についての予言をしてしまったならば、箱B２の中身はすでに固定され決定されてしまっている、よってあなたが選択することは箱B２の中身には何の関係もないのだと、そう信じる強い傾向性を私たちはもっている。「遡行確率仮説」を採用するならば、こうした信念は、あたかもあなたが予言者が予言するところと箱B２の中身とをずっといままで観察してきたかのような、想像上の現前化によって説明することができるだろう。換言するならば、あなたが選択するとき、つまり（１）か（２）にどちらかの行為を選ぶまさしくそのときに、あたかも予言と箱B２の中身をずって見ていたかのように捉える虚構的現前化が、予言者の予言の正確さの確率算定の場を過去へと遡行させ、１または０へと崩壊させる原因となっているのである。この場面では確かに、たとえ虚構的であるにせよ、逆向き因果が重大な役割を果たしている。もちろん、しかし、すでに「ハンフリーズのパラドックス」に関して指摘したように、この文脈での逆向き因果は、あなたの選択が過去の予言に対して部分的な逆向きの因果的貢献をするというのではなく、過去についての決定論の全面的形成という審級で作用しているのである。このように、「ハンフリーズのパラドックス」と「ニューカム問題」との緊密なパラレリズムが成立する。実際、もし予言者の予言の正確さの確率を4/5だと想定して、百万ドルを期待しながら行為（2）を選ぶとしたなら、両者のパズルの条件は厳密に類似したものになるだろう。

それにもかかわらず、二つのパズルの相違をここで見逃してはならない。すなわち、「ニューカム問題」は超自然的な予言力をもつスーパー予言者の存在を含んでいるのに対して、「ハンフリーズのパラドックス」にはそうした純粋に仮想的な要素は含まれていないという、この点である。してみれば、「ハンフリーズのパラドックス」でさえ過去についての虚構的現前化に現実に浸食されていること、そして二つのパズルには構造的パラレリズムが成立していること、これらを考慮するならば、「ニューカム問題」は確率1と過去との間の関係性の核心を、極端な虚構性を介して、より一層明白な仕方で表面に浮かび上がらせるという、そうした効用を果たしていると捉えることができるのではなかろうか。実際、厳密にいえば、「ニューカム問題」は、予言者の高確率で的中する予言という概念を導入することで、「ハンフリーズのパラドックス」が明示的には示すことのできないような、「遡行確率仮説」の秘匿された含意にも光を当ててさえいると思われるのである。それは何だろうか。第一に、そうした予言の概念を導入することで、逆向き因果を通じた確率の遡行的崩壊が生き生きと際立つことを可能にする。なぜなら、予言の概念は予言行為（結果）と予言される出来事（原因）との間の強い因果的な結合をおそらく文法的に要求するからである。「ニューカム問題」の構造が「ハンフリーズのパラドックス」に厳密に類似している限り、「ニューカム問題」の性質は、「ハンフリーズのパラドックス」および確率1と過去との間の関係性一般を一層よく理解するのに役立つはずである。加えていえば、もう一つの、もっと注目すべき含意がある。もし私たちが予言者が予言をして箱B2の中身を決定する瞬間の（つまり確率1の時間的困難を考慮する必要のない条件での）観点に立つならば、予言者の予言には二つの側面があることに気づくだろう。第一は、予言者の能力についての前提からして、予言は極端な高確率で真となるであろうという側面であり、第二は、箱B2の中身はたったいま固定され確定したのであり、予言者はその中身があなたが選択するときまで同一のままであり続けることを意図しているという側面である。実際もし中身が同一であり続けないのだとしたら、「ニューカム問題」の設定それ自体が成立しない。私はこの第二の側面に焦点を当てたい。これは結局、私たちが予言者の観点に立つという後ろ向きの眼差しを投げた後で、再び前向きの眼差しを投げ戻すということにほかならない。言い換えれば、最初、私たちが後ろ向きに眺めることが確率の遡行的崩壊の原因となり、それからその過去の時点から前向きに眺め返す視点を（もちろん虚構的に）取るのである。こうした論点は、予言の概念を通じて「ニューカム問題」の設定から引き出すことができるだろう。このような、再び前向きに眺め返すというアスペクトを考慮する眺望が「遡行確率仮説」に明確な仕方で導入されること、これが、私が扱っている問題に関する限り、「ニューカム問題」の最大のメリットである。

ではしかし、こうした眺望が何をもたらすのだろうか。私が思うに、こうした眺望によって、決定論が過去だけでなく未来にも拡張されていくという事情を理解できるようになるのである。実は、私はこれまで未来についての決定論に言及することを意図的に避けてきた。というのも、未来についての決定論という言い方が私には耳障りに聞こえるからである。もちろん、決定論の考え方は、無時制的にあるいは無時間的にそれを利用することによって、しばしば事実上未来をも覆うと想定されていることを私は十分に承知している。それは実際には、すべての運命は最初から決まっているとする「運命論」あるいは「宿命論」の形を取る考え方である。けれども、理論的に考える限り、少なくとも私には、時間的要素を考慮せずに決定論を語ることは説得力を完全に欠くと思われる。というのも、決定論というのは、普通は時間空間のなかで生じる自然現象にまずは関わっているからである。そうであるなら、未来を含むいかなる時間にも適用可能な決定論について、どのように私たちが確信できるのか、私には想像を絶する。もしかしたら、過去も未来もすべて決まっているという、そうした全面的決定論や運命論も私たちの日常的信念あるいは信仰としては問題がないのかもしれない。しかし、それを真だとして理論的に主張することは、定義上私たちの能力を絶対的に越えてしまっている。未来が決定されているなど、誰がどういう根拠でいえるというのか。私は未来について何も確言できない。未来に何が起こっても反則ではない。未来が決定されていると断定できる特権者など人間にはいないはずである。よって、もし未来についての決定論をそうした純粋に無時制的な決定論と結びつけて申し立てるとするなら、そうした申し立てが説得力をもつことなど絶望的であるといわねばならない。しかし私は、もう一つ別の種類の、未来についての決定論があると思うのである。それこそが

＜未来についての決定論＞

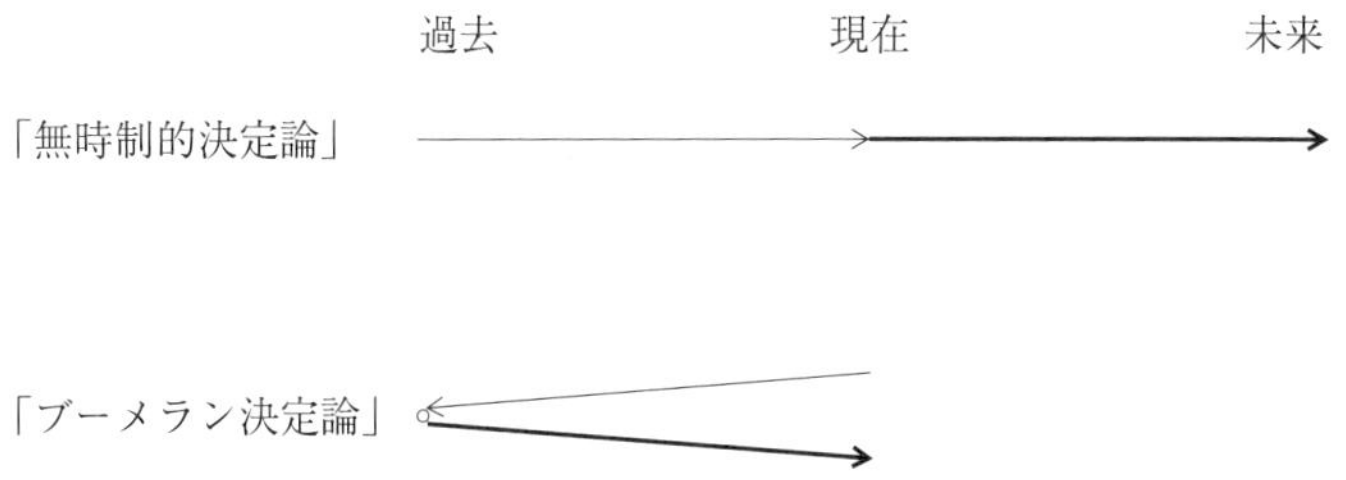

「遡行確率仮説」の過程を通じて確立される決定論である。すなわち、私たちが後ろ向きに過去を眺めることが過去的出来事の生起確率の遡行的崩壊の虚構的な原因となり、それから私たちはその過去の時点から後の時間へと前向きに眺め返すという、そうした過程から立ち上がる決定論である。この過程は、最初は過去的出来事についての現在的現前化によって引き起こされ過去へと遡行するが、それからその過去的出来事を現在の状態を決定づけたものと捉えることによって現在へと復帰してくる。それゆえ、ここには一種の決定論が現れる。こうした決定論は、確率が遡行し崩壊したところの過去の観点からすれば、未来に関わっていると述べることができるだろう。私はこうした決定論を、無時制的決定論と対比させるため、「ブーメラン決定論」と呼ぶことにする。私の論点を理解しやすくするため、未来に関する決定論、すなわち「ブーメラン決定論」という事態を、一般的な「無時制的決定論」との対比のもとで、上の図のように例解してみたい。矢印が決定性の向きを表し、太線部が「未来についての決定論」に当たる。

　要するに私は、「ブーメラン決定論」のみが未来についての決定論として唯一有意味な選択肢であると主張したいのである。そしてこのことは「ニューカム問題」を吟味することによって明確化される。そこでの対応する「ブーメラン決定論」は一種の予言からはじまり、決定論と呼ばれる資格をいわばア・プリオリに備えている。なぜなら、それは定義的に現在の（虚構的な）現前化によってすでに検証されたといいうるからである。換言するならば、その予言は現在確証されてしまったのであり、その上でその予言が遡行的に決定論と見なされていくのである。こうした述べ方は奇怪に聞こえるかもしれない。けれど、未来についての決定論を一種の予言として特徴づけることはむしろ自然なのではないだろうか。私はそれが自然だと思う。そしておそらく、こうした文脈に沿うならば、なぜ人々は未来についての決定論を堅く信じるのかを説明することもできよう。それは、「ブーメラン決定論」は、いま述べたように、定義上いつもすでに検証済みだからである。そして、こうした「ブーメラン決定論」が私たちの「呼びかけと応答《コール・アンド・リスポンス》」という理解実践の基盤をなす決定論の正体なのだとしたら、それは一旦過去へと遡行した私たちの現前化の言語（あるいは内語）が、もう一度もとの現在へと回帰するという現象がつねに生じているということにほかならない。a tempo primo（もとのテンポ［速さ・時間］で）、こうした回帰の繰り返しが私たちの理解実践と「なぜならば」文の素地を形成しているのである。

けれども、最後に私は、以上に論じたような全面的な決定論を導入する過程は徹頭徹尾虚構的であり、特別な特定条件なしにはきわめて受け入れがたい「逆向き因果」に巻き込まれていくという、このことを強く強調しなければならない。「過去確率原理」によって表現されるような、過去的出来事に対して直観的に割り振られる確率1は、結局は、こうしたトリッキーでパラドクシカルな事態へと至る。もちろん、現実として、私たちはいつもそうした虚構的な状態に関与しなければならない。実際、「呼びかけと応答《コール・アンド・リスポンス》」はその場の即興的創造であり、それが「なぜならば」文中の「原因」や「理由」として合理的な説得力をもつかどうかはまさに「確率」の問題となるが、いずれにせよもとから虚構的なものに関与することを本性とせざるをえない。しかし、同時に私たちは、そうした関与によって確率概念をめぐる錯綜に巻き込まれていくという事実を認識もしなければならない。結果として、教訓が得られる。確率概念をひとえに未来にのみ適用して確率1や確率0の概念などを一切使わないようにしようではないか（おそらく比喩の場合を除いて）、そうすれば私たちは確率についての奇怪な混乱から免れることができるだろう。しかるに他方で、因果性の概念は、おそらく原理的に、私たちが過去の事柄を扱うときの最適のツールである。なぜなら、過去に関して最も重要な問題となるのは事柄の起源の帰属であると思われ、そして因果性の言語は、原因と結果の結合が完璧に確実であろうとなかろうと、責任を帰属する私たちの語りに由来すると想定されるからである（原因と責任の両方を意味しうる「何々のせい」という表現を想起して欲しい。『迷宮1』、12-13参照）。要するに、因果性は過去へと傾き、確率は未来に向かって働く。そのように私には思われるのである。因果と確率にはこうした根源的な非対称性がある。しかしおそらく、私たちは現実的には確率概念を未来だけに限定して使うなどという禁欲的なことは実行できない。実際、「条件つき確率」や「ベイズの定理」は、それ自体としては、時制的な制約などなく、条件項と被条件項とは理論的にいくらでも交換でき、「逆確率」の概念が有意味に通用している。確率の本来の働きが未来時制に向かっているとするならば、項の交換可能性を許容する「条件つき確率」の概念自体からしてすでに、それを実践的な場面に適用しようとする限り、実は問題の芽を胚胎している。まして、確率と因果の非対称性を飛び越えて、両者を重ね合わせようとするなら、解きがたいパズルに至るのは必定である。「ハンフリーズのパラドックス」はまさしくそうしたものである。そうであるなら、私たちがすべきこと、それは、確率の概念を用いるとき、そして確率と因果性を関係づけて用いるとき、このような確率と因果にまとわりついている本来的にパラドクシカルな本性をしっかりと胸に刻みつけるということである。

しかし、実はそうした構えを身につけたとしても、まだ用心が足りない。「原因」や「理由」を述べる「なぜならば」文が抜きがたく被ってしまう不確実性には、「確率」以外に、「曖昧性」という闇もまた待ち受けているからである。その闇に向かうこと、それが次章の課題である。

第二章　曖昧な理由　vibrante

1　境界線のゆらぎ

音楽CDが売り出されるようになった当初、その音色のクリアさに驚嘆しながらも、私は若干の違和感を覚えていた。それまでのアナログディスクと比べて、音がどこか違うのである。どうも落ち着かないのである。私は保守的なジャズファンで、オリジナルプレスのLPにさえ関心があるくらいだから、自分の趣味への固執がそうした違和感を産み出しているのだろうと、そのときはそう判断した。しかし、後になって考え直してみると、デジタル化されたCDの音というのは、原理からして1と0からなる二進法の信号によって再現されている音であり、その意味でエッジははっきりしているけれども、もともとの音がもっているぼんやりとしたふくらみは、もしかしたら再現しきれていないのではなかろうかと、そんなふうに思えた。チャーリー・パーカーのような即興演奏の名手は、ときとして、実際に鳴らしていない音を聞き手に聞かせる。パッセージの間に、存在していない音が聞こえるときがあるのである。そうした現象は、プレイヤー固有のソノリティー、音のふくらみ具合によって引き起こされていると思われる。あらためてCDを聞き始めた頃の私自身の感覚をたぐってみると、そうした現象はCDとアナログディスクとで相違があるように感じたことを思い出す。実際、CDには抜けている音情報がある、という説が八〇年代当時流れた。真偽のほどは定かでないが、そうしたこともあるだろうと私自身は実感したのである。

音楽史からすると、実は、似たようなことがずっと以前にも生じていた。それは、バッハの時代頃から一般化してきた「平均律」の導入に関わる。一二音からなるオクターブは周波数でいうと1：2の関係にあるが、人間の耳にとって最も協和度の高い割合、すなわち、基音から純正五度（2：3の比）や純正長三度（4：5の比）に当たる正数比によって一二音を構成していくと（「純正律」と呼ぶ）（池内ほか 1977, 283）、最終的に1：2にならなくなってしまう。そこで、オクターブを一二に平均的に分割して、いわば人工的にできあがった音程が平均律である（池内ほか 1977, 520-521）。ピアノという楽器が「平均律」の象徴である。しかし、自然な響きである「純正律」に慣れていた演奏家にとっては、「平均律」の音程は耳障りであった。弦楽器の演奏に如実に現れているように、もともと音程というのは、基準となる音に対して、「協和する」あるいは「調和する」ものとして拾い出されてくるものであって、そこには、事柄の性質上、ある種の「ゆらぎ」がある。「平均律」は、それをきっかりと一点に固定してしまうという思想であった。

以上のことが示唆しているのは、「この音」という音の同定には幅があるということ、言い換えれば、「この音」と「別の音」との間のはっきりとした境界線がないということ、これである。弦楽器で「C音」を出してみるとしよう。そこから、「C♯音」の方向にほんの少しずつずらしていってみよう。すると、少しずつ、いわゆる「調子っぱずれ」の「C音」になっていく。その度合いがだんだんひどくなり、もはや「C音」と呼ぶべきかどうか定かでないという状態になるだろう。さらにずらすと、もはや「C♯音」といったほうがよいような状態にまでなる。しかし、どこで「C音」が終わり、どこから「C♯音」が始まるのかは、はっきりしていない。もちろんこのことは「純正律」的な音程の取り方に即しているが、実態としては、「平均律」として音程を取るときにも当てはまる。周波数の比が明確に定まっていたとしても、それを私たち人間が正確に判定できるわけではないからである。

　このような、鮮明な境界線が存在せず、どっちつかずの「境界線事例」(borderline case)が生じてしまうような事象、それは「曖昧性」(vagueness)と呼ばれる。そして、この「曖昧性」には特有の問題性がまとわりついていること、このことは古代以来気づかれていた。しかるに、二〇世紀になると、言語哲学・論理哲学の興隆と相まって、「曖昧性」の問題に俄然著しい注目が集まり、二一世紀の今日になってもそれに対する熱っぽい関心はとどまるところを知らないほどである。なぜだろうか。理由ははっきりしているように思われる。「曖昧性」は私たちの認識活動のすみからすみにまで浸潤している、圧倒的に普遍的な性質であるからである。そのことが、議論の深まりとともに、驚きと怖れをおそらく潜在的に惹起させながら、徐々に露わとなってきたのではなかろうか。そして事態がそのようであるなら、「原因」と「理由」をめぐる「なぜならば」文の解明を「不確実性の認識論」という観点から論じていこうとする本書が、こうした「曖昧性」の問題を素通りしてしまうわけには絶対にいかない。というのも、「なぜならば」文に現れる「原因」や「理由」がまさしく曖昧であって、それゆえ意味や信頼性が不確実である場合が頻出することが強く予想されるからである。たとえば、ジャズのサックス奏者がピアニストのCドミナント・セブンスの和音（C、E、G、B♭からなる和音）に対して、G♭音をぶつけたとき、「どうしてそんな音を出すのか」と問われて、「なぜって、C音に対して緊張感が出るからさ」と答えたとしよう（C音に対するG♭音は「ブルー・ノート」などと呼ばれるときがある）。こうした答えは、上に述べたように、そもそもC音自体の輪郭がはっきりせず、それゆえ（調律の問題もあるが）ピアニストが本当にC音を出していたのかも真には断言しがたい上に、「緊張感」などという抽象的な感覚を持ち出してきているのだから、厳密にいえば、おそろしくアバウトで曖昧な応答であるというしかない。したがって逆に、そうした応答に完全な説得力を感じて「分かってしまう」とき、厳密には、ひとはある飛躍を犯している。「理解する」とか「知る」という事態に巣くっている亀裂をあえて見逃し、素通りしている。誤解を恐れず極端な言い方をすれば、そうした曖昧な応答に「なるほど」と完全に納得してしまうとき、ひとは理解や認識ではなく、宗教的信仰をもつに至るのだ。同様なことは、音楽の事例に限らず、ところかまわず生じている。「僕はヴェトナム料理が大好きです。なぜなら、辛い料理が好きだからです」と誰かがいったとしよう。納得できる理由になっているだろうか。ヴェトナム料理は、確かに辛いといえば辛いかもしれないが、たとえばタイ料理などと比べると、全然辛くない。ここで感じられる不鮮明さには「辛い」という概念にまつわる曖昧性が間違いなく影響を及ぼしている。以下本章では、こうした事態の解明に向かうが、その前にまず「曖昧性」についての概念的整理をしておこう。

2　曖昧性の区分

曖昧性の現象について論じるには、まずそれが「言語的」(linguistic) なのか「存在的」(ontic) なのか、という問題に言及しなければならない。曖昧性の問題を論じるときの典型例は、「山」(heap)、「赤い」(red)、「背が高い」(tall)、「禿げている」(bald)、「子ども」(child) などの述語、すなわち言語表現である。「砂山である」の適用可能性と不可能性とを切り分ける鮮明な境界線（確定的な砂粒数）があるかどうか、「背が高い」とそうでないものとを分ける境界線（確定的な身長）があるかどうか、といった問いに対して、そうした境界線はない、と答えざるをえないこと、これが言語的な曖昧性のありようである。言い換えれば、「身長 x の人は背が高い」といったとき、それが真から偽に変わる確定的な x の値があるかどうか、という意味論的な (semantic) 問題としておもに捉えられているのである。曖昧性についての議論のほとんどはこの言語的な問題に集中している。しかるに、これに対して、世界の中の客観的な事態として曖昧性はありうるのか、という問いがおのずと生じるだろう。これが存在的な曖昧性の問いである。この問いは主に「境界が曖昧な対象」の存在をめぐって検討される。たとえば、「富士山」はどこから富士山なのか、という問題がそうである (See e.g. Sainsbury 1989, 99-103)。この存在的な曖昧性の問題は、ギャレス・エバンスが「曖昧な対象は存在しうるか」という問いに対してネガティブな解答を与えた形式的議論 (Evans 1978, 208) が大きな波紋を呼び、新たな議論の局面を迎えた。そして、それをめぐってかなりテクニカルな論争が起こった。

もっとも、少し踏み込んで考えてみれば、「言語的」と「存在的」という区分それ自体も境界線は曖昧であり、境界線事例をもつといえるように思われる。たとえば、「待て」といった呼びかけの言語行為の場合、そうした言語行為が成立するかどうかの区別は、少なくとも必要条件として、その声が空間的に相手に届くかどうかに依存する。相手に声が届かないことを見越して「待て」と発話するのは、独白か祈願であって、呼びかけではない。しかるに、こうした成否を決める声すなわち音は、明らかに物理的な事物である。「音」を対象と見なせるかどうか分からないが、少なくともある特定の大きさの「音」、つまり空気の特定の振動の広がりは、「富士山」と同様に、存在的である。そして、発話者との空間的距離に沿って考えるなら、どこまでの距離にいる相手に対してその音が届くのかについては、おそらく境界線事例が存在するだろう。そして他方で、いうまでもなく、「待て」という言語行為が何を相手に期待しているのかという、「待て」という表現の意味に関しても、明らかに境界線事例が多々存在する。立ち止まって背を向けたままでも「待て」に従ったことになるのか、一カ所で弧を描きながら歩き続けることも「待て」に従っているのか、などなど。しかるに、こうした言語的な曖昧性は、そもそも声が届いていることが前提となっている。だが、届いているかどうかそれ自体が曖昧ならば、「待て」に対する反応なのかどうかは重層的な曖昧性の中に巻き込まれていく。ここから明らかとなるように、ここでは、言語表現の曖昧性の問題が、存在的な曖昧性の問題と本性的に混ざり合ってしまっているのである。言語行為の曖昧性という問題は、後でも触れるが、バーンスの先駆的業績に発して（Burns 1991, esp. 31-46 and 181ff）、ごく近年にシャピーロが会話における曖昧性の問題を主題化したことなどをも通じて（Shapiro 2003, 39-72）、徐々に関心を喚起しているテーマである。言語的曖昧性の射程が、意味論的な領域を越えて、語用論的な領域へと展開していくとき（これは当然の展開であろう）、会話や言語行為における曖昧性の問題が議論の対象となっていくことは必然的といってよい。そしてそれは、いま述べたように、存在的な曖昧性へと連続している問題圏なのである。そして、こうした事情は「なぜならば」文に現れる曖昧性に対しても一つの整理軸を与えるだろう。存在的曖昧性はリアリティのなかの曖昧性であり、それが「なぜならば」文で言及されるときには主題は「原因」の帰属に傾く。それに対して、言語的曖昧性は、後に触れるように論理や意味論の問題そして「合理性」や「整合性」の問題と連なっており、その限りその曖昧性が「なぜならば」文に沿って問題となるときには、「理由」を語り相手を説得するという問題圏へと強く傾斜している。序章で論じたように、「原因」と「理由」は「呼びかけと応答《コール・アンド・リスポンス》」という理解実践のなかで、「音」と「声」、あるいは「響き」と「歌詞」として、異なりつつも重なり合うものだが、曖昧性の問題が、すぐに触れるように整合性や合理性を脅かすパラドックスとして言挙げされる以上、さしあたり、ここでの主題は「理由」の問題のほうに重心をやや寄せているといえるだろう。

さて、次に注意しなければならないのは、「絶対的」(absolute) 境界線事例と「相対的」(relative) 境界線事例との区別である。この区別を強調しているのは、ソレンセンである。これについてソレンセンは、百本の木が並んで植えられていて、一番はじの樹が一フィートの高さで、次々と順に一フィートずつ高くなっている、という場面を例として想定している。この場合、「低い」木とそうでない木を区別するのは「低い」が曖昧なので境界線事例が現れるのは明らかである。しかるに、「五〇フィートよりも低い」木とそうでないものを区別するのはどうだろうか。木の並べ方のルールを知らない人は、やはり、この区別に関しても境界線事例があると感じるだろう。なぜなら、私たちは、目で見ただけで正確な木の高さを識別することはできないからである。ソレンセンは、この場合の「低い」について生じるのが「絶対的」境界線事例で、「五〇フィートよりも低い」について生じるのが「相対的」境界線事例であると考える（Sorensen 2001, 40-41）。すなわち、「低い」が曖昧性の問題をもたらすのに対して、「五〇フィートよりも低い」はそれ自体は曖昧ではなく「鮮明」な述語であって、それがもたらすのは曖昧性の問題でなく「制限された識別可能性」（limited discriminability）の問題にすぎないと、そう論じているのである。これと対照的に、ティム・ウイリアムソンは「曖昧性は概念的識別についての私たちの制限された能力に発する」（Williamson 1994, 237）として、この「絶対的」／「相対的」の区別に関してソレンセンと異なる見解を表明している。私が思うに、この区別は、曖昧性に対する鮮明性とは何かという問いに深く関わっており、そうした観点から曖昧性の問題を正確に浮き彫りにするのに格好の手掛かりになるのではなかろうか。おそらく、鮮明な述語には、鮮明な境界線を原理的にもっている述語と、鮮明な境界線を現に認識できる述語との、二様があるということになるのだろう。だとしたら、もし、この二様のいずれに訴えているのか文脈によって判然としないときには、この「絶対的」と「相対的」の境界線事例の区別によって対比的に浮かび上がるはずの曖昧性の輪郭づけそれ自体も、再び（メタ的に）曖昧になっていくはずである。

では、私が最初に触れた「C音」や「C♯音」などの音程の曖昧さは、いま言及した曖昧性の整理を踏まえると、どのように位置づけることができるだろうか。こうした音程の曖昧性が、「C音」、「C♯音」、「協和している」といった述語に沿って発生しているとするなら、これは「言語的」曖昧性である。けれども、音は聞こえなければ音ではないと考えて、先に触れた言語行為の曖昧性の場合と同様に、音程を、実際に音として鳴っている、ある範囲の空気の振動として捉えるなら、「C音」や「C♯音」は「存在的」であり、「C音」から徐々に「C♯音」へとずらしていくとき、空気の振動（おそらく雲のような固まりとして表象できる）のどの部分から「C♯音」になるのかについては境界線事例が発生するだろう。これは、どこから「富士山」なのか、というときと同じ構造であり、よって「存在的」曖昧性であるといえる。では、音程について発生する境界線事例は、「絶対的」／「相対的」の区分についてはどういう位置づけになるだろうか。「純正律」であれ「平均律」であれ、周波数によって音程が規定されている限り、私たちの耳で判断するときに生じる境界線事例は、単に私たちにとっての識別不可能性に由来する「相対的」な境界線事例であるというべきである。しかるに、もともと「純正律」の音程が私たちにとって「協和している」と感じられることに基づいていて、それに対していわば後づけ的に周波数についての数的規定があてがわれた点からすれば、ここで生じているのは「絶対的」境界線事例であると考えなければならない。ただ、「平均律」についてはこうした「絶対的」境界線事例は生じないかもしれない。しかし、「平均律」があくまでも「純正律」を一定の目的のために補正したものにすぎないとするなら、「純正律」の曖昧性の性質を間接的に受け継いでいるとはいえるだろう。いずれにせよ、私の挙げた音程の例は、この問題の圏域をクロスオーバーする事例であることが分かる。であるなら、この例に親和するような視点から問題を捉えていくことが包括的な理解につながるのではなかろうか。私はそのような見込みをもって、冒頭のような書き出し方をしたのである。もちろん、この例が、認識は文字通り音楽であるとする、本書の、そして私自身の思考の方向性に即すものでもあることはいうまでもない。

3　エピステミックな包摂

以上の整理をした上で、なぜ曖昧性が私たちの認識活動のすみずみにまで浸潤しているといえるのか、という点を確認しよう。このことを確認するには、曖昧でない概念、すなわち境界線の鮮明な概念、のありようを調べてみるとよい。たとえば、「子ども」や「大人」が曖昧な概念であるのに対して、「未成年」や「成人」は法的に規定された、境界線の鮮明な概念である。日本の場合、私が生まれた日から数えて、地球がちょうど二〇回公転した日、つまり二〇回目の誕生日がはじまる午前0時に、私は「未成年」から「成人」になる。そこには、境界線事例は存在しないと考えられる。けれども、ここで問わなければならない。こうした鮮明な概念には境界線事例は存在しないという、この見方に疑念を差し挟む余地は一切ありえないだろうか。ありえない、とは断言できない事情が実はある。それは必ずしも、鮮明な境界線をなす重要な基準である時間・空間の概念に由来する事情なわけでもない。つまり、二〇回目の誕生日の午前0時といっても、時間が無限可分的であるなら、この一点という厳格な形での午前0時を確定できないのではないか、といったゼノンのパラドックス的な事情のことを指しているのではない。では、どのように鮮明性に対する疑念を提示できるのだろうか。

注目すべきは、ここでの「曖昧かそれとも鮮明か」という問題は、言語的であれ存在的であれ、絶対的であれ相対的であれ、結局は境界線があるかないかについての私たちの「認識」に基づいているという、あっけないほど当たり前の事実である。存在的曖昧性の問題も、つまるところ当の対象を私たちがどう認識するか、という場面に帰着する。このことは、そもそも曖昧性の問題が浮上するのは次節で触れるパラドックス的事態のゆえである、という問題化のプロセスと関わる。そうしたパラドックスはつまるところ私たちの認識活動のほころびとして理解できるものであり、その意味で、存在的曖昧性とて、それが何らかの問題性として浮かび上がっているのは、私たちの認識における特有の位置づけのゆえなのである。

しかるに、もしそうであるなら、鮮明な境界線があるような概念も、そうしたものとして用いられているとき、そうした鮮明な概念であると「知られている」ことを暗黙の基盤としていることになる。私がここで焦点を当てたいポイントは、ある概念が鮮明な境界線をもつと「知る」(know)という事態それ自体、境界線が曖昧であるということ、これである。そもそも一般的に考えても、「知る」は曖昧で、実はよく分からない概念である。エピステミック・ロジックの文脈で現れる、知りえない真理の存在をめぐるパズルを提起する「フィッチの議論」などは「知る」という概念の不思議さを浮き彫りにするものだろう(See Williamson 2000, 270ff and Osada 2004, 321-329)。また、「知る」の曖昧性に関しても、多様な観点から跡づけることができる。たとえば、目の前に藤色の表紙の本があることを私が知覚によって「知っている」とする。この知識を正当化する根拠は何だろうか。私が正常な視力を持っていること、適当な明るさの光が対象に当てられていること、あるいは私が色の概念を常識的に理解していること、などの必要条件も正当化する根拠に数え入れられるだろう。しかし、正常な視力とはどの程度の視力のことか。視力〇・二は正常の範囲内なのか。適当な明るさの範囲はどの程度か。午後五時の照明の点いていない部屋で藤色の表紙について知識をもてるだろうか。色概念の常識的な理解とはどの程度か。「シルバー・ホワイト」と「チタニウム・ホワイト」の区別ができない人が「藤色」の表紙について知ることができると考えてよいだろうか。こうした少しの反省から分かるように、知覚によって「知っている」という事態は明らかに曖昧であって、知っているというべきかどうかはっきりしないような境界線事例を許す。

同様なことは、知識一般に関していえるだろう。ある事柄について「知っているかどうか」を確定する基準は何だろうか。さまざまな基準が哲学的に提起できる。しかし、もっとも素朴に考えて、その事柄について問われて答えられる、という基準がありえるだろう。これは他人称的にだけでなく、一人称的にも使用可能な検証基準である。しかし、どのような事態を「答えた」ことと見なしうるのか。演奏時間が何十分にもなるような音楽の曲について「知っている」と述べる場合のように、あまりにトリッキーな事態は除外しても私の示したい論点にとっては十分なので、辞書的な知識程度のものに限定して考えてみよう。その場合、内容的にではなく、外形的にだけいうならば、おそらく、即座に応答できることが「答えた」ことになるのではなかろうかと私には思われる。それ自体は鮮明な概念である例を挙げてみるなら、「アンモニアの化学式を知っているか」という問いに対し、「NH_3だ」と直ちにいえることが、「答えた」ことになるのである。もちろん、少し思い出そうと思念して、15秒後に「NH_3だと思う」と述べても、「知っている」ことになるだろう。しかし、では、どれほど長く思念しても、最後にNH_3だといえれば知っていることになるのだろうか。おそらくそうはなるまい。問われて、一時間も思念していたら、そもそもそうした状態は「知っている」とはいえないのではないか。試験に時間制限があることは、こうした点からしても理に適っている。けれども、では、どのくらいの時間までなら思念していても「知っている」といえるのだろうか。ここには鮮明な境界線はないといわなければならない。すなわち、記憶の蘇りにかかる時間という観点からして、「知っている」は明らかに境界線事例を許す曖昧な概念なのである。「知る」が曖昧な概念であることは、実際一般的に認知されていて、むしろ議論の出発点となっていることもある。ティム・ウイリアムソンも、彼のいう「反明輝性」（anti-luminosity）の議論を展開する基礎作業として、「知る」という表現の曖昧性について考慮を払っている（Williamson 2000, 104ff）。[1] してみれば、鮮明な境界線をもつ概念も、それがそうであると私たちが「知っている」というエピステミックな足場に支えられるものである限り、宿命的に曖昧性に巻き込まれていると、そう捉えなければならない。鮮明なものも含めて、いかなる概念や事態も、エピステミックな仕方で曖昧性に包摂されているのである。

こうした曖昧性のはびこりは、何も「知る」という概念だけから特権的かつ唯一的に確認できるわけでもない。実際少し考えれば分かるが、ほぼすべての動詞、形容詞、副詞も境界線事例を許す曖昧な概念である。[2]「うなずく」、「走る」、「重い」、「眠い」、「ゆっくりと」、「力強く」などなど、卑近な言葉を想起すれば、その曖昧性は直ちに確認できるだろう。しかるに、いかに鮮明な概念や述語とて、それを文として実際に使用するときには何らかの動詞などを事実上用いざるをえないだろう。「彼は未成年である」という鮮明な述語を使った文を実際に何かのために使用するとき、たとえば「彼は未成年である、と聞いた」、「彼は未成年である、と私はあなたに報告している」などというように、動詞を使うことになるはずである。動詞が顕在化していなくとも、実態は同じである。してみれば、動詞などにまつわりつく曖昧性はすべての言語表現に一挙に拡散していく。こうして、曖昧性は普遍的に世界に浸潤し、遍在していると、そういわなければならない。

4　ソライティーズの提示

けれども、たとえ曖昧性が遍在していても、それが世界のありのままの真実なら、なにも不都合はない。単にそれが私たちの生きる与えられた環境だというだけのことである。しかしながら、そうはならないから、これほど曖昧性が問題化されているのである。それは、古代ギリシャのエウブリデスに発するとされている、いわゆる「ソライティーズ・パラドックス」（Sorites Paradox、連鎖式のパラドックス）が曖昧性から帰結してしまうという、そうした事情による。[3]「ソライティーズ」とはもともとギリシャ語で「山」（heap）を意味する語から由来する言葉で、何粒以上の砂粒数になれば「砂山」になるのか、といった曖昧な概念の境界線に関する問いから立ち上がるパズルを「ソライティーズ・パラドックス」（以下「ソライティーズ」と略称）と呼ぶ。「スタンフォード哲学百科」に寄稿しているハイドによれば、「ソライティーズ」には次の三つの定式化があるという（Hyde 2004, 3-5）。

第一は「条件的ソライティーズ」（Conditional Sorites）で、次のように表せる。

Fa_1
もし Fa_1 ならば、Fa_2
もし Fa_2 ならば、Fa_3

……

もし Fa_{i-1} ならば、Fa_i

ゆえに、Fa_i　　（・iは任意に大きく取れる）

例を挙げてみよう。今日の標準的調律に従えば四四〇ヘルツをA音として決めることが多く、そうするとC音は純正律的には二六四ヘルツになる。よって、「二六四ヘルツの音はC音である」が最初の前提に当たり、これは定義によって確実に真であるといえる。しかるに、それよりも1ミリヘルツだけ高い音（二六四・〇〇一ヘルツの音）を考えてみると、協和度から作り出されてきた音程の概念からして、それを二六四ヘルツの音と音程として区別する必然性はまったくない。よって、「もし二六四ヘルツの音はC音であるならば、二六四・〇〇一ヘルツの音もC音である」という条件文の第二前提もまた真であるといえる。そして、ミリヘルツの違いが音程の違いをもたらさないという、クリスピン・ライトが「寛容」(tolerance)（Wright 1975, 333ff）と呼んだ事態がここで成り立つと考えられる限り、一ミリヘルツずつ高くなる音について第三前提以下の条件文が作られるとするなら、それらもまさしく連鎖的に受容していかなければならない。かくして、たとえば、「二七五ヘルツの音もC音である」というところに至りつく。しかるに、二六四ヘルツがC音であるとしたとき、二七五ヘルツはC#音そのものなのである（後藤 2005 参照）。ここにパラドックス的な不整合が現れる。つまり、Fa_1 は確実に真であり、a_n と a_{n+1} とがFに対して識別できないほど相似していて、両者はともにFを満たすか満たさないかのいずれかであり、そして結論のFa_iが確実に偽であるという、そうした不整合が現れるのである。これが「ソライティーズ」である。

「ソライティーズ」は、これとは別な不整合としても表現できる。たとえば、前段での議論に従うと、「二六九ヘルツの音はC音である」という主張も当然引き出すことができる。けれども、「ソライティーズ」を逆に展開して、「二七五ヘルツの音はC♯音である」というところからはじめて、1ミリヘルツずつ低くしていく議論を考えるならば、「二六九ヘルツの音はC♯音である」つまりは「二六九ヘルツの音はC音ではない」という主張も引き出すことができる。かくして、「ソライティーズ」は、任意のa_nに対して、

$$Fa_n \ \& \ {\sim}Fa_n$$

というあからさまな矛盾をもたらす。今日では、「ソライティーズ」のもたらすパズルはこの矛盾に焦点が当てられることが多い(4)。

さて、「ソライティーズ」の第二の定式化は「数学的帰納法ソライティーズ」(Mathematical Induction Sorites)で、次のように表せる。

$$Fa_1$$
$$\forall n(Fa_n \supset Fa_{n+1})$$

ゆえに、$\forall n Fa_n$

この定式化も、nの列をミリヘルツずつの相違の列と捉えて、最初のFa_1を「二六四ヘルツの音はC音である」ととった場合と、「二七五ヘルツの音はC♯音である」ととった場合とを考え合わせると、やはり明らかな矛盾が生じる。ただ、この第二の定式化では、第一の定式化のように特定の個体（いまの例だと特定のヘルツ数の音）において矛盾が生じるのではなく、連鎖全体において矛盾が生じている。

　こうした矛盾の原因ははっきりしている。微少な相違は突然の真理値の変化をもたらさないという「寛容」、ここにその根があるのである。しかし、だからといって、「寛容」を排除することはできないように思われる。一ミリヘルツの差が音程の差をもたらすとすると、おそらく「合奏」という概念は不可能になってしまうだろうからである。音程はそもそもゆらいでおり、かえってそうしたゆらぎが音楽の魅力を産み出しているとさえいえる。「この音程」というのは、本来的に曖昧なのである。けれども、同時に、「C音」と「C♯音」とが異なる音であることもまた動かし難い。これらを同じ音だとしても、やはり「合奏」は不可能となってしまうだろう。ということは、「C音」と「C♯音」との間のどこかでそうした相違が存在しなければならない。「ソライティーズ」の先の二つの定式化は「寛容」の側面に沿って「相違の存在」との背馳を際立たせたものだが、逆に、「相違の存在」の側面に沿って定式化して「寛容」との齟齬を顕在化させるやり方もありうる。それが第三の定式化、「線引きソライティーズ」(Line-drawing Sorites) である。それは次のように表せる。

Fa_1
$\sim\forall nFa_n$

ゆえに、$\exists_{n>1}(Fa_n \,\&\, \sim Fa_{n+1})$

つまり、どこかに境界線が引ける、ということを示す定式化にほかならない。けれども、先ほどのように、たとえばnの列を一ミリヘルツずつの相違の列と捉えるならば、この定式化は、そもそも本来的に区別できない、すなわち寛容となるべき事態のなかに、区別があるはずだ、と述べていることになり、やはり別種の矛盾状態をもたらすのである。かくして、「ソライティーズ」に向かうということは、以上の三つのあり方のすべてを考慮に入れてゆく、ということでなければならない。そのようなスタンスで、「ソライティーズ」の矛盾に対処していかなければならないのである。

5　パラドックスの実在性

さて、以上の定式化を踏まえて、「ソライティーズ」に対して感じられる哲学的な問題を、改めて次の四つにまとめて提示しておこう。

（1）「ソライティーズ」が示唆しているように、曖昧な述語が当てはまるかどうかを決する鮮明な境界線がないことがいわば理論的に要請されているのに、「線引きソライティーズ」がいみじくも示しているように、どこかに「切断点」（cut-off point）あるようにどうしても感ぜざるをえないが、それをどう説明できるか（Priest 2003, 10 ff.）。

（2）逆に、わずかな違いならば曖昧な述語の適用に関して相違は生じないという「寛容」（tolerance）が果たして本当に実相に適っているか、という疑問もありうる（See Burns 1991, 126ff.）。

（3）「ソライティーズ」は曖昧な述語が明確に当てはまる領域と、明確に当てはまらない領域との間に、境界線事例があることを含意しているが、どこから境界線事例がはじまるかについても曖昧なのではないか、つまり「高階の曖昧性」（higher-order vagueness）の問題が生じるのではないか。

（4）「ソライティーズ」の結論は、私たちの言語は不整合・不合理であり、矛盾を含んでいることを意味しているが、そうした帰結は受け入れられるか。

以上の四つである。この中で最も重大な問題が（4）であることは間違いない。なぜなら、（4）は私たちの言語や論理の合理性を根こそぎひっくり返してしまうようなラディカルな含意をもたらす困難だからである。

しかし、そもそも「ソライティーズ」のもたらす矛盾は、どのような性質のものであり、どのような実害をもたらすのだろうか。このような問いかけは一見奇妙に思えるかもしれない。というのも、矛盾が矛盾である限り、すでにそれとして破綻であり、不可能であり、論理的にすべてのことをそこから演繹できてしまうのであり、よって何かが間違っていることを強く示していると、したがって矛盾に多様な種類や性質などありえないと、そのように考えるのが通常であると思われるからである。しかし、私はここで少し立ち止まりたい。パラドックスは一般に、現実とは相容れない見方をもたらすからパラドックスなのであり、その点で、広義にはすべて矛盾に帰着する。けれども、そのようなパラドックスの産み出す矛盾にはさまざまな濃淡があるように私には思われるのである。二つの異なった観点からそういえる。第一に、直観的にいうならば、真の矛盾はそれとして真に不可能であり、よって言表不可能なはずだから（AでありかつAでないと文字通り同時に述べることはできない）、パラドックスの帰結として矛盾が語られているとするなら、そこには何かカラクリがあるのであり、そうしたカラクリには当然多様なものがあると、まずそう述べてみたい。おそらく、何かを巧妙に隠蔽したり無視したりして矛盾に見せかけているとか、何らかの矛盾とは異なる困難を矛盾として偽装させていたりとか、そうした仕掛けのもとで、矛盾として語られているだけなのである。あるいは第二に、ある矛盾は概念として確かに語りうるものであり、文字通りの不可能ではなく、パラドックスが紡ぎ出す矛盾はそうしたものである、そして実際に語られる矛盾の現実への波及の多様によってパラドックスのさまざまな濃淡が生じると、そのように考える道筋も可能であろう。実際のところ、パラドックスのもたらす困難や害も多種多様であり、純然たる論理的・理論的困難であって、ほとんど現実には生ぜず無害なものもあれば、現実にリアリスティックに当のパラドックスが生じて、実践的な問題に結びつく場合もある。「嘘つきのパラドックス」や「ラッセルのパラドックス」が実際に生じて問題をもたらすことはまずないし、前章で扱った「ニューカムのパラドックス」を現実に生じさせるような予言者が実際に存在することは考えにくいが、「宝くじのパラドックス」が示す帰結（当たりはほとんど存在しない）は私たちの信条として実現することがあるし、「カラスのパラドックス」（「ヘンペルのカラス」ともいう。「カラスは黒い」と「黒くないものはカラスではない」が同値なので、バナナや白クマのような、黒くなくてカラスでないものが「カラスは黒い」を確証する証拠になってしまうというパズル）は特殊な状況のなかでは実際に生じる。ただ、実際に生じるとしても、それが困難を産み出すかどうかも、やはり多様である。実際に生じて、そして何も問題がない、ということもあるからである。この点は、パラドックスの対処法に関わっているが、それは次節でまとめたい。

では、「ソライティーズ」はどうだろうか。私はこう考えたい。「ソライティーズ」のもたらす矛盾は真の矛盾ではなく、矛盾の偽装にすぎない、あるいは仮にそれを矛盾と見なしたとしても、それは不可能ではない矛盾であり、すべてのものをそこから演繹できてしまうような論理的カオスをもたらすことはない、と。けれども、他方で、「ソライティーズ」が描出しているのは日常的に頻繁に生じる実在的な事態であり、その困難性はリアルな問題に実際に結びつきうると、そうもいいたい。おそらく、この二つの論点は、実在的な事態でリアルな問題に結びつきうるのだから、真の不可能性のはずがない、というように連結しているのだろう。

私が述べたいことを、音程の例を使ってさしあたり確認してみよう。すでに何度も触れたように、「C音」と「C♯音」の間には鮮明な境界線はなく、境界線事例を許容する。そこで、仮に境界線事例の音を「C音」として私が出したとしてみる（たとえば二六九ヘルツの音）。すると、「ソライティーズ」を適用すると、これは「C音」とも「C♯音」とも捉えることができることになる。けれど、ここには果たして「矛盾」と呼ぶべき事態が発生しうるだろうか。事柄として、ここで発生しているのは、私が調子っぱずれの音を出したという単なる事実でしかない。それに対して二つの背反する捉え方は確かにできるが、そしてその限り矛盾が生じているといおうと思えばいえるが、そこから条件文の論理的性質に従ってすべてのことが演繹されるなどということはまったく考えられない。とはいえ、いかなる問題もなく、事実はありのまま平明である、ともいうことはできない。矛盾かどうかはさておくとしても、少なくとも、ある種の衝突や対立が生じる種はまかれてしまうのである。私が合奏をしているとするなら、この場合おそらく何らかのリアクションが生じるだろう。はずれた「C音」を私が出したと思った人は私の技量や音感に不審を抱くかもしれないし、「C音」ではなく「C♯音」を私が出したと思った人は、私が曲を誤解していると考えて、演奏を中断させるかもしれない。あるいは、「C音」とも「C♯音」とも言い難い中間の変な音を出していると思った人は、不快に感じ、私との合奏を好まなくなるかもしれない。いずれにせよ、曖昧な事象における境界線事例は、事実として、何らかのさざ波を実在的にもたらすことがある。このことは、「背が高い」とか「赤い」とかの、罪のないように思える曖昧な述語の場合でも例外ではない。そうした述語の適用が何らかの選抜や評価や指令に関わっていることは十分にありえ、そうした場合、境界線事例は対立や衝突の種となりうることは想像に難くないからである。こうして、「ソライティーズ」は、曖昧性の浸潤からして、日常的に至るところに生じる実在的な事態であり、そして実在的な影響を私たちに与える可能性を含意する、そうした性質のパラドックスであるといえることになる。

6　論理の保全と逸脱

哲学者たちは、こうした困難を解消するため、これまでたくさんの解決策を提案してきた。しかし、そうした解決策を理解するには、まず、「ソライティーズ」がもたらす問題の領域を整理しておく必要があるだろう。デリア・グラフは、「ソライティーズ」は次のような普遍量化式 α を提示しているが、それはまさにパラドックスであり受け入れがたいということを逆に示唆しているという。

α：(∀x)(∀y)(Fx & Rxy→Fy)
(たとえば、いかなるものについても、それがFならば、それに隣接するものもFである、という意味になる)

ということは、換言するならば、次のような存在式βが帰結することになる。

β：(∃x)(∃y)(Fx & Rxy & ￢Fy)
(たとえば、あるものがFであり、それに隣接するものはFでない、という場合が存在する、という意味になる)

だとすると、ここに三つの問いが現れるという。「意味論的問い」(The Semantic Question)、「認識論的問い」(The Epistemological Question)、「心理的問い」(The Psychological Question)、の三つである。「意味論的問い」とは、βと境界線事例とをうまく結びつける意味論はどのように可能か、という問いであり、「認識論的問い」とは、もしβを受け入れるなら、そのようなxとyがどれなのかをどのようにして知るのか、という問いであり、「心理的問い」とは、なぜ私たちは「ソライティーズ」を、つまりαを受け入れてしまう傾向にあるのか、という問いである (Graff 2000, 50)。

こうした問題領域の区別を念頭に置いて、哲学者たちが提示してきた「ソライティーズ」についての対処あるいは解明を整理しておこう。そうした対応は、ハイドに従って、パラドックス一般に対する次の四つの応答タイプに沿って整理することができる。つまり、グラフのいう三つの問いを横軸とするならば、それと交差する縦軸として次の四つの区分が考えられるということである。

(1) 論理が「ソライティーズ」の表現に適用されることを否定する。(「全体拒否」と呼ぶ)
(2) 前提のどれかを否定する。(「前提拒否」と呼ぶ)
(3) 論証形式の妥当性を否定する。(「形式拒否」と呼ぶ)
(4) 「ソライティーズ」を健全な論証として受け入れる。(「全体受容」と呼ぶ)

ハイドは、この四つのタイプに即して、六つの見方を跡づけているので (Hyde 2004, 5-13)、おおよそそれに沿って確認しておこう。「全体拒否」と呼べるのは① **「理想言語アプローチ」** (Ideal Language Approach）で、曖昧性を日常言語における消去されるべき欠陥と捉える立場である。フレーゲ、ラッセルに代表されるが、クワインもまた、多少の代価を払ってでも曖昧性を消去し古典論理を守るべきだと考えている（Quine 1981, 90-95）。これはそもそも「ソライティーズ」を問題としないという立場なので、グラフのいう三つの問いのどれに対する解決でもない。しかし、私自身もすでにこれまで確認したように、曖昧性はあまりに普遍的な事象なので、それは消去すべきではなくむしろ対面すべき事態であり、何らかの仕方で論理ともすりあわせていく必要があるという、そうした考え方が生まれるのは当然である。「前提拒否」の応答がこれを試みた。つまり、「ソライティーズ」は、論理に馴染まないのではなく、前提のどれかが誤っているのだ、というのである。

そうした「前提拒否」の応答の一つは、すでに言及したティム・ウイリアムソンとロイ・ソレンセンによって展開されている② **「認識説」**（The Epistemic View）である。これは、いかなる曖昧な述語にも事実としては鮮明な境界線があるのであり、よって意味論的な場面では曖昧性はいかなる問題も引き起こさないのだが、私たちの認識という場面では、そうした意味論的な鮮明な境界線は知りえない、すなわち「無知」（ignorance）なので、「ソライティーズ」が発生してしまうと、そう考える。「ソライティーズ」は意味論的パズルではなく認識論的パズルだというのである。これは明らかに、グラフのいう「認識論的問い」として「ソライティーズ」を捉える立場である。しかし、確かに「認識説」を取れば話はすっきりとして古典的な二値論理を維持できるけれども、いかにも信じ難いという感じがどうしても残る。キーフとスミスが指摘するように、造語でもとから輪郭を意図的にぼかしたような述語に対しても、「認識説」は鮮明な境界線があると主張することになるが、そんなことが信じられるだろうか（Keefe & Smith 1996, 21）。たとえば、「プチ家出」という言葉が日本の若者たちの間で使われていたことがあるが、これは明らかに、最初から、（子どもにとってもあるいは親にとってさえ）心理的な正当化や罪悪感の軽減に都合よくするため、柔軟に使えるように意図された造語である。「プチ家出」とそうでない家出をはっきりと切り分ける境界線があるというのは、冗談にしか聞こえないように思われる。

これに対して、「前提拒否」の応答でありながら、「ソライティーズ」の困難をセマンティックなものと受け止めて、にもかかわらず論理的原理をできるだけ維持しようとするのが③「重評価論」（Supervaluationism）である。キット・ファインの提示した議論がその代表であり、「ソライティーズ」に関して重大な影響力を与え続けている。そしていうまでもなく、これはグラフのいう「意味論的問い」に対する代表的な応答である。「重評価論」の考え方のポイントを順を追ってまとめてみよう。（.i）曖昧な述語には境界線事例を許す領域があり（ファインはこれを「中間部」（penumbra）と呼ぶ（Fine 1975, 270ff））、それは真でも偽でもない「真理値ギャップ」があることを意味する。（.ii）しかしこうした「中間部」の存在は意味論的欠陥であり、「ソライティーズ」を産み出す。これは、私たちが事実として、たとえば「C音」と「C♯音」とを区別していることに反する。（.iii）よって、それを解消するためには、「中間部」のどこかに（人為的に）境界線を引き、曖昧な述語を鮮明なものにして、境界線事例をその述語の肯定的外延か否定的外延かのいずれかに振り分けなければならない。こうした線引きの操作をファインは「精確化」（precisification）と呼び（Fine 1975, 271ff）、ダメットは「鮮明化」（sharpening）と呼んだ（Dummett 1970, 257ff）。（.iv）しかるに、精確化の仕方はきわめて多数あり、それらのどれか一つに特権性を付与することはできない。よって、これら「すべての」精確化を考慮に入れるということ、つまり「すべての」精確化による真理値評価を重ねていくこと、が望ましいやり方である。（v）そうすると、すべての精確化において真であるものが本当に真なものであり、すべての精確化において偽であるものが本当に偽なものであるという帰結に至る。こうした多様な真理値評価を重ねていくという意味論的な操作こそ、ヴァン・フラーセンが「重評価」と呼んだものにほかならない[5]（See van Fraassen 1968）。そして、個々の精確化において評価される真理値は、「暫定的な古典的評価」（tentative classical valuation）であり、すべての精確化において真であるものは「超真理」（super-truth）と呼ばれる（Fine 1975, 273ff）[6]。（vi）かくして、何らかの精確化を遂行しなければならないのだから、「中間部」に関して作られる「ソライティーズ」の前提の中の条件文のどれかが偽とならねばならない。こうして、「前提拒否」の応答に沿った形で「ソライティーズ」は斥けられるのである。ただし、どれかの条件文が偽であるとはいえても、特定のどの条件文が偽であるかはいえない。ここが「認識説」との本質的な違いである。これは「条件的ソライティーズ」と「数学的帰納法ソライティーズ」に対する解消になることは明らかであり、同時に、「中間部」の存在を認め「精確化」の多様性を認めつつ、ともかくも「線引き」する、という両立を展開している点で、「線引きソライティーズ」の解消にもなっている。

しかし、「重評価論」に問題がないわけではない。それは確かに古典的二値論理を保存するように見える。なるほど、少なくとも「超真理」に関しては、古典論理での真理と合致する（Keefe & Smith 1996, 30）。けれども、ファインがそうしたように、「重評価論」のロジックは、超真理を「D

演算子」(definitely operator) で表し、中間部についての文を「I演算子」(indefinitely operator) を用いて表すというアイディアと結びついていて (Fine 1975, 287ff)、明らかに非真理関数的である。すなわち、要素の真理値が決まれば全体の真理値も一義的に決まるとは必ずしもいえない。たとえば、pとqがともに「中間部」にある文で真とも偽ともいえないとき、(p∨~q) と (p∨~p) とはどちらも真とも偽ともいえない二つの選言肢からなる選言だが、(p∨~q) は依然として真とも偽ともいえないが、(p∨~p) はいかなる「精確化」においても成立するゆえに真となってしまう (Keefe & Smith 1996, 28)。この点で古典的二値論理からの逸脱を犯している。そうはいっても確かに、いまの例からも分かるように、「重評価論」は排中律などの論理的原理を維持することはできる。しかし、すべての古典論理のトートロジーが維持できるわけではない。たとえば、ウイリアムソンが指摘するように、古典論理のpからDpは導けるとしても、~Dpから~pが導けない。つまり、「対偶」が成立しないのである (Williamson 1994, 151)。この点でも古典的二値論理とは異なる。さらに、「重評価論」に対しては、超真理と中間部との間の境界もまた曖昧ではないか、という「高階の曖昧性」(higher-order vagueness) の問題がいつもつきまとう。

さて、「重評価論」と並んで、影響力の大きい考え方は④「**多値論理と程度理論**」(Many-valued logic and degree theories) である。「認識説」や「重評価論」ができるだけ古典論理を保全しようとしたのに対して、これは「逸脱論理」(deviant logic) による対処法であるといってよい。この対処法も、もちろんグラフのいう「意味論的問い」に向かっている。もっとも、この範疇に入れられる考え方にはいくつかの異種がある。まず、マイケル・タイが展開しているような、真、偽、未定（または不明確）の値からなる三値論理のアプローチがある（See Tye 1994）。これは、ほぼ「重評価論」と同様な立場だが、結合子が真理関数的に捉えられる点でそれと異なる。この立場が「ソライティーズ」に対してどういうタイプの応答を提示するかは一義的には定まらず、推論の妥当性の捉え方と、三値論理の真理値表の作り方によって、「前提拒否」の応答になったり「形式拒否」の応答になったりする。通常、妥当性は論証における真理保存に求められる。この考え方を多値論理に拡張するには、保存されるべき値が「指定され」（designated）ねばならないが、それに応じて妥当性も変容する。指定値を「真理」だけだとすると、「条件的ソライティーズ」で使われている「モードゥス・ポネンス」、つまり{p & p⊃q}⊃q の形のトートロジーは、三値論理でもこの性質を満たすので、三値論理アプローチは「ソライティーズ」に対して「前提拒否」の応答をすることになろう。それに対して、真と未定という二つの値を指定値とするなら（つまり非偽を指定値とするなら）、「モードゥス・ポネンス」は妥当とはいえない。なぜなら、標準的な三値論理の真理値表では、pが未定でqが偽のときには、「モードゥス・ポネンス」の前提（前件）は未定なのに結論（後件）は偽となり、指定値が保存されないからである（Williamson 1994, 109-110）。こうした妥当性の理解をするとき、三値論理アプローチは「ソライティーズ」に対して「形式拒否」の応答を提示する。

こうした流れの中には、ザデー以来の「ファジー論理」（fuzzy logic）によるアプローチもある。三値ではなく、真と偽の間に段階をなすいわば無限数つまり不可算の値を認める考え方であり、「真理度」（degree of truth）の概念を許容する立場である。もっとも、この場合も「ソライティーズ」に対する戦略は基本的に三値論理の場合と同様である。妥当性を真理の保存ということだけで規定するなら、「ソライティーズ」の推論は妥当だということになるので、その解決として「前提拒否」の応答が提出されることになるだろう。「他方で、もし妥当性が真理度の保存だとするなら、モードゥス・ポネンスは妥当ではない。もしqおよびq⊃rが少なくとも99,999の程度で真だとしても、rは99,998の程度でしか真でないということになりうるからである」(Williamson 1994, 124)。かくして、この道筋での「程度理論」は「ソライティーズ」に対して「形式拒否」の応答を与えることになる。

「程度理論」にもたくさんの反論や疑念が投げかけられてきた。多値論理的アプローチそれ自体に対する疑問以外に、特定の真理度をどのように確定するのか、という疑問が出されてきた。また、程度理論は、曖昧な述語の真理性は互いに比較してその度合いの大小を決められるということを前提しているが、それは必ずしも成り立たない。つまり、たとえば、「赤い」という述語について、赤さの度合いは色合いや光度などさまざまな要素によって影響されるので、線形的な仕方で度合いの大小を確定しにくいのであり、そうした事情は「程度理論」では扱えないだろうというのである。さらに、「重評価論」と同じく、真理度が1から1以下になるのはどこからか、という「高階の曖昧性」の問題がやはり「程度理論」にもまとわりつく。セインズブリーは、曖昧性の本質を「境界不在性」(boundarylessness) に見取った上で、それにもかかわらず何らかの形で述語が当てはまる領域のくっきりとした区画を(無理に)行おうとするやり方を「集合論的アプローチ」(set-theoretic approach) と呼び (Sainsbury 1990, 255)、そのアプローチは曖昧性の本質を見逃していると糾弾した。セインズブリーが「集合論的アプローチ」として糾弾するのは「ファジー論理」と「重評価論」である (Sainsbury 1990, esp. 256-257)。確かに両者とも、確実に真である領域、どちらともいえない領域、確実に偽である領域、というきっちりとした区画を前提しており、それゆえに、そうした道筋は「高階の曖昧性」の問題にたちどころに遭遇してしまう。よって、曖昧性に発する「ソライティーズ」を解明するには完璧ではありえない。

では、どうしたらよいのだろうか。一つの方策はある種の開き直り、すなわち⑤**「パラドックス受諾」**（Embracing the paradox）と呼ぶべき立場である。「ソライティーズ」は健全な推論として受け入れるしかないのであり、解消すべきパラドックスではなく、現実の事態として受諾すべきであるとする見方であり、これは明らかに「全体受容」の応答にほかならない。これは、「ソライティーズ」を問題として捉えないということなので、グラフの三つの問いのどれにも当てはまらない。たとえば、ダメットが論文「ワングのパラドックス」の結論部で、私たちの言語には観察的述語が含まれていて、それが言語に不整合を感染させている（Dummett 1970, 268）、と述べているが、そうしたダメットの立場は「パラドックス受諾」と見なすことができるだろう。しかし、この立場に立つということは、「ソライティーズ」のもたらす矛盾を現実の中に実際に生じているものと捉える、ということに至らざるをえない。だとすれば、すべての曖昧な述語はすべてのものに適用されうるか、それともいかなるものにも適用されえないかの、いずれかの考え方を取るしかない。「パラドックス受諾」の立場は前者の選択肢、つまり、すべての曖昧な述語はすべてのものに適用される、という見方へと通じていくだろう。

ウイリアムソンは、曖昧な述語はいかなるものにも適用されえないという考えはフレーゲに見られるもので、「ニヒリズム」と呼ぶことができ、そしてこの立場は「知的自殺」であると論じている。

確かに彼のいうように、曖昧な述語はいかなるものにも適用できないという見解は、これまで示した区分からすれば、フレーゲが代表する「理想言語アプローチ」と結局同じに、つまりは、整合性を追求するあまり私たちの現実の知的あり方から目をそらす見解と同じに、なってしまうだろう。しかるに他方で、「ソライティーズ」は健全であって、その結論は奇妙だが正しく、よって曖昧な述語はすべてのものに当てはまりうる、という立場、すなわちここでの「パラドックス受諾」の立場、はどう評価すべきだろうか。ウイリアムソンはこうした立場を「単純な考え」(the simple thought)と呼び、「こうした考えの帰結は常識的な信念を目にあまるほど侵害することになる」と断じている(Williamson 1994, 165-166)。私が思うに、ここで注意すべきは、かりに「パラドックス受諾」の立場を採用したとしても、ウイリアムソンのいう常識的信念の侵害は「つねに」生じるわけではないという自明の事実、これであろう。「ソライティーズ」が健全な推論だとしても、私たちがいつでも境界線事例について考慮して、連鎖的な思考に陥っているわけではない。ならば、「ソライティーズ」のもたらす常識の侵害はいわば常識の縁に垣間見える常識のほころびであって、それが広がる可能性はあるけれども、つねに広がるわけではない、その意味で、ほとんどの人には無関係だけれどごく少数の人が感染しうる根絶不能の伝染病のようなものとして表象できるだろう。伝染病の火種は、根絶不能なので、いつでもくすぶっている、よってすべての健康人が健康を失う可能性はある、しかし事実としてそうした伝染病の罹患率は少ない。こうした比喩が「パラドックス受諾」の立場をうまく表現しているのではなかろうか。さらに、「ソライティーズ」が矛盾をもたらすという点についていえば、これをどう評価するかは明らかにそうした「矛盾」の内実に関わっている。すでに述べたように、すべてのものを論理的に演繹してしまうような矛盾だったら、それは確かに純粋なる不整合であり、カオスだろうが、「矛盾」とはそうしたものとしてしか捉えることはできないのだろうか。この辺りの吟味が、「パラドックス受諾」の立場を正当に評価する鍵である。

ハイドは以上五つの立場以外に、⑥「**文脈主義**」(Contextualism) に言及しているが、これについては後で触れる。

7　論理・認識・倫理への波及

私自身は、すでに触れたように、「ソライティィーズ」は現実に生じている実在的な事態であるという認識を議論の出発点としている。その意味で、「パラドックス受諾」の立場は私自身のスタンスに近いといえる。そして、前節で見たように、「パラドックス受諾」の立場に立った場合、「ソライティィーズ」がもたらす矛盾をどう解するか、という問いが立ち向かうべき核心的問いとなる。ただ、私の考えでは、そもそも言語的曖昧性と存在的曖昧性とが連続していると先に述べたように、「ソライティィーズ」のもたらす事態を存在的なもの、ある種の出来事、と捉えることが実態に即した道筋なのではないかと思うのである。この点は、グラフの挙げた「ソライティィーズ」に関する問いの三区分に対する私自身の態度決定に関わる。先に触れたように、グラフは「ソライティィーズ」に対して、「意味論的問い」、「認識論的問い」、「心理的問い」の三区分を提起した。クリアな整理だが、私見では、この整理の根底には、「ソライティィーズ」は何らかの錯覚・錯誤であり、それを解消するか、錯誤の由来を説明するかの、いずれかが求められる、という了解が隠れている。私は、しかし、この了解に対して違和感を表明しなければならない。「ソライティーズ」がもたらす矛盾は現にリアルに実在しているのであり、したがって求められるべきはむしろ、そうしたリアルな現象の解明だ、とするのが私の基本的スタンスだからである。それゆえ私は、「ソライティーズ」に対して、その解消の意味論的あるいは認識論的説明、錯誤が生じる心理的説明などではなく、実在的現象としての記述的解明がまずもって必要だと考える。それゆえ私は、グラフの三つの問題に加えて、あるいはそれに先立って、「因果的問い」(The Causal Question)を提起してみたい。すなわち、どのような原因によって「ソライティーズ」の矛盾は産み出されるのか、という問いである。しかも私は、こうした「因果的問い」に応じるには、矛盾や対立を生じさせる「程度」をはっきりと自覚化していかなければならないと考える。なぜなら、「ソライティーズ」の産み出す対立はつねに一様なわけではなく、たとえば、先の例でいえば、二六四ヘルツの音がC音そのものだとしたとき、二六五ヘルツの音をC音だとする見解での対立と、二六九ヘルツの音をC音だとする見解での対立とでは、おのずと対立の激しさも異なると考えられるからである。それらの間には、対立の程度の「段階的変化」が明らかに存在している。そうした段階的変化がリアルに存在していること、それが「ソライティーズ」の実在性の核心的特徴をなしているように私には思われる。よって、以下私は、そのような局面を把捉するべく、そうした課題に最も適していると考えられる「因果的問い」へと議論を形作っていきたい。もちろんこのような課題設定は、曖昧性の問題が主として「理由」の問題に関わることと背反しない。なぜなら、「原因」と「理由」は、「音」と「声」として、あるいは「響き」と「歌詞」として、いつでも同時であり、いつでも反転してゆくからである。

しかし、その前に、「ソライティーズ」が単に言語的なだけでなく存在的なものでもあり、よって実在的なインパクトを現実に有しているという、こうした点を強調することが哲学にどのような意義をもたらすかを検証しておいた方がよいだろう。そのことによって私の議論の方向性が補強され、その射程が浮かび上がってくると思われるからである。さしあたり三つのポイントを指摘したい。第一は、「論理」それ自体の経験化を促すということ、これである。このことは少なくとも二つの観点から確認できる。一つは、「ソライティーズ」を実在的なものと捉えて、しかもそれがもたらすものを「矛盾」と捉えるとするなら、それは実在する「矛盾」、その意味で真なる「矛盾」、よってすべての文を演繹してしまうものではない「矛盾」ということになり、グレアム・プリーストらが展開している「パラコンシステント・ロジック」(paraconsistent logic、「超整合論理」と訳せるだろう)などの議論と呼応しつつ、論理の先端的試みにリンクしていく、という点である。プリーストの簡潔な定義によれば、

p かつ~p から任意の結論に至る推論が妥当でない論理が、パラコンシステント(超整合的)と呼ばれる(Priest 2001, 151)。

これはどのような論理だろうか。プリースト自身が「超整合論理」が妥当するような事例に言及している。たとえば、ボーアの原子理論とマクスウェル方程式とでは、前者が電子が軌道を動くときエネルギーを放射しないとしているのに対して、後者は放射するとしていて、明らかに矛盾している。け

れども、このことから原子に関してすべての任意のことが推論されてしまうわけではない。この事態はまさしく、不整合ではなく、超整合なのである（Priest & Tanaka 2004, 1-2）。あるいは彼は、矛盾が問題を引き起こさない健全なものとして現れる場面として、「道徳的あるいは法的葛藤」などにも言及していた（Priest 1986, 100）。プリースト自身がどう考えるか定かでないが、こうした道筋は、私の理解では、論理の経験化を志向しているものにほかならないと思う。そして、「ソライティーズ」のもたらす「矛盾」はまさしくこうした論脈にぴたりと収まると思われる。換言するなら、「ソライティーズ」のもたらす矛盾は、不整合性なのではなく、超整合性なのだ、とする見方がここで浮上するということである。もっとも、厳密にいうならば、矛盾からすべてを演繹することを妥当としないという「超整合性」と、矛盾が健全な仕方で真なるものとして導かれるということとは、同じではない。後者は「ダイアレティズム」(Dialetheism.「双真理説」と訳せるだろう）と呼ばれる考え方で、一般に「真なる矛盾」を認める立場だとされる。[7] 実際、ビオールによれば、超整合論理には三種あって、それは、真なる矛盾の可能性を認めず単に数学的ツールとして超整合性を用いる「弱い超整合論理」、真なる矛盾の可能性は認めるが実際にそれが存在することは認めない「強い超整合論理」、真なる矛盾の実在的存在を認める「双真理的超整合論理」の三つであるとされ、「超整合論理」と「双真理」の概念的区別が明確になされている（Beall 2004, 6）。いずれにせよ、「ソライティーズ」を実在の事態と捉えることは、こうした考察を強力に促していくと思われるのである。もう一つの、「ソライティーズ」が論理の経験化に関わりゆく局面は、序章でも少し触れた、ドロシー・エジントンが提起してきた「不確実性の論理」（the logic of uncertainty）である。これはすなわち、前提が確実に真ではない場合の演繹論理のあり方を扱うものであり、エジントンはこれに関して、ラムジーやアダムズ以来の条件文の確率的理解を援用して、確率計算の体系を当てはめることを提案している。そしてその考えを「ソライティーズ」にも当てはめようとしているのである。この道筋は明らかに、経験的な意義を持つ「確率」概念を適用して「ソライティーズ」に向かい、それを一つのテコにして論理全体を確率化していこうという試みであると考えられる。これについては後に論じる。

「ソライティーズ」の実在的影響を強調することが哲学にもたらす意義について、第二のポイントを指摘しよう。それは、いわゆる「自然主義的認識論」に対して核心的困難を突きつけ、人工知能論を真に取り込んだ議論の深化を促すという、この点である。もちろん、この点は「自然主義」をどう理解するかに依存する。しかし、ここでは、認識は自然現象であり、それゆえ認識論は経験科学の一部である、とするクワイン以来の一般的な規定によって押さえておく(8) (See Quine 1969, 82)。つまり、人間の知識を、あるいはおそらく意識現象一般を、脳科学やそれに基づいた心理学によって解明していく、というより解明すべきである、とする立場である。しかるに、人間の知識にはほぼ普遍的に曖昧性が浸潤している。のみならず、「知る」という事態それ自体も曖昧性の中に取り込まれている。してみれば、「ソライティーズ」も知識全般に実際に生起しうる。とすると、どういうことが起こるか。ティム・ウイリアムソンがこの点について簡潔な議論を提示している。彼は「寒いと感じている」と知る」という二重に曖昧な述語を例として使用しながら、自然科学的に知識を解明するということは「寒いと感じていると知る」ことを測るための生理学的測定技術を導入するということにほかならないが、たとえそうした測定技術がどれほど精確でも、もともとの曖昧性が消滅することはなく、いつ「寒いと感じていると知っている」かについては答えることはできない、と論じている（Williamson 2000, 109-110）。ウィリアムソン自身は言及していないが、厳密には、測定技術による観察そのものも、結局は何らかの観察動詞を用いた文によって表現されるしかないものである限り、曖昧性を免れるものではなく、実際は精確にはなりえないはずだろう。いずれにせよ、彼の述べたい要点は、知識は、曖昧性を本質的に含むゆえに、知識を脳の自然現象と精確かつ鮮明に対応づけすることはできない、よって、知識を自然化するというアイディアを楽観的に奉じることはできない、ということである。のみならず、「ソライティーズ」の発生を考慮するなら、単に対応づけができないだけでなく、自然主義的認識論は「矛盾」にさえ巻き込まれてしまう。かくして、こうした問題を真摯に受け止め、不確実性について真剣に考慮してきた人工知能の哲学の成果を入れながら（E. g. see Pearl 1988 and Kruse, Schwecke & Heinsohn 1991）、新しい認識論は模索されねばならないということ、こうした含みが引き出されてくる。これも「ソライティーズ」を実在的事態と捉えるというスタンスの延長上に広がる、実りが期待できるパースペクティブである。

さらに、「ソライティーズ」の実在性を強調することの哲学的意義の、第三のポイントを記してみよう。それは、まさしく文字通りリアルな問題、すなわち切迫した応用倫理的な問題に、曖昧性と「ソライティーズ」が関与してくるという事態の確認である。実際、曖昧性を論じる哲学者たちはときどき「人工妊娠中絶」の問題に言及する。(9) どういう意味で言及しているのかというと、「人格」という述語にはその集合を確定する方策はなく、いつから人間は「人格」になるのかについて曖昧なので、中絶が人格に対する殺人になるかどうかという問題は「ソライティーズ」に巻き込まれざるをえないということである。この場合興味深いことは、中絶に反対する保守主義者は、すでに成長した紛れのない「人格」を基点にして少しずつ年齢を若くするという仕方で「ソライティーズ」を適用し、受精したばかりの胚も「人格」であるという議論をむしろ積極的に利用しているという点である。このとき、受精したばかりの胚は到底「人格」とはいえない、という認識からはじまって「ソライティーズ」を適用して、すでに生まれている子どもも「人格」ではない、とする反対方向の「ソライティーズ」の適用は、帰結が受け入れられるはずがない、ということで最初から除外されてしまう[10]。これに対して、こうした「ソライティーズ」の適用は、たとえ連続した状態では「寛容」に同一視されるとしても、そのことが胚と子どもというはじとはじとの同一視を正当化する根拠になどまったくならない、と論じるトゥーリーのような論者もいる（Tooley 1983, 169-170）。つまりトゥーリーは、保守主義者の議論はまさに「ソライティーズ」に陥るので受け入れられない、としているわけである。実際、保守主義者のように「ソライティーズ」を積極活用するのだとしたら、例の「矛盾」に直面し、それへの理論的対応が求められるはずだが、保守主義者たちはそうした局面をいわば恣意的にあるいは論点先取的に排除しているのだから、彼らの「ソライティーズ」活用への批判が生じるのはある意味で当然だろう。

「人工妊娠中絶」の問題以外に、「死刑存廃論」にも曖昧性は関わる。「死刑存廃論」のトピックの一つとして、死刑は残虐な刑罰かどうか、という係争点があることはよく知られている。しかし、「残虐である」のとそうでないのとの鮮明な境界線はおそらくない。日本の場合、日本国憲法第三六条において「残虐な刑罰」が禁止されているが、絞首刑による死刑制度が存在する。これまで、多くの人々が絞首刑による「死刑」は残虐な刑罰だとして、死刑廃止を訴えてきた。実際、大塚公子が伝えるところによると、絞首台の踏み板が落とされてから「心臓停止までの平均時間は十四分半あまりである。この十四分半あまりが、死刑執行に要した時間ということである」（大塚 1993, 68）。これはいかにも残虐な刑のように思われる。しかし、「裁判所は、吊るされた瞬間に死刑囚は意識を失い、苦しみはほとんど知ることはない、したがって絞首刑は憲法にいうところの残虐な刑罰にはあたらないと主張する」（大塚 1993, 66）。確かにそうかもしれない。けれど、吊るした「瞬間」といっても、厳密にはいくらかの意識の残存時間があるだろう。どのくらいの残存時間までならば「残虐」とはいえないのだろうか。十四分半も苦しむのは「残虐である」という述語の「超真理」の領域に入るだろう。では、一〇秒はどうか。ここに、生々しい形で「ソライティーズ」が生じていることは明白である。このほか、原子力発電所建設が「安全」かどうかという、しばしば住民と政府の間で問題となる係争点も「ソライティーズ」のリアリティの実例になるだろう。原子力発電所が論理必然的に「安全」だと述べる人は誰もいない。車や飛行機と同様、あるいはそうした交通機関にもまして、原発には最初から一定の事故可能性があることが見込まれている。では、どの程度のレベルまでの、どの程度の頻度までの事故ならば「安全」の範囲なのか。大抵の場合、住民はほぼ完全に近い「安全」を基準として考えて、それ以外の状態は危険だとして危険性の側から原発の評価まで連鎖的に推論してくる。しかし行政側は、ある程度寛容な基準で「安全」を捉えて、原発の安全性まで推論の連鎖を形成してゆく。ここには明らかに「安全」という用語の曖昧性から「ソライティーズ」が現実に発生しているといえるだろう。いずれにせよ、こうした倫理的な論争をさらに深めるときに、「ソライティーズ」が実在の事態であるという認識が議論状況にスムーズに親和してゆき、議論深化の一つの手掛りとなっていくことは間違いないし、逆にそうした認識はこの議論状況によって補強されもするだろう。

8　文脈主義の洞察

さて、前節の冒頭で示した「因果的問い」に戻ろう。私は、「ソライティーズ」はリアルに生じている出来事としての対立・矛盾なので、解消や錯誤の説明ではなく、出来事に対する記述的解明を因果性によって行う道筋が必要だと述べた。加えて、そうした対立には「段階的変化」がはっきりと認められるので、そうした変化を表現できる解明が求められるとも論じた。実際、「ソライティーズ」の倫理的関与においてその点は一層顕在化するだろう。たとえば、受精後一秒後の受精卵を「人格」とするという見解での対立と、生後一分後の嬰児を「人格」とする見解での対立とでは、おのずと対立の激しさも異なると考えられる。それらの間には、対立の程度の「段階的変化」がかなり明白に認められるのである。それでは、こうした道筋に沿って、「ソライティーズ」に対する「因果的問い」をその「段階的変化」を射程に入れながら論じるにはどうしたらよいだろうか。私が見るところ、先に検討を保留しておいた二つの立場が「段階的変化」を射程に入れつつ「因果的問い」に向かう道標としての役割を果たしてくれるように思われる。「文脈主義」と、エジントンの「程度理論」である。最初に「文脈主義」について見てみよう。これはハンス・カンプによって先鞭を付けられた立場で、要するに「曖昧な述語の典型的な特徴は、いかなる対象についてそれが真となるかが使用される文脈に依存している点である」(Kamp 1981, 242) とする考え方である。カンプ自身はこうした考え方をファインの重評価論と連結しようと試みたが、その後グラフのいうところの「意味論的問い」から意識的に離脱した見方が提出されてくる。「言語自体は曖昧性を免れているのだが、ある集団の言語的コンヴェンションあるいはある個人の言語的慣習が、精確な言語空間の中に点ではなくファジーな領域を選択している」(Lewis 1970, 64) というデイヴィッド・ルイスの発想に触発されて、バーンズが曖昧性についてのプラグマティックなアプローチを提起した。彼女は、「ソライティーズ」に現れる各々の隣接する対象はプラグマティックには多様な観点から比較されうるということ、つまり、身長一六七センチの人と身長一六六・九センチの人は身長だけで比較すると識別不能だが、その他の観点からの比較、たとえば体の細さや身長一八〇センチの人との比較など複合的な比較が実際になされているということ、それに注目し、「寛容」の原理は必ずしも成立せず、どこかで境界線が実際に引かれている、と論じたのである (Burns 1991, 124-138)。これは「前提拒否」のタイプの応答の一つとなろう。

こうした道行きは、判断主体が実際にどう判断しているかというプラグマティックなあり方に照準を定めていくという点で、おのずとグラフの分類でいう「心理的問い」を促す。この点をきわめて明確に提示して、今日の文脈主義の議論を導いたのがラフマンである。一般に文脈主義と呼ばれる議論は、「強制行進ソライティーズ・パラドックス」(the forced-march Sorites Paradox) とホーガンが名付けた問題設定のもとで展開される (Horgan 1994, 159-188)。「強制行進ソライティーズ」とは、問題となっている曖昧な述語に関してわずかの違いしかない対象を順に次々と観察させられていく、という状況のなかで発生する「ソライティーズ」のことである。ラフマンもこうした形の「ソライティーズ」を念頭に置きながら、次の二つの論点を提示することによってパラドックスの解決を試みた。（1）曖昧な述語が当てはめられている対象については、「単独に」（singly）判断する場合と「対に」（pairwise）して判断している場合とを区別するべきであり、「ソライティーズ」はそれを混同しているゆえに発生する。「条件法ソライティーズ」の定式化に沿っていうと、最初の前提と結論とは「単独に」判断されているのに対して、その間の条件文は「対に」判断されているのであり、よって厳密には推論として成立していない。（2）さらに、かりに「対に」判断している場合に限ったとしても、境界線事例のどこかで判断が逆転するカテゴリー・シフト――「ゲシュタルト変換」（Gestalt switch）――が主体の意図に関わりなく自然に生じてしまう（Raffman 1994, 44-58）。そして「カテゴリー・シフトはつねに新しいカテゴリーの文脈を導入する」（ibid. 68）といわれる。これに対してグラフはさらに一歩を進める。グラフは、カテゴリーの文脈ではなく、「強制行進ソライティーズ」に面している判断主体の「関心」（interest）に眼を向け、たとえば「背が高い」についての「強制行進ソライティーズ」に沿って、「ある違いが有意な違いであるかどうかは、対象の大きさだけでなく、私たちの関心が何であるかにも依存する」（Graff 2000, 65）と論じる。たとえを挙げるなら、身長の意義は、上背とその人のファッションとのつりあいを判断しようとしているのか、棚の上のものを取ってもらうことの適性を見極めようとしているのか、といった関心に相対的であるというのである。このことはおのずと、そのように境界線を評価しようとする行為それ自体が評価・判断に影響を与えているという事実を浮かび上がらせる。つまり、この辺りに境界線があるだろうという関心で眺めていくと、そのことによって境界線が別のところに移ってしまい、結局は境界線が見つけられない事態が生じる（ibid. 59）。こうして、「そうした境界線に焦点を合わせようと試みることが境界線自体がどこかでシフトするという事態を引き起こす（cause）」（ibid. 75-76）という理解に至り着く。ここまでくると、文脈主義の立場が結局は「因果的問い」に向かっていくことは明白となろう。

こうした流れはシャピーロによってさらに先鋭化されている。シャピーロは、ラフマンの議論を大筋で受入ながら、ラフマンのような心理的な観点からではなく、会話的な（conversational）観点から、曖昧な述語の「意味」ではなく「適用」あるいは「外延」を問題にすべきだ、とする。彼は「文脈」というより「会話的スコア」（conversational score）という概念、すなわち、会話のなかで維持されているさまざまな前提や暗黙的な背景了解を示す語用論的概念、を用いて議論を展開する。「強制行進ソライティーズ」は実際には成立せず、その途中で、ラフマンが「ゲシュタルト変換」と呼んだようなジャンプが生じるのであり、そのとき会話的スコアも変化するのだ、と述べるのである（Shapiro 2003, 49-54）。しかしでは、こうしたジャンプはどのように生じるのか。シャピーロはいう、「そうしたジャンプが生じるとき、何かがそれを引き起こしている（cause）」、しかしその原因は特定できない、特定できたならその述語は曖昧ではないのだ、と（ibid. 68）。「因果的問い」を主題化したい私にとってはもどかしい論の運びである。ともあれ、シャピーロの議論が提示する重大なポイントは、「曖昧な述語が関わるところでは、論理や意味論は語用論と親密に絡み合う」（ibid.）ということ、これであることは押さえておいてよい。私たちの言語的表現のほとんどは曖昧な述語に充ち満ちていることを考えるとき（すでに述べたように、「知る」という動詞も曖昧であり、よって言語的表現をその意味を「知る」というエピステミックな場面で捉える限り、曖昧性はすべての表現に浸潤していく）、このシャピーロの提言は重い。

こうした文脈主義の潮流に与するソームズは、「ソライティーズ」の推論に現れるであろう矛盾が実は矛盾ではなく、異なる基準が生成消滅していくことを示しているのだとして、そうした形の議論を（つまりパラドックスではなく整合的な推論となる議論を）「ソライティーズのダイナミック・ヴァージョン」（Dynamic Version of Sorites）と呼んだ。こうした押さえ方にも、ダイナミズムの動因・原因は何か、と問う「因果的問い」への方向性が潜在している。もちろん確かに、文脈主義への反論はすでに多く提出されている。「文脈」という概念それ自体が曖昧であるという基本的な問題がまずある。また、当のソームズ自身が、論争の過程で「曖昧な述語が文脈感応的であると述べることは、それらがインデクシカルである〈それぞれの文脈を指標する〉と述べることである」（Soames 2002, 445）として、意味論的な用語を用いたことも混乱を助長した。スタンリーがその後論じたように、文脈主義を意味論的なやり方でのみ捉え返すと、「a_1がFなら、a_2もそうだし、a_3もそうだし、a_4もそうだし、等々」といった形式で「ソライティーズ」を表現した場合、ジャンプやシフトが生じるはずの過程中でも、「そうだし」という表現の意味論的構造からして、いかなるシフトも生じていない、といった反例にさらされてしまうのである（Stanley 2003, 269-276）。あるいは、「文脈」ではなく「関心」を強調するグラフ的なアプローチに対しても、判断をする個人に相対的になってしまい、数の大小の曖昧性に関して生じる「ワングのパラドックス」のような「関心」とは独立に発生する「ソライティーズ」に対応できない、といった批判がやはりスタンリーによって投げかけられた（Stanley 2003, 278-279）。これ以外にも、たとえばソレンセンは「文脈主義」に関して次のようにシンプルかつ根本的な疑問を提示している。いわく、それは「話者の意味と言明の意味とを混同している」、と（Sorensen 2001, 32）。彼は、私たちの記憶や注意を越えた、連鎖的議論の無限のクラスは、「文脈主義」では解明不能な「ソライティーズ」の例になると述べている（Sorensen 2001, 33）。ただ、もし「文脈主義」の着想が、シャピーロが示唆したように、「ソライティーズ」のポイントは意味論的な視点や認識論的な視点がプラグマティックな観点と本質的に融合してしまうところにあるというものであるなら、このソレンセンの批判は的を逸していることになる。話者と言明の混同だ、とそっけなく片付けることはできないはずである。実際私の理解でも、おそらく、「文脈主義」は、それこそ「ソライティーズ」に関する哲学的議論それ自体の「文脈的シフト」を静かに促しているのではないかと思われるのである。しかし、そうはいっても、私自身の観点からしても、文脈主義は十全な立場とはいいきれない。どういうことか。

9　エジントンの程度理論

それは、文脈主義が「ソライティーズ」に現れるダイナミックな変化を「ジャンプ」、「シフト」、「ゲシュタルト変換」などとして抜き出したにもかかわらず、そうした急激な変化に近づくときの緊張が徐々に高まっていく「段階的変化」を必ずしも主題化していないということ、さらにはそうした変化の「原因」という問題に触れながらも、立ち入って論じていないこと、この二点に不満を感じるからである。おそらくこれらの不満は、私が「ソライティーズ」を存在的なリアルな事態と捉えようとしているのに対して、「文脈主義」は「ソライティーズ」を必ずしも存在的な事態と捉えることを含意してはいないという事情に起因するのだろう。いずれにせよ、こうした不満を少しでも解消するため、次にエジントンの提起する程度理論を一瞥してみたい。というのも、エジントンの議論は少なくとも文脈主義に対する私の第一の不満に応答してくれるように思われるからである。

エジントンの議論は「ソライティーズ」解決のための「程度理論」（degree theory）の一種と見なせるが、一般に程度理論として知られる立場とかなり異なっている。6節で見たように、一般的な程度理論は「多値論理」や「ファジー論理」に訴える考え方だが、それらは原則的に真理関数的な見地に立って展開される。これに対して、同じく程度理論を支持しながらも、それを展開するには真理関数的なアプローチは不適切であるとしたのがエジントンである。彼女は、ラムジー以来の「信念の程度」（degree of belief）に対応するエピステミックな不確実性の度合いを、つまり主観的確率を、ルイスの言い方を借りて、「信憑度」（credence）と呼び、また程度理論によって「真理の程度」（degree of truth）として扱われてきた曖昧な不確実性の度合いを「真実度」（verity）と呼んで、両者の構造上のアナロジーを提起する。そして、信憑度に関して、それをめぐる妥当性の定義を、やはりラムジーの伝統に沿って、そしてアダムズの考え方を援用して、次のように確率を用いて与える。

結論の反対確率（improbability）が諸前提の反対確率の合計を越えない。

（p(～A)＝1－p(A)を反対確率と呼ぶ）

（Edgington 1996, 300.）

その上で、それにアナロジカルな仕方で、真実度に関する推論の妥当性の定義を次のように提案する。

結論の反対真実度（unverity）が諸前提の反対真実度の合計を越えられない。

（Edgington 1996, 302.）

換言するならば、妥当な推論では、おのおのの前提の反対真実度が結論へと移送されるということである。ともあれ、こうしたアナロジーを促しているのは、エジントンの基本的把握、すなわち、真実度は真理関数的（厳密にいえばそれを真実度に適用するときには程度関数的 degree-functional つまりは多値論理的）にではなく、確率理論に対応した仕方で理解したほうが適切である、という把握である。[11]

一般的な多値論理の考え方に従えば、真実度（v）を問題とするときの選言、連言、条件文、は次のように規定される。

（∨）　$v(A \lor B) = \mathrm{Max}[v(A), v(B)]$

（&）　$v(A \,\&\, B) = \mathrm{Min}[v(A), v(B)]$

（⊃）　$v(A \supset B) = 1$ if $v(A) \leq v(B)$, $1 - [v(A) - v(B)]$ otherwise

（Edgington 1996, 304.）

しかし、エジントンによれば、こうした真理関数的規定はあまりに不都合な帰結をもたらす。曖昧な述語「小さい」（S）と「赤い」（R）を考えてみよう。四つのボールa、b、c、dについて、次のような事態が事前に成り立っていると想定する。

$$v(Ra)=0.5, v(Sa)=0.5$$
$$v(Rb)=0.5, v(Sb)=0$$
$$v(Rc)=0.4$$
$$v(Rd)=0.5$$

（1）（∨）に従えば、$v(Ra \vee Sa)=v(Rb \vee Sb)$となるが、しかし「赤いまたは小さい」ボールを持ってきてくれ、といわれたときbよりもaのほうがより適切であることは間違いない。（2）また、（&）に従えば、$v(Rc \,\&\, Rd)=0.4$となろう。しかるに、$v({\sim}Rd)=0.5$なので、やはり$v(Rc \,\&\, {\sim}Rd)=0.4$となるだろう。しかし、dのほうがcよりも赤いのだから、「cが赤であり、かつdが赤でない」という真実度はゼロであるというべきではないか。（3）さらに、（⊃）に従えば、$v(Rc \supset Rd)=1$となるが、$v(Rc \supset {\sim}Rd)=1$ともなってしまう。しかし、dはcよりも赤いのに、「もしcが赤いならばdは赤くない」が真になるというのは正気の沙汰ではない。こうして、真理関数的な考え方では真実度は捉えきれないことが導かれる（Edgington 1996, 304-5)。

　こうした問題に対して、エジントンは確率理論の形式を適用することを提案する。すなわち、次のように定式化を与えるのである。

$$v(\mathrm{A}\ \&\ \mathrm{B}) = v(\mathrm{A}) \times v(\mathrm{B\ given\ A})$$

$$v(\mathrm{A} \vee \mathrm{B}) = v(\mathrm{A}) + v(\mathrm{B}) - v(\mathrm{A}\ \&\ \mathrm{B})$$

こうすれば、先の例に適用すると、それぞれ次のようになり、問題は解消する。

(1)　$\{v(\mathrm{Ra} \vee \mathrm{Sa}) = 0.5 + 0.5 - 0.25\} > \{v(\mathrm{Rb} \vee \mathrm{Sb}) = 0.5 + 0 - 0\}$

(2)　$\{v(\mathrm{Rc}\ \&\ \mathrm{Rd}) = v(\mathrm{Rc}) \times 1\} > \{v(\mathrm{Rc}\ \&\ {\sim}\mathrm{Rd}) = v(\mathrm{Rc}) \times 0\}$

(3)　$v(\mathrm{Rc} \supset {\sim}\mathrm{Rd}) = v({\sim}\mathrm{Rd\ given\ Rc}) = \dfrac{v(\mathrm{Rc}\ \&\ {\sim}\mathrm{Rd})}{v(\mathrm{Rc})} = 0$

(Edgington 1996, pp. 305-6.)

こうした考え方を導入したエジントンは、「ソライティーズ」を、最初の前提は真であり、それ以後の諸前提において少しずつ反対真実度が積み重なり、そして結論は偽となる、つまり反対真実度が極大となる、という形式の推論であると捉え、そうした推論は妥当性の定義からして妥当であるとする。しかるに、諸前提を、$(\forall x)(\mathrm{Fx} \supset \mathrm{Fx'})$ のような全称量化した一文で、つまり、$\sim(\exists x)(\mathrm{Fx}\ \&\ {\sim}\mathrm{Fx'})$ と表した場合、真実度が決して1にはなりえないので、偽といわなければならない。よって、

「ソライティーズ」は前提に誤りのある推論として斥けられるのである（Edgington 1996, 311）。すなわち、「前提拒否」のタイプの応答である。おそらく、文脈主義のいう「ジャンプ」は、modus ponens を適用していってそのつど導き出される個別対象の確率が 0.5 を下まわったときに発生する、と考えてよいだろう。

このようにエジントンは「ソライティーズ」を程度理論によって解決しようとしたが、それは多値論理やファジー論理ではなく、確率とのアナロジーによるものであった。そしてそれは、私が文脈主義に対して申し立てた不満の一つ、すなわち、緊張が徐々に高まっていくという「段階的変化」をどう主題化していくか、という問題に対して「確率」という形で応答するものであり、文脈主義の抜け落ちた点を埋め合わせる役割を果たすものでもある。もちろん、ファジー論理を利用した一般的な程度理論も「段階的変化」の問題に触れているのだが、にもかかわらずあえてエジントンの議論に焦点を当てたのには二つの理由がある。一つは、一般的な程度理論に対するエジントンの批判が的を射たものであると思われたという点である。文脈主義の検討中にも確認したことだが、「ソライティーズ」への対応、ひいては曖昧な述語を含む私たちの言語表現一般を理解するときの態度として、意味論的なアプローチだけでは明らかに不十分なのだが、一般的な程度理論はややもすると真理関数的な手法にのみ依拠するという陥穽に嵌りかねないのである。もう一つの理由は、本書の目指す「なぜならば」文をめぐる「不確実性の認識論」を展開する基軸として、私は序章において「確率」と「曖昧性」という二つの不確実性に焦点を合わせると述べたが、エジントンの議論はまさしくその二つの位相の不確実性を結びつけようとしたものであり、本書の議論の帰趨を見定める最良の試金石になりうると考えられるという点である。

しかし、では、文脈主義に対する私の第二の不満、すなわち、「因果的問い」を十分に扱っていない、という点はどうだろうか。エジントンは確かに確率としての「信憑度」と曖昧性の「真実度」のアナロジーを強力に打ち出したが、だからといって彼女が信憑度と真実度を同一視したわけではない。エジントンは、両者に構造上の類比を認めつつも、信憑度は意思決定などの場面で私たちの行為を導くが、真実度そして曖昧性はそうした役割は果たさない、として両者の相違を保持しようとするのである（Edgington 1996, 312）。信憑度や意思決定という領域を探っていくときに因果性が本質的に関わってくることは容易に予想できるが（そして後述するように実際関わってくるのだが）、曖昧性の問題はそれとは性質上別だ、というのがエジントンの見解なのである。これは「因果的問い」をむしろ封印しようとする議論の方向性である。さらにおそらく、エジントンの議論は、グラフのいう三つの問いのいずれにも分類できない問いに向かっているというべきだろう。真理関数的アプローチを拒否する点で「意味論的問い」には対応していないし、あくまでも「真実度」を「信念の度合い」としての「信憑度」と区別する点で「認識論的問い」とも異なるし、ましてラフマン風の「心理的問い」に対する応答とはまったく異質だからである。いずれにせよ、私のいう「因果的問い」に関していえば、文脈主義の方がエジントン説よりも「因果的問い」に親和的である。というのも、文脈主義はとりあえず明らかに「ソライティーズ」の問題に因果性を取り込む態勢を取っていたからである。そもそもエジントンは、確率ということで最初から何の疑いもなく信憑度だけを取り上げて、他の確率解釈の適用の可能性を考慮していない。確率とのアナロジーをてこにした議論を提示するつもりならば、

	意味論的問い	認識論的問い	心理的問い	因果的問い	いずれでもない
全体拒否					理想言語アプローチ
前提拒否	重評価論 程度理論	認識説	文脈主義		エジントン説
形式拒否	程度理論				
全体受容				○	パラドックス受諾

どういう意味での確率なのか、という点にはもっとセンシティヴでなければならないだろう。そのように確率解釈の問題を追求していけば、「因果的問い」の道が開けてくるはずである。いずれにせよ、文脈主義とエジントン説とは、「因果的問い」を立ち上げるヒントを与えてはくれるが、真にそれを立ち上げるには、二つの考え方が示唆する論点を結びつけつつ、別の考え方を探る必要があること、これが浮かび上がってきた。

ともあれ、以上の検討で、「ソライティーズ」に関して提起されてきたいくつかの考え方の位置関係が明確になったと思う。私自身の考え方を最後に展開する前に、あるいはそれを展開するためにも、それを上のように表にして整理しておこう。以下に展開する私自身の考え方は○の部分に位置することになろう。

10　ソライティーズの因果説

ところで、いま検討したエジントンの議論は、「ソライティーズ」の前提に現れる条件文の扱い方に関して、疑いなく、ラムジー、アダムズ、ストルネイカーらによって展開されてきた、条件文（conditionals）を主観的に解釈された条件つき確率（conditional probability）に置き換えて解明するという路線を受け継いでいる。それはいわゆる「ラムジー・テスト」(Ramsey 1990, 155 note 1. 条件文の前提を受け入れたとき、後件をどのくらい信じることができるか、によって条件文の意義を計れというテストのこと)に端を発して、「ストルネイカーの仮説」に至る一連の議論によって提示されてきた。ストルネイカーは、実質含意として使われる「⊃」に対して、「ラムジー・テスト」にかけられるときの条件的結合子(conditional connective)を「>」と表した上で、次のように仮説を提示する。

$$\Pr(A>B)=\Pr(B, A)$$

(より一般的な表示では、$P(A>B)=P(B|A)$となる)

(Stalnaker 1970, 120.)

つまり、「AならばB」という条件文の評価はそれがどの程度の度合いで真理であるといえるのかという真理度によって計られるべきであり、それは主観的な信念の度合いとして解釈された「Aという条件のもとでBが成り立つ確率」という条件つき確率によって算定せよ、という考え方である。こうしたテストは、明らかに、主観的信念の改訂の指針を示すことに結びついており、その意味でいわゆる「ベイズ的条件づけ」(Bayesian conditionalisation)とおのずと親和していく。「ベイズ的条件づけ」については第四章で論じたい。この「ストルネイカーの仮説」が提起される動機は、すでにエジントンの議論に沿って確認したように、実質含意による条件文の理解が「ならば」という表現を介した推論を適切に汲み取りえていない、という点にあった。けれども、一九七〇年代の分析哲学の最大の事件といってもよいが、「ストルネイカーの仮説」に対してデイヴィッド・ルイスが「トリヴィアリティ結果」(triviality result)と呼ばれる強力な反論を提出し、「ストルネイカーの仮説」はそのままの形では維持できないことが分かってきた。すなわち、いかなる命題相互に関しても、それらは確率的に独立ということになってしまうか(第一トリヴィアリティ結果)、あるいはその結果を避けるような確率関数を案出してもそうした関数は高々四値しかもてないということになってしまうのである(第二トリヴィアリティ結果[12])(Lewis 1976, 131-134)。であるなら、エジントンの程度理論もそもそも理論的に可能ではなく、最初から廃棄されなければならないのだろうか。ルイスの「トリヴィアリティ結果」を承けて、その後多様な反応が生まれたが、実はエジントン、そしてその源流をなすアダムズの議論は、すでにして対ルイスの方策を包含していた。つまり、アダムズやエジントンの見立てでは、「ラムジー・テスト」や「ストルネイカーの仮説」はあくまでも「真理の度合い」つまり「真理度」という形で確率を解して条件文を真理関数的に捉えているが、そうした基本方針こそが「トリヴィアリティ結果」に直面してしまう要因なのである。アダムズは条件命題ではなくむしろ条件的主張(assertion)が条件文のステイタスとしてふさわしいと考えていたのであり(Adams 1975, 98 et al)、エジントンの真実度も、信憑度と区別されている限り、そうしたアダムズの路線に沿っているると思われる。信憑度は「信念の度合い」であり、それは対象となる文が真で**ある**とどのくらい信じられるかという度合いにほかならず、真理関数的な考え方を潜在的に志向していると考えられる。すると、信憑度を曖昧性の真実度と同一視した上で程度理論を展開すると、実質的に「ストルネイカーの仮説」にのっとることになってしまい、「トリヴィアリティ結果」に晒されることになる。その限りではエジントンによる信憑度と真実度との峻別も一定の理由があったわけである。

私自身も、「ソライティーズ」にリアルに現れる「段階的変化」を扱う道具立てとして「確率」を用いることに見込みを感じており、その限りエジントン流のアプローチに親近性を感じている。ただ、エジントンのように確率を信憑度というラムジー流の主観的な「信念の度合い」と捉えている限り、「ソライティーズ」に単なるアナロジーではなく直接的かつリアリスティックな仕方で確率概念を適用することは、「トリヴィアリティ結果」の刃が待ちかまえている以上、実行しにくい。しかし、このままでは、文脈主義がわずかに開きかけた「因果的問い」の道は閉ざされてしまう。どうすればよいか。ここで是非とも想起すべきは、「ソライティーズ」は現実に生じているリアルなパラドックスである、というすでに触れた論点である。「ソライティーズ」は解決・解消すべきなのではなく、その生成次第を解明すべき、実在する「出来事」なのである。そうであるならば、その段階的変化を表すための「確率」を、いっそ思い切って、信念の度合いとしての信憑度ではなく、もっとリアリスティックなものと考えてみたらどうだろうか。このことは文脈主義の限界もついでに突き破ることになるだろう。なぜなら、文脈主義も、心理的あるいは会話的という形の、ある種の主観相対性・個人相対性にのっとった議論だからである。

こうした着想に沿って、私は、「ソライティーズ」のそれぞれの条件文の形の前提での、前件を原因、後件を結果とする、「確率的因果」(probabilistic causality) と捉えて、パラドックスを理解するという、いってみるなら「**ソライティーズの因果説**」(the causal theory of sorites) を提起したい。これが「因果的問い」にストレートに応じている議論であることは明らかだろう。こうした「ソライティーズの因果説」は決して奇抜なものではなく、先に強調的に検討してきた二つの立場、すなわち「文脈主義」とエジントン説の、ハイブリッドというべきものである。というのも、因果性を曖昧性の問題に持ち込むことは「文脈主義」がおそらくそれとは気づかずにすでに示唆していたことだし、確率概念を導入することはエジントン説を踏襲しているからである。のみならず、確率的因果の関係を読み込んで「ソライティーズ」に向かうということは、「ソライティーズ」のもたらす「矛盾」を引き受けながら、その事態をできるだけ理解可能なものにしようという姿勢を取ろうということであり、その点で「パラドックス受諾」の立場の一つの展開形であるということもできるであろう。「確率」は、もとからして、ある主張とその否定との両方にそれなりの可能性を許容するという文法であり、ある事態が結果として生じることと生じないことという、いわば「矛盾」をとりあえず合理性の中に取り込む概念装置だからである。さらにいえば、「ソライティーズ」に因果的理解をほどこすという発想は、「ソライティーズ」を実在的なものと解して、その「矛盾」とされる問題性を現実の事態として捉えるという視点に発しており、その限り、曖昧な述語にも実在的な事態としては鮮明な境界がある、という仕方でこの問題に向かう「認識説」とも調和していると考えうる。

しかし、こうした「因果説」を展開するためには、一体何が「原因」や「結果」の項となるのか、という「因果の関係項」の問題を決着させておかなければならない。私は前段で、条件文の前件を原因、後件を結果と捉える、と述べたが、これではラフすぎる。これを洗練化するには、いくつかの可能性があるだろう。一つは、条件文の構成要素となっている「文」あるいは「命題」そのものを因果関係項と考えるというものである。しかしながら、これはホワイトヘッド形而上学に結びつくような立場であり、私はいまこの道を探る用意はない。次に考えられるのは、条件文の構成要素の「文」に対応する「信念」(belief) を関係項と捉えて、その因果関係を論じる、というものであろう。この場合、「信念」を文的な主張内容として捉えるのと、心的な事象として捉えるのと、二つのやり方があり、前者は内包的な「事実」を、後者は外延的な「出来事」を因果関係項と見なすことにほかならず、その意味で因果関係項をめぐる古典的な論争場面とリンクさせることができるかもしれない (E.g. see Mackie 1974, 248-269)。けれども、「信念」を基盤とするこの立場は決して十全な解明には至らないだろう。そもそも、前件や後件に対応する「信念の度合い」の間の因果性を問題にしたのでは、再び「トリヴィアリティ結果」に捕らえられてしまうからである。別な観点がどうしても求められる。一つの道筋として、「信念」を、それ自体として存立するものというより、特定の話者あるいは主体において生成しているものと捉えてみるというやり方が考えられるのではなかろうか。実際逆に、「信念」をそれ自体として存立するものと考えて、同じ内容の信念は、それを抱く話者に関わりなく同一であるとするなら、やはり形而上学的になってしまい、ここで私が考えている因果説とは異質なスタンスになってしまうのである。

私としては、前件や後件に対応する「信念」を抱く「主体」の状態を因果関係項と捉えて、「ソライティーズ」を解明したい。そうした視点に立てば、「ソライティーズ」の諸前提に現れる条件文を確率的に解するといっても、それは「ストルネイカーの仮説」のようなシンプルな形で表せるものではなく、「確率的因果」固有の「全文脈的一致」(contextual unanimity) や「因果的マルコフ条件」

（Causal Markov Condition）などの要件にも対応できるような、重層的な構造をもつ事態であるといわねばならない（これらの要件については第四章で触れる）。言い換えれば、「ソライティーズ」に現れる条件文は、厳密には条件文として捉えられるべきではなく、推論主体の状態という「出来事」の連鎖として捉え返されねばならないのであり、その意味でももはや真理関数的な見地からは離れ、「トリヴィアリティ結果」の刃から免れるのである。[13] しかも私は、そうした「主体」の確率的状態を、「ソライティーズ」の実在性に照応するべく、何らかの物理的な確率として、つまり主体の客観的に認知可能な何らかの「傾向性」として押さえたい。第一章で触れたように、「傾向性」は、カール・ポパーが量子の確率的動きを理解するために提起した確率解釈の一つである。ポパーは、いわゆる「コペンハーゲン解釈」に潜む主観的な確率解釈を嫌い、量子運動の確率的動きを物理・客観的に捉えようとした。けれども、当時理論化されていた確率の物理・客観的解釈はフォン・ミーゼスの頻度説であって、それは自覚的に個別の単独的出来事（single event）間の確率関係を排除していた。だとすると、単独的な量子のそれぞれの動きに対して頻度説は直接的には当てはめられない。そこでポパーは、物理・客観的でありながら単独的な事象に適用可能な確率解釈として「傾向性」の概念を提起したのであった（See Gillies 2000, 113-136）。

11　ソライティーズの記述的解明

実際、こうしたポパー的「傾向性」を「ソライティーズ」に当てはめるのは、必ずしも奇異ではない。このような方向性は、「条件的ソライティーズ」の一つ一つの条件文に関して、それに関わる話者や主体の状態を「ディスポジション」(disposition、性向)と捉えていわば客観化することに等しく、主体の行う実践・行為として人間の認識を理解するという自然で可能な道筋の一つだし、実際的な研究や応用の可能性を広げる見方でもあるからである。人間の行為を信念や欲求によって因果的に理解するのは間違いなく一定の説得性を備えているが、実際には行為を引き起こす要因は複雑多様であって、一個の主体による一個の行為の原因という意味では、主体のあり方を、その主体の来歴や環境といった要素との混合のなかで結果を確率的にしか予測できない一種の「構え」として、つまり「そのようになりやすい」という性向として、取り出すというのは実態に適っている(黒田 1992, 76-77)。そして、このことは主体が認識する文脈を考慮する、あるいは文脈との相関のなかで「ソライティーズ」を捉えていくということでもあり、「文脈主義」の発想を継承もしている。加えて、主体の「傾向性」によって「ソライティーズ」を解明していこうという立場は、「ソライティーズ」の問題を、実証的に研究していく道筋を開く。なぜなら、「傾向性」は、物理学の文脈で考案されてきたことからも分かるように、明らかにデータ化あるいは計量化することによって対処可能だからである。実際、バーンズがつとに指摘していたように、曖昧な述語を用いた文の評価は構造的に述語「グルー」をめぐる「帰納」の問題に酷似しており(Burns 1991, 135-138. および『迷宮1』194-197 参照)、そうした経験科学の基礎に関わる問題と連動している点でも、「傾向性」に拠る「ソライティーズの因果説」は、それが実証性を志向している限り、方向性として的を射ているはずである。さらに、条件文の解明という、私の考えの発端となった領域に照らしても、「傾向性」の導入は決して唐突ではない。というのも、ブライアン・スカームズが仮定法条件文に関する「事前傾向性」説明を提示し、それが一定の議論領域を形づくっているからである。もっとも、スカームズは客観的チャンスに対する主観的期待という対比に沿って条件文の理解を試みるが、私の因果説は反対に主観的期待という状態についての物理客観的な確率的傾向性を主題化することによって条件文に基づく考察の脈絡から外れていく、という相違がある[14] (See Skyrms 1978, 259-265)。

以上の考え方の大まかな基本線を、「ソライティーズ因果原理」として定式化してみよう。「ソライティーズ」の前提中に現れる任意の単位文 a_{n-1} と a_n とに関して、主体の判断状態を J[ ] と表記し、t_1, t_2 を時間を表す指標として（t_1 が t_2 に先立つ）、「傾向性」としての確率を Pp と表すと、

〈ソライティーズ因果原理〉

$$Pp(J_{t2}[Fa_n] \mid J_{t1}[Fa_{n-1}]) > Pp(J_{t2}[Fa_n] \mid \sim J_{t1}[Fa_{n-1}])$$

という条件つき確率の大小関係が一定の条件のなかで成立しているとき、たとえば「強制行進ソライティーズ」のなかで $J[Fa_{n-1}]$ は $J[Fa_n]$ を因果的に引き起こす、すなわち、「ソライティーズ」が進行していく。しかるに、左辺の値が徐々に下がり、この大小関係が崩れ、左辺と右辺が等しくなってくるとき、文脈主義のいう「ジャンプ」が生じる可能性が出てくるのである。（「一定の条件」というところに先に触れた「全文脈的一致」や「因果的マルコフ条件」が入るわけだが、もちろんそうした条件性にも問題はある。しかしここでは、確率的因果の考え方に固有の問題性はさしあたり脇に置いておく。）「ソライティーズ」の具体例に即して、以上の「ソライティーズの因果説」の考え方を言い

直してみよう。それは「ソライティーズ」の解決や錯誤の説明ではなく、まさしく「ソライティーズ」に対する記述的解明にほかならない。「二六九ヘルツの音がC音かどうか」という例に戻ってみよう。こうした「C音である」に対する境界線事例の場合、それを「ソライティーズの因果原理」によって理解するなら、「二六九ヘルツの音はC音である」という判断をする前に、(i)「二六八・九ヘルツの音はC音である」と判断したという出来事と、(ii)「二六八・九ヘルツの音はC音である」という判断をしなかったという(欠如的)出来事とが置かれているときの、確率的因果の関係の比較が手掛かりとなる。すなわち、(i)の場合の条件つき確率の値が(ii)の場合よりも大きいかどうか、それはどのくらいの差で大きいのか、が問題となるのである。別な例でも事情はまったく同じである。たとえば、日本人男性に関して、「背が高い」という曖昧な述語の境界線事例はおそらく「身長一六七センチの人」あたりであろう。このとき、「身長一六七センチの人は背が高い」という判断は、その判断に先立って(i)「身長一六七・一センチの人は背が高い」と判断したという出来事と、(ii)「身長一六七・一センチの人は背が高い」という判断をしなかったという(欠如的)出来事とが置かれているときの、確率的因果の関係の比較になるわけである。こうした比較は、判断主体や判断環境についてのさまざまな条件や文脈を変えることによっても遂行される必要があるだろう。かくして、「二六九ヘルツの音はC音である」とか「身長一六七センチの人は背が高い」とかの判断を受け入れる傾向性と受け入れない傾向性とが、判断主体側のあり方として確率的に分布している状態がここに浮かび上がってくる。

このように「ソライティーズの因果説」によって事態を把握するならば、「ソライティーズ」のパラドックス性を解明することができる。三つの場面に分けて解明を与えてみよう。再び「二六九ヘルツの音」を例として用いる。まず第一に、「二六四ヘルツの音はC音である」というほぼ明確に真である段階からはじめて、「二六九ヘルツの音はC音である」と断定している場合だが、このときにはいかなる問題も生じていない。そうした断定は端的に認識の事実であるにすぎない。仮に他者が疑念を提出したり、背反する判断を下したとしても、それは意見の相違・対立であって、意味論的な次元での矛盾など一切生じていない。しかし第二に、自分自身の判断に疑いが生じて、断定できないと感じるとき、あるいは、たとえば二六八ヘルツの音を聞かされて、つぎに二六九ヘルツの音を聞かされたときには判断に迷うだろうと推論するとき、のような、まさしく境界線事例に遭遇している場面を考えなければならない。この場面は、私の因果説に従うなら、二六九ヘルツの音を聞く直前に聞かされた、それより少し周波数の小さい音と、二六九ヘルツの音との間の、私たちの傾向性あるいは性向に関する確率的因果の関係として扱われることになる。前段で述べたように、こうした私たちのあり方は、C音として判断する傾向性とそうでないとする傾向性とが、確率的に分布している状態として理解されることになる。このような確率分布によって表象されるような事態になにか問題があるだろうか。データからの帰納的予測など、私たちは多様な場面で確率分布のおかげを被っている。そこに意味論的な矛盾が生じているのだろうか。「ソライティーズ」が問題となってしまうのは、こうした確率分布によって表現される実態を連鎖式が反映していないからだと思われる。換言すれば、「条件的ソライティーズ」は実は「ソライティーズ」の定式化として誤りではないがあまりに単純化しすぎていて、さしあたり構造を理解するのには役立つとしても、最終的には十全な押さえ方になっていないのである。

さらに第三に、「ソライティーズ」の推論を一方の端から遂行するのと、他方の端から遂行するのとの、二つを照らし合わせて、明白な矛盾が生じると、そう論じられる場面について言及しなければならない。というのも、これこそが「ソライティーズ」がパラドックスと呼ばれる核心的な理由だからである。しかし、この場面についての因果説からの応答はあっさりと与えられる。一方の端から遂行する「ソライティーズ」と、他方の端から遂行する「ソライティーズ」は、相互に異なる因果系列をなす私たちの傾向性の連なりなので、文字通りの意味論的な矛盾では全然なく、何の問題も生じていない、と。これは、事態を実在の事象としてありのまま受け入れるという点で、「パラドックス受諾」と同じように、「全体受容」の応答になる。異なる因果系列の間に生じる背反も「矛盾」の一つだと（超整合論理に即してプリーストがそう捉えているように）理解するならば、因果説による応答は確かに「パラドックス受諾」と同じことになろう。「パラドックス受諾」は整合性が失われているという現実を受諾する立場なので、因果説も、非-整合性（不整合であれ超整合であれ）を見込んでいるという条件のもとでは、パラドックスを受諾していることになり、「全体受容」の応答をしていることになる。こうして、因果説による解明が与えられると、「曖昧な理由」という事態の真相が見えてくる。身長一六七センチの人に対して、「彼はバスケかなんかの選手だったんだろう、なぜならば背が高いから」という「なぜならば」文による理由づけは明らかに曖昧なのだが、それが人を説得してしまう場合もある。しかし、説得しないときも当然ある。どういうときに説得してしまうという現象が生じるのか、それは確率概念を用いて実証的に研究されるべき問題なのである。確率を用いて実証的に研究される、という身分でリアリティを有している現象なのである。

しかしながら、以上の「因果説」の考え方について一つの疑問が直ちにでてくるのではなかろうか。すなわち、私の「因果説」は「判断主体や判断環境についてのさまざまな条件や文脈」といった観点を「文脈主義」から引き継いでおり、そうした「文脈」は主体の来歴や環境といった意味的で内包的なアスペクトをもつものであるのに対して、「傾向性」はもともと物理的対象に当てはまるような純然たる客観的なものであるのだから、両者は折り合いが悪いのではないか、という疑問である。しかし、こうした疑問に対しては、第一章でも検討した、ポパー自身の「傾向性」の定義を振り返ることによって答えることができる。ポパーは、『量子論と物理学における分裂』のなかで次のように述べていた。「物理学における傾向性の言明は、状況の性質を記述しているのであって、よって、もしその状況が典型的なものであれば、すなわち、（光の放射の場合におけるように）状況それ自体が反復するのならば、テスト可能である。それゆえ、傾向性はまた、反復可能な実験的配置の性質でもある」（Popper 1982, 80）。ポパー自身、「傾向性」を、実験状況というまさしく「文脈」的な事柄の性質と考えていたのである。彼はこのことを「特定化に対する相対性」（Popper 1982, 80）とも呼び、こうした事態は量子論だけでなく、あらゆる実験に妥当するとさえ述べている。換言するならば、「傾向性」としての確率は厳密に物理・客観的な事象を表していると一見思われがちだが、本来は「文脈」を考慮した形での実証的場面一般に当てはまる概念なのである。だとすれば、「傾向性」をここでの「ソライティーズの因果説」に適用していくことに問題が生じることはないだろう。むしろ、ある生産性が期待できるならば、そうした適用は積極的に試みるべきであると思うのである。

12　非推移性の共有

ところで、「ソライティーズ」の推論過程を確率的因果として捉える、という私の提案には、形式的な面でも少なくとも一つの強力な傍証がある。あるいは、「ソライティーズ」の推論関係と確率的因果の関係との間には、一つの本質的な類似性がある、といったほうがよいかもしれない。それは、「非推移性」(non-transitivity)である。さしあたり「条件的ソライティーズ」(たとえ十全な定式化ではないとしても)に沿ってそれを確認してみよう。これを構成する連鎖式が「非推移的」であることは、むしろその定式化の中に織り込まれている。というも、「条件的ソライティーズ」の一番目の前提である Fa_1 と結論 Fa_i とについて、もし推移性、すなわち

$$p \supset q \ \& \ q \supset r \rightarrow p \supset r$$

が成り立っているとしたなら、

$$Fa_1 \supset Fa_i$$

が成立することになるが、これが受け入れられないという点こそが「ソライティーズ」がパラドックスとして提示された理由だったからである。「二六四ヘルツの音はC音である」ならば「二七五ヘルツの音はC音である」、という条件文は、前件は明白に真と認められるが(二六四ヘルツの音はC音

そのものである)、後件が明白に偽となり(二七五ヘルツの音はC♯音そのものである)、全体として偽となる。これほど端と端まで飛ばなくとも、非連続性が際立てば際立つほど「非推移性」は明らかとなる。二六四ヘルツから順に周波数の高くなった音を聞いていくとき、一ミリヘルツの違いしかない音を順に連鎖的に聞いたならば「ソライティーズ」に巻き込まれるのはほぼ確かだろう。けれども、二ヘルツずつの違いでジャンプする音を聞いたならばどうだろうか。二六八ヘルツ辺りまではC音という感じがするかもしれないが、そこから二七〇ヘルツにジャンプしたとき、はっきりとC音ではないと感じられるかもしれない。かくして、「非推移性」は「ソライティーズ」の本質的な特徴であるといわねばならないことが分かる。

では、確率的因果についてはどうだろうか。確率的因果の概念については論ずべきことが多々あるが[15]、一般に認められている性質にのみ焦点を当てる限り、確率的因果は必ずしも推移性を保持しないということがしばしば指摘される。たとえばスッピスやカートライトは一般に確率的因果では推移性は成り立たないと考えているし(Suppes 1970, 58 and Cartwright 1979, 437, note 6)、イールスとソーバーは、「マルコフ条件」(Marcov condition)が成り立つ場合を別にすれば、確率的因果は推移的でないし、推移的である必要もないと論じている[16]。このことを、イールスとソーバーの挙げる例から確認してみよう。次のようなデータが得られているとする。喫煙者一〇〇人中六〇人が心臓発作を起こし、四〇人が心臓発作を起こさない。そしてこの場合、心臓発作が起きた人六〇人のうち三〇人が胸痛を経験し三〇人が胸痛を経験しない。心臓発作が起きなかった人四〇人のうち一五人が胸痛を経験し二五人が胸痛を経験しない。また、非喫煙者一〇〇人中五〇人が心臓発作を起こし、五〇人が心臓発作を起こさない。そしてこの場合、心臓発作が起きた人五〇人のうち四九人が胸痛を経験し一人が胸痛を経験しない。心臓発作が起きなかった人五〇人のうち二五人が胸痛を経験し二五人が胸痛を経験しない。Sを喫煙することとし、Hを心臓発作が起きること、Aを胸痛を経験することとして、以下のように図示してみよう。

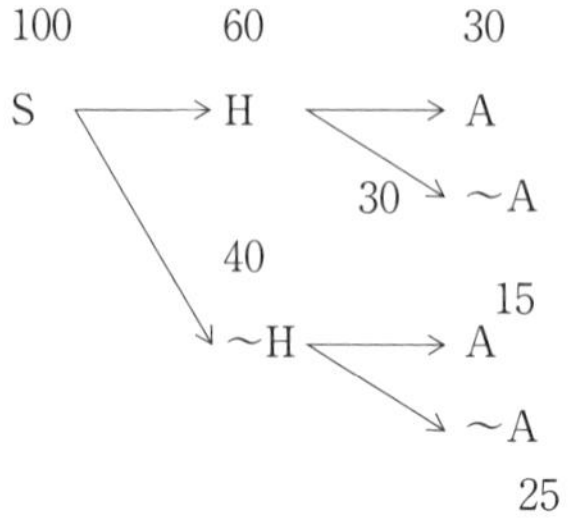

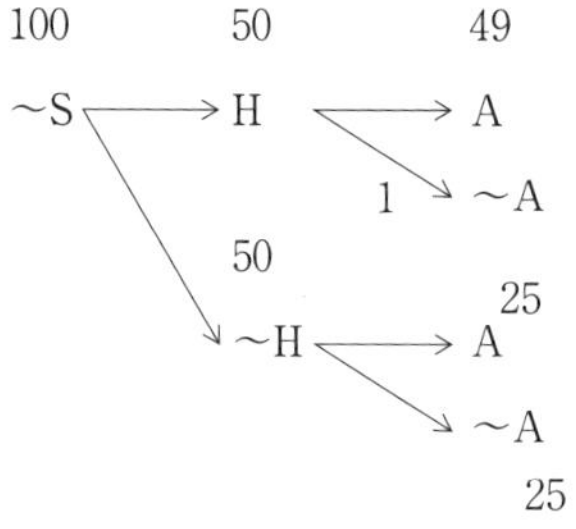

ここでは簡便化のため、データをそのまま確率の値を示すものと解釈して話をする。考え方の形式的性質を知るためなので、そうした操作は差し支えない。データより、次のことが成り立つ。

$$P(H \mid S) > P(H \mid \sim S) \left(\because \frac{60}{100} > \frac{50}{100}\right)$$

よって、確率的因果の考え方に従うと、「喫煙は心臓発作の原因となる」と推論できる。さらに、データより次のことも成り立つ。

$$P(A \mid S \,\&\, H) > P(A \mid S \,\&\, \sim H) \left(\because \frac{30}{60} > \frac{15}{40}\right)$$

$$P(A \mid \sim S \,\&\, H) > P(A \mid \sim S \,\&\, \sim H) \left(\because \frac{49}{50} > \frac{25}{50}\right)$$

よって、「心臓発作は胸痛の原因となる」と推論できる。しかしながら、ここから推移的に「喫煙は胸痛の原因となる」とは推論できない。なぜなら、データから次の関係が導かれてしまうからである。

$$P(A \mid S) \ngtr P(A \mid \sim S) \left(\because \frac{45}{100} \ngtr \frac{74}{100}\right)$$

こうして、確率的因果の考え方においては「推移性」は求められないことが分かる。一般的にいっても、因果関係に推移性をつねに求めるというのは、「風が吹けば桶屋が儲かる」風の奇怪な帰結をもたらす方針であって、合理的説得性にはいたりにくい要求であるといえるのではなかろうか。因果性を人間の行為や責任に当てはめるときに、厳密に推移性を要求したなら、森羅万象の原因は造物主にあり、よってすべての人間の行為は責任なし、ということにもなりかねない。確率的因果において非推移性が顕在化するのも、もともと因果概念それ自体の本質によるように思われる。

いずれにせよ、曖昧性に関する「ソライティーズ」の推論と、確率的因果には、非推移性という共通の特徴、パラレリズム、があることが分かる。こうした形式的類似が「ソライティーズの因果説」を補強していくことは間違いない。

13 曖昧性のベイズ的探究

ところで、何度も強調したように、「ソライティーズの因果説」の一つのポイントは、曖昧性についての実証的な研究を可能にするという点にあった。このことは具体的にどういう可能性として捉えられるだろうか。私がさしあたり思い描いているのは、境界線事例が発生する（重評価論がいうところの）「中間部」の範囲を、データを集積することによって絞り込んでいく、という作業である。この場合のデータとは、連鎖式の推論に関する私たちの傾向性のデータだが、それは、心理学の実験と同様な被験者との応答形式やその他の（おそらく物理的・生理的）測定を用いて、完全な断言ができないという「構え」になる臨界点について収集したものとなろう（かつてラムジーが主観的確率の値を確定するのに、賭についての思考実験を利用したのと発想としては似ているかもしれない）。つまり、先の「ソライティーズ因果原理」に即していえば、左辺も右辺も確率1の状態から、いずれかが1より小さい確率になるとき、境界線事例に入り込むと、さしあたりそのようにいえるだろうという ことである。これはまさしく「高階の曖昧性」の問題に関わる。私の考えでは、「ソライティーズの因果説」を採用するならば、「高階の曖昧性」は実証的にとりあえず対処しうるものになると思うのである。[17] さらにいえば、「中間部」のなかで、「ソライティーズ因果原理」の左辺の確率が下がり、右辺と等しくなっていく地点を、実験に相対的な「境界線」として、つまり「ジャンプ」が生じうる地点として、扱うことも可能となるかもしれない。もしそうしたジャンプ期待地点を、実験に相対的なそれゆえ暫定的な、境界線と見なすならば、曖昧な述語を扱う一つの基準として機能するだろうと思うのである。「重評価論」でいうところの「精確化」のなかの、最も標準的な「精確化」ということになろうか。

このような実証的作業は、私の見込みでは、「ベイズ的条件づけ」(Bayesian Conditionalisation)を用いて、確証の作業と同様な仕方で遂行できるだろう。すなわち、境界線事例に入る境界の値に関する仮説、あるいはジャンプ期待地点に関する仮説を提起して、それをデータによって確認したり、改訂したりしていくという作業である。もっとも、一般に「ベイズ的条件づけ」、あるいはそれに基づいた「ベイジアン・ネット」(Bayesian Nets) による確証の作業は、「信念の度合い」としての認識的・主観的確率に基づく、というように理解されている。しかるに、私がここで採用している確率は傾向性という、いわゆる物理・客観的な確率である。そのような形での確率的因果に対して「ベイズ的条件づけ」は適用できるだろうか。こうした疑念に対しては、次のように相異なる二面から答えることができる。第一に、すでに見たように、実はポパーの提示した「傾向性」は実験配置の性質という「文脈」的なものであって、その意味で（おそらくインターパーソナルな）「信念の度合い」と実質的には重なり合うと考えられる、よって、「傾向性」を、認識的・主観的確率におもに適用されてきた「ベイズ的条件づけ」と結びつけることは決して的外れではない。第二に、確かに「ベイズ的条件づけ」そして「ベイジアン・ネット」は、「ベイジアン・ネット」を導入したジュディア・パールが「ベイジアン信念ネットワーク」(Bayesian belief networks)という表現を使ったことから(Pearl 1988, 50)、認識的・主観的確率を用いるものだと解釈されてきたのは事実だが、ギリスが述べるように「ベイジアン・ネットワークは、しかしながら、確率によって定義されており、よってある場面では、そうした確率を主観的確率ではなくむしろ客観的確率として解釈することは可能であろう」(Gillies 2002, 73-74)と思われる。実際、ギリス自身やスカーらによって、そうした方向の研究がすでに進んでいる(See Sucar et al 1993)。いずれにせよ、確率の「傾向性」解釈のもとで、ベイズ的理論を「ソライティーズ」に適用することで、「ソライティーズ」や曖昧性は興味深い実証性を獲得し、曖昧性についての哲学的議論がリスク論や意思決定理論やAI論など多様なジャンルと連動していくことは間違いない[18]。

実際、こうした「傾向性」に拠る「ソライティーズの因果説」の射程は、問題の発端であった条件文の問題のコンテキストと確かに通底してもいる。条件文の問題の論じられる場面は、「ラムジー・テスト」「ストルネイカーの仮説」から「トリヴィアリティ結果」という袋小路に陥ったことを承けて、ギバードやハーパーなどにより、「意思決定」(decision-making)の場面に問題の所在を置き直して、前件の状態が後件の状態を「因果的に」引き起こせるかどうか、という因果的意思決定理論(causal decision theory)の文脈にシフトしていったが(See Gibbard & Harper 1978)、そうした流れが「ソライティーズの因果説」と呼応していることはおそらく間違いない。かくして、このようにいえよう。エジントンは、「確率」的不確実性としての「信憑度」と「曖昧性」の不確実性としての「真実度」とを、前者は意思決定に関わるが後者はそうでないとして区別したが、そうなってしまうのはあくまで「ソライティーズ」を解消すべきパラドックスとして捉え、かつ確率を「信念の度合い」としてのみ解釈しようとしたからにすぎない。現実には、「ソライティーズ」は中絶論争、死刑存廃論、原発問題などの脈絡でリアルな問題として現出し、したがって何らかの意思決定の問題にすでにして巻き込まれている。そして、そうした意思決定を要する対立に関して、少なくとも、まず規範的という以前の記述的な解明を展開するには、「傾向性」に依拠する「確率的因果」の関係が鍵をなすのであり、そうした探究は今日の自然科学との連携において達成できるだろう、と。こうして、「曖昧な理由」を問題にする文脈で、序章で示した「確率」と「曖昧性」という「なぜならば」文に現れる二つの不確実性の位相が融合してゆく。

しかし、最後に注意しなければならない。それは、「ソライティーズ」に「ベイジアン・ネット」の考え方を応用するということは、曖昧な述語の境界線の問題をデータの集積に応じて徐々に「確証」していくことなのか、という問いに関してである。もしここで「確証」という言い方が正しいとするなら、境界線はもとから存在し、それを私たちが少しずつ「発見」していく、ということになる。これは、着想としてはウイリアムソンらの「認識説」と同様である。けれども、私はここで力を込めて強調したい。「ソライティーズの因果説」を提示することで私は、曖昧性を消去しようとしているのでは断じてない。曖昧性が曖昧性として実在的に世界に浸潤していると認識すること、これが私の基本的スタンスだからである。では、ベイズ的理論の応用によって何が行われるのか。それを私は、

「確証」ではなく、暫定的な境界線の「創造」であると、そのように捉えたい。というのも、境界線事例に入る境界や、ジャンプ期待地点の値は、おそらく、どのような形の連鎖式にするか、「寛容」の原理に見合った隣接事例間の幅をどの程度のものとするか、条件文の前件と後件に当たる出来事をどのような時間間隔でチェックしてもらうか、そうした実験設定のファクターに依存的にゆらいでいくものだからである（これはポパーのいう「特定化に対する相対性」にほかならない）。その意味で、ベイズ的理論を応用して得られるものは、いわば実験者と被験者との相互性のなかで育まれてくる、その文脈に沿う限りでの暫定的な、「創造」品であると、そう捉えたいのである。(19)

このことは、再び「C音」の例を使って跡づけることができよう。明確な「C音」から少しはずれた音のうち、どこまでを「C音」と感じさせるか（どこまでを調子っぱずれと聞こえさせないか）、それは演奏の現場での、ハプニング的要素さえ含んだ、ある種の「創造」である。それは、演奏者と聴衆との間で生成してくる即興的な境界線に関する合致であり、そうした合致を形成するプロセスのなかで働いている曖昧性の「ゆらぎ」が、音楽のふくらみと魅力を形成しているともいえるだろう。こうしたことは、曖昧な概念や述語を用いた私たちの認識・言語表現全般についても、程度の多少はあれ、間違いなくいえる。「呼びかけと応答《コール・アンド・リスポンス》」による私たちの認識そして理解実践はそのようにいつもゆらぎゆく。vibrante（ヴィブラートをつけて）、私たちの理解実践はゆらぎ震えながらそのつど響き渡り、一定の説得力を持つ「理由」づけとして「創造」されていく。そしてそうした「創造」は、現在の文脈に沿った暫定的なものである限り、文脈のさまざまな変遷・ダイナミズムに沿いながら、さらに再「創造」されていく。そうした変遷をたえず引き受けているという事実、それこそが曖昧性の実在性の証しである。つまりは、「ソライティーズの因果説」とは、概念や言葉の意味の変化が時とともに「創造」され続けていくこと、こうした(実はありふれた)事態をベイズ的理論を取り込むことで把捉しようとしている理論なのである。

かつてマックス・ブラックは、曖昧性の問題を「整合性プロファイル」(consistency profile)という統計図を用いることで対処する道筋を提案した(Black 1937, 443ff)。私の提示したい「ソライティーズの因果説」は、結局は、疑いもなく、ブラックへの回帰の一つの表現でもあろう。バック・トゥー・ブラック[20]、こうした路線の生産性の検証は、哲学が、その他の分野とクロスオーバーしつつ、さらに追求していくべき課題である。そうした課題を遠く見据えつつ、次章では、これまでの二つの章の応用として、過去認識の問題を論じていきたい。

第三章　歴史の認識　ad libitum

1　不在性の支配

「原因」や「理由」を示す「なぜならば」文は、大きく二つのタイプに分けることができる。すでに生じた過去の事柄にのみ言及するタイプと、これから生じるであろう未来を包含するような内容を持ち出してくるタイプ、この二つである。あなたが私をにらんでいるので、なぜそんなににらむのかと尋ねると、「君の態度が無礼だからだ」とあなたが答えたとしよう。おだやかならざる状況だが、これは明らかに、私の態度が無礼だった、という過去の事態を「なぜ」の答えとしている。あるいは、あなたが冬の夕方に鉢植えの植物を玄関の中に入れているので、なぜそんなことをしているのか問うと、「明日の明け方に霜が降りてしまうからだ」とあなたが答えたとしよう。これは、冬の朝の気象についての何らかの法則性という、未来にも妥当することが見込まれている事柄をもって「なぜ」の答えとしている。これらが「原因」を語っているのか「理由」を語っているのかは、序章でも述べたように、少なくとも「呼びかけと応答《コール・アンド・リスポンス》」という形で「なぜならば」文を考察する限り、絶えず反転していくと捉えられなければならない。ただ、いまの例からも窺われるように、過去言及タイプの「なぜならば」文はどちらかといえば人間の行為の「なぜ」に関して現れることが多く、未来包含タイプの「なぜならば」文は法則的・仮説的な事柄、つまり自然現象に関わる事柄に傾斜しているといえそうである。前二章での「確率」と「曖昧性」についての検討の「なぜならば」文の解明への直接の応用として、本章ではまず過去言及タイプの「なぜならば」文をめぐる「原因」と「理由」を主題化してみよう。この問題に向かうに当たっての私の基本的スタンスは、過去言及タイプの「なぜならば」文に現れるのは「歴史認識」である、というものである。人間の行為全般あるいはそれ以外に関するものでも、過去言及タイプの応答は歴史認識でなければならない。一見唐突なこの主張を立ち上げ、そうした歴史認識の実相を探ること、それが本章の課題である。

　さて、「過去はどこにもない」、この健全な理解から論をおこしてみよう。過去は、現にいまそれ自体を見たり、触れたりすることはできない。過去は経験を越えているのである。あるいは、そもそも文法的に、過去は不在であるというべきかもしれない。不在でなければ、現在になってしまうからである。このように、「過去の不在性」は動かし難い。しかし、だからといって、過去はまったくの非存在であり、世界の事実ではない、という全面的な過去に関する懐疑論はおそらく通用しない。その理由として、直ちに少なくとも二つの論点を挙げることができる。まず第一に、私たちの言語にはたくさんの過去含意表現が現実に含まれており、もし過去は一切存在しないという懐疑論を主張したならば、かなりの主張が足場を失う。「これは彼の作品です」、「この自転車は錆びついている」、といった日常的な表現を考えてみよう。「作品である」という述語には、過去のいつかの時点でその作者が製作した、という過去の出来事が含意されている。そうした過去の出来事との結びつきによって、誰々の作品という表現は意味をなしているのである。また、「錆びついている」が、過去の時間経過のなかで徐々に進行してきた酸化作用を含意していることは明らかである。その含意を排除するなら、「茶色である」とはいえても、「錆びている」とはいえないはずである。第二に、過去に対する現在とはそもそも何か、と考えることによっても過去に関する懐疑論は説得力を失う。もし現在を点的な瞬間と考えるとしたら、私たちの経験はほぼすべて過去的なものになり、よって過去が非存在であるという主張は、私たちの経験はそもそも不可能であるという自己破滅を招来することになる。あるいは、もし現在を幅のあるものと捉えるとするなら、過去が「過ぎ去ったいま」という形で幅のある現在に含意されていることになり、よって過去を非存在とすることはやはり自己破滅とならざるをえない。「過去がない」といま主張する言明も、それ自体が時間のなかで生じる出来事である以上、真に過去がなかったら、自家撞着のパラドックスに陥るしかない。かくて、二つの論点のいずれに拠るにせよ、私たちの現在は確かに過去を含意し、つまりは過去に支配され、そのことで現在というリアリティを確保していると、そういうべきであることが分かる。「過去の含意性」、これもまた抜き難い真理である。

過去についての懐疑論ということでは、ラッセルがかつて提起した奇妙な仮定がしばしば引き合いに出される。

世界が五分前にそっくりそのままの形で、すべての非実在の過去を住民が「覚えていた」状態で突然出現した、という仮説に論理的不可能性はまったくない。異なる時間に生じた出来事間には、いかなる論理的必然的な結びつきもない。それゆえ、いま起こりつつあることや未来に起こるであろうことが、世界は五分前に始まったという仮説を反駁することはまったくできない。したがって、過去の知識と呼ばれている出来事は過去とは論理的に独立である。そうした知識は、たとえ過去が存在しなかったとしても、理論的にはいまこうであるのと同じであるような現在の内容へと完全に分析可能なのである（Russell 1971, 159-160）。

果たしてこれは何を目指した仮説なのだろうか。過去は一切ない、と考えることが合理的にできる、ということを示したいのだろうか。しかし、この仮説は少なくとも五分間の過去を前提している以上、過去の全面消去にはなっていない。では、五分前ではなく、一瞬前に世界が出現した、としたならどうだろうか。仮説の議論構造は同じだろう。けれど、そのように仮説を極限まで純化したとしても、一切過去が存在しない、という考え方の可能性をこの仮説は示しえていない。なぜなら、世界出現の瞬間から後の時間が経ち、それが過去となっていき、（世界出現以前の仮想的）過去についての知識を語りうるようになること、そのことをこの仮説はむしろ含んでいるからである。知識が知識として存立するためには、そして記憶が記憶として形をなすためにも、時間が経過し過去があることが必要なのである。ならばかえって、この仮説の最大の意義は、どのように極限まで可能性を探っても、過去が一切存在しないという考え方を理解可能にすることはできない、ということを暗示している点にあると私には思われる。だが、ラッセルの議論が示唆する重大な点がもう一つある。それは、「過去の知識」と「過去そのもの」とを峻別していること、この点である。この場合、「過去の知識」は、知識が存立するためには過去がなければならないという、いま確認した論点を踏まえるなら、私が先に述べた「過去の含意性」に対応していると見ることができる。それに対し、「過去そのもの」は、知りえない過去を文脈上意味しうる点からして、「過去の不在性」の位相に結局は近づくだろう。ラッセルの仮説がこの峻別を前提しているのかそれともそれを確立することを目指しているのかは判然としないが、どちらにせよ、この二区分と相即不離の関係にあることは間違いない。しかるに、私が述べたことが的を射ているなら、この仮説は、みずからを提示することによって、それが成立しないことを暗示するという性質のもとにある。だとしたら、私は、ここから次の点を確認できると思う。過去概念をめぐるその含意性と不在性とは緊張状態に陥る宿命にあること、よって、過去を理解するためにはこの二つの位相の相関をつねに考慮に入れる必要があること、これである。

では、「歴史」はどう位置づけられるのか。ここではひとまず、過去のなかの、人間の言語的記述によって現在と結びつけられる出来事のあり方、それが「歴史」であるとおおまかに押さえておきたい。「先史時代」という言い方があるように、言語的記述が存在せず、それを通じた現在との連なりが跡づけられない過去は、「歴史」の範疇からはずれることが実際ある。しかし他面、「自然誌」(natural history) という概念が示唆するように、出来事の主体そのものに発する言語的記述がなくとも、まさしく人間の言語的記述が媒介することによって「歴史」に組み入れられることもある。「宇宙の歴史」、「地球の歴史」という言い方は決して不自然ではない。つまり、「歴史」は過去のなかの一部を指すのだが、それはほんの一部である程度からほぼ全過去を覆うまでの、きわめて融通性に富んだ概念なのである。いずれにせよ、歴史認識が過去認識の部分集合をなしていること、それゆえ歴史を論じることは過去を論じることを強力に要請すること、これは疑いない。以上のことを確認することによって二つのことがさしあたり導ける。まず、事実上すべての人間の行為の理解は歴史認識であるといえる。つまり、行為論とはすなわち歴史認識の哲学なのである。というのも、人間の行為を理解するというのは、基本的にすでに生じてしまった行為に対する「なぜ」に発するのであり、そうした過去性は明らかに歴史認識の中に包摂されうるからである。たとえ直近の過去だとしても。このことは未来に向けた意志に関する「なぜそのように意志するのか」という問いにも妥当する。なぜなら、その場合も、意志それ自体はすでに生じてしまっている過去的事象だからである。行為の理解・説明が歴史認識にほかならないというのは今日の行為論ではほぼ抜き落とされているポイントなので、ここで強調しておきたい。第二に、行為ではない単なる過去の自然現象についての理解も歴史認識といえる。なぜなら、すでに示唆されているように、自然現象を理解しようとするときの「なぜ」によって、そのような過去の自然現象は言語的記述のもとにもたらされるからである。

ともあれ、このように捉えた上で、ここで歴史認識という主題に向かうに当たっての私の問題意識を述べておこう。過去の含意性が示すように、過去がなければ私たちの現在は成り立たないという意味で、私たちは過去に支配されている。しかるに、過去は不在性でもあった。ならば、私たちは不在性に支配されているということになろう。「不在性の支配」、これが歴史認識を問うときの私の主題である。[1] このとき、「支配」をまずは「因果的」なものとして捉えたい。そして、そうした因果が不在

＜歴史認識における因果の三つのレベル＞

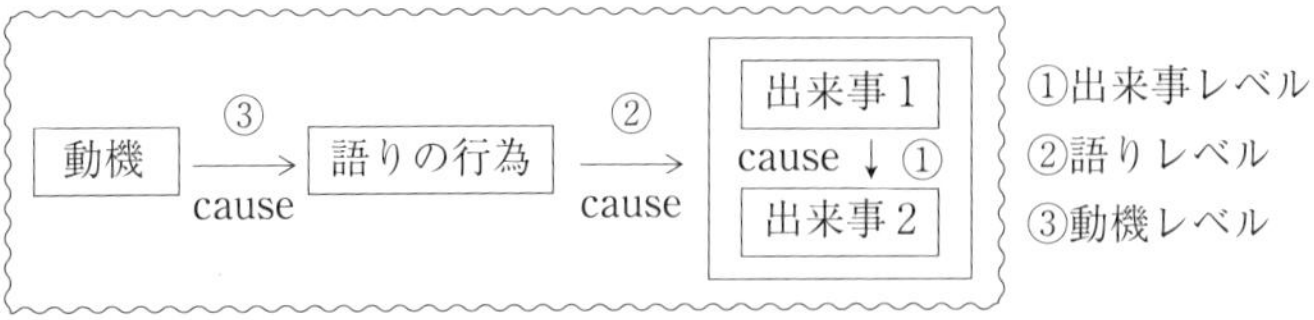

なものに関わるという点を「確率」として押さえ返していきたい。ないものの因果なのだから、少なくとも「確実性」を僭称することはできないはずだからである。実際、歴史学者のジェンキンズも、過去についての知識は仮説的なものであり、「確信論的な（certainist）主張」はありえない、としてこの点を認証している[2]。以下、まず過去のリアリティについて検討した後、歴史認識の因果性を三つのレベルに分けて、順次考察したい。その三つとは、「出来事レベル」、「語りレベル」、「動機レベル」、である。そうした考察を通じて、歴史認識が「曖昧な理由」に支えられているという、もう一つの事情も浮かび上がってくるだろう。見通しをよくするため、三つのレベルの因果を上のように図示しておく。

2　過去の実在性

不在というのは非存在とは異なる。いまいないというのが不在なのであって、存在しないということではない。実際、過去が不在だということが、過去が真に非存在であることを意味するとしたら、過去から因果的支配を受けるというのは妄想にすぎなくなる。そもそも、非存在を原因に指定することが許されるとしたら、おそらく因果的理解は瓦解するだろう。私の愛犬が突然吠えだした。何が原因か。目の前に竜宮城がないことか。それとも、彼に五本目の足がないことか。非存在を名指すことは無限にできるし、しかもそうした非存在はいかなる事象とも規則的に結合している。よって、非存在を原因とする因果的理解はまったくの無秩序・無内容に至らざるをえない。それに対して、不在、あるいは消滅は、いわば定義上なんらかの実在性を含みもっている。実在している（いた）からこそ、いまは不在だったり、すでに消滅してしまったり、という物言いが可能となるのである。したがって、過去の不在性は過去の実在性を伴立している。いまここにない実在性、これが過去の本質であり、ひいては歴史認識の基盤でもある。かつてダントはこの点を次のように鮮やかな仕方で述べた。「過去に直接触れることができないからこそ、私たちはそこから歴史を始める。歴史はみずからの存在をこの事実に負っている。それは、歴史を不可能に、不必要にするというよりも、むしろ歴史を可能にする」(Danto 1985, 95)。

　では、過去の実在性とは何か。この問いはもちろん実在性をどのように解するかにかかっている。これが名うての哲学的難問であることはいうまでもないが、この文脈で実在を問うとき、大まかな共通了解が前提されることが多い。それは、現在の実在についてはともかくも理解することができる、という了解である。現在この目の前に机が実在すること、これは確言できる、というスタンスである。もっとも、この点は、一層厳密には、「現在」というより「たったいま」という直近の過去における実在というべきであろう。というのも、実は理解したり確言したりする間に時が経ってしまっているからである。そして、この意味で実在性を捉えるとき、それは、第一章での「過去確率原理」が示している確率1と重なることが見えてくる。しかし、ここでは他の哲学者たちの議論とのすり合わせのため、「過去確率原理」での確率1という実在性をさしあたりルーズに「現在の実在」として押さえておく。もちろん原理的には、こうした意味での現在の実在とて疑うこともできるが、そうしてしまうと、もはや過去の実在性にはまったく到達不能になってしまう。私は、現在の実在性をこのように前提することは、私たちの言語使用からしてさしあたり合理的だと思う。実在性という概念は確かに生きていると思うからである。実際、過去の実在性を論じる哲学者たちも、こうした現在の実在性と過去がどう関わるか、という観点から過去の実在性を確立しようとしている。この問題に一つの明晰な整理を与えたのは、ダメットである。ダメットが、命題は真か偽かのいずれかだとする二値原理をてこにして、それを認める立場を実在論、必ずしも全面的には認めない立場を反実在論と規定し直して実在論論争にセマンティックな接近法を提示したことはよく知られているが、彼はそれを過去時制言明にも適用しようとする。そのことは、一つには「酋長の踊り」によって知られている「逆向き因果」(backward causation) の可能性とも絡んでいるが、より直接的には、過去時制言明の真理についての「真理値リンク」(the truth-value link) の議論に顕現している。「真理値リンク」は、過去についての実在論の観点からまず提起される。過去言明についての真理概念はどのように獲得されるのか、という問いに対して、実在論者は次のように答える、とダメットはいう。

この概念は、まさしく真理値リンクの存在を把握するようになることを通して獲得される。もし私が「私はいま私の研究室にいる」といま述べるなら、私は、私の述べるとおり、真なる現在時制の言明をしている。この言明をAと呼ぼう。さて、いまからちょうど一年後に誰かが「一年前ダメットは彼の研究室にいた」という言明（Bと呼ぼう）をしたとしよう。このとき、言明Aがいま真なのだから、一年後になされる言明Bも真なのだ、というのは真理値リンクの帰結である。かくて、実在論者はこう主張する。この例から分かるように、いつなされる過去時制の言明であれ、たとえばいまなされるそれでもよいが、それが真であるとはどういうことなのかを把握するに至るのは、真理値リンクの理解によってなのだ、と（Dummett 1978, 363）。

これに対して反実在論者は「ある与えられた時刻になされた過去時制言明がそのときに真であるのは、そのときにその言明の主張を正当化する状況が存在するときのみである」（Dummett 1978, 368）と考える。しかるにそうすると、上の言明Bを述べたときに言明Aを証拠立てるものがない場合は、言明Bは真とはいえないことになり、「真理値リンク」と整合しないことになりうる。しかし反実在論者は、一年経ったときの「真である」はいま用いる「真である」と同じ意味ではない、一年後の「真である」の意味をいま表現することはできない、と応じる（Dummett 1978, 373）。いささかソクラテス的問答が続き、結局、過去時制言明の真理について実在論者が「真理値リンク」を持ち出しても実在論者が一方的に勝利することはない、という示唆で論が閉じられる。

「真理値リンク」の概念は、おそらく健全な道筋を指し示すものだろう。これは、過去時制言明が真であることは、現在時制言明の真理性という、さしあたり最も確かな拠点から発生する、とする考え方にほかならず、それは、どのみち過去の含意性が示すように何らかのリアリティを私たちはすでに過去に与えている以上、一つの合理的かつ有力な理解仕方であるといえるからである。けれども、ダメットは反実在論への傾斜を廃棄することができない。これは、「真理値リンク」といっても、それが過去時制言明をするときに認識されていなければ結局は空念仏にすぎない、という思いが払拭できないからだろう。とりわけ、現在時制言明に真理性の根拠を置くということは、真理性と認識とをひそかに重ね合わせることであり、そうした意味論と認識論の越境を事実上犯している「真理値リンク」の概念は、自壊の要素を最初から胚胎している、とする了解があったのではなかろうか。実際、はるか何百年も前の出来事に関する歴史的な過去時制言明について真理性を論じる場合、源となる現在時制言明が確かに確証できないならば、「真理値リンク」を申し立てても空しい断言にすぎない。ダメットは、「実在論者が願っているのは、思考において全時間過程の外側に立ち、いかなる時間的位置もまったくもたず、すべての時間的位置を一瞥のもとに見渡すような視点から世界を記述することである」（Dummett 1978, 369）として、実在論者を神のような俯瞰的視点に立ったつもりでいる者として明らかに揶揄している。

してみれば、逆に、過去の真理性について素朴な実在論をあくまで言い立てるためには、開き直って俯瞰的視点からの議論を堂々と展開し、その意義を積極的に説得するしかない。これを試みた代表は、ピーコックであろう。彼は、「真理値リンク」の概念を発展させた原理として「性質同一性リンク」（the property-identity link）を提起する。それは次のような考え方である。

「昨日雨が降った」という思考（陳述）が真であるのは、「いま雨が降っている」という現在時制の思考（陳述）が、今日に関して評価されるときに、真であるために、「今日」が持つことを要求される性質と同じ性質を「昨日」が持っているとき、そしてそのときのみである（Peacocke 1999, 57）。

ピーコックは、この「性質同一性リンク」は現在時制言明と過去時制言明を「架橋」(bridging) して、過去時制言明を理解するとはどういうことかを示すために用いることができるとしつつも、過去時制言明を現在時制言明に還元するものではなく、むしろ、過去時制言明に「等絶対的な」(equi-categorical) 身分を認めるという形で、実在論を要求する考え方である、と論じる (Peacocke 1999, 59-69)。「昨日」それ自体の存在性が導入されている点など、あからさまに形而上学的であり、ピーコック自身そのことを最初に公言している (Peacocke 1999, 56)。過去について文字通りの実在論を展開することは、過去の不在性からして想像できることだが、意味論そして認識論を経過して、ついにはこうした形而上学に至らねばならないのである。

このような論争の帰趨を見定めることは今回の主題ではないので、ここから汲み取りたい総括的論点へと一挙に進もう。過去に対する素朴な実在論が指向する形而上学は純然たる思弁である。その成否は、死後の世界を語る場合のように、結局人々がそれに納得できるかどうかに帰する。他方、ダメット流の反実在論的な視点に立った上で過去の実在性や真理性を立ち上げようとして、証拠を通じた検証や認識に依拠して過去時制言明を理解するときにも、証拠の伝承や証拠の評価という点で多くの人々が絡む。つまり、いずれにせよ、過去は不在なので、過去の実在性はいわば人々の共同創作・共同了解という形で相互に浸透させていくしかないのである。このことは、「実在性」を「客観性」という用語へとあえて歴史認識のプラクティカルな現場に即した一種のすり替えをしてみるならば、一層明瞭となろう。というのも、歴史の客観性が次の点、すなわち、「合理的に受容可能かどうか」(Gorman 1998, 334) に掛かっていて、そしてそこでの合理性は「歴史家たちによって普遍的に合意され、そして実際に機能している、彼らの共同体の目的に由来する」(Gorman 1998, 338) こと、あるいは「普遍的に受容可能であるような帰結が達成されること」(Passmore 1974, 156)、そうした点に存するということにおよそ異論はありそうにないからである。あるいは、過去が私たちの世界理解に広く含意されている以上、おしなべて実在あるいは客観性とはむしろそうした共同了解的なものである、ともいえるかもしれない。そしてそうなら、過去は実在しているとしても、そこに私たちの共同了解が媒介する限り、絶対確実な身分・内容が保証されているわけではないことになろう。歴史学の基礎についての哲学的探究が要請される余地がここに生まれる。

3　歴史的因果関係の確率的理解

以上を承けて、いよいよ、過去という不在性の支配の問題、すなわち歴史認識における因果の問題に向かおう。まずは、歴史的な出来事の間に見取られる因果、つまりは「出来事レベル」の因果に目を向けてみたい。例を挙げて検討してみよう。ここでは日本史から、平安末期の平氏政権下での伊豆における源頼朝挙兵の際の、北条時政の行為を例としてみよう。『源平盛衰記』が示すように、治承四年(一一八〇年)八月一七日夜、平治の乱後伊豆に流刑中の源頼朝が山木判官平兼隆の屋敷を襲撃し、源氏再興の戦いの火蓋が切って落とされた(石川 1935, 659-667)。この事件に先だって、一つのハプニングが生じていた。当地の豪族北条時政の娘政子が流人である頼朝と関係を持ったことを知った時政は、事を収めるため、平兼隆に政子をめあわせることにし、兼隆邸に遣わす。しかし、政子はそこを一人逃げ出し、伊豆山中を越えて、頼朝のもとへ走ったのである。[3] このことにより、兼隆と頼朝の間に敵対関係が生じ、ついに八月一七日を迎える。このとき、北条時政は頼朝と行動をともにしたのである。この一連の出来事、とりわけ時政の行動をどう理解したらよいだろうか。当時は頼朝は一介の流人にすぎず、京都の清盛はまだまだ強大な権力を誇っていたし、しかも政子を兼隆にめあわせたのは他ならぬ時政自身なのである。なぜ時政は頼朝側に付いたのだろうか。兼隆とともに頼朝を討ち、政子を取り戻して、平氏政権への忠誠を示すという、当時の状況からしたらはるかに安全で無難に思われる道をなぜ選択しなかったのか。

こうした問いが求めているのは、歴史的説明である。二〇世紀の歴史哲学がこの問題をめぐって一時活況を呈したことは記憶に新しい。ことの源泉は、歴史的出来事を理解可能なものとして記述するときに私たちは一般的な法則性をそこに適用しているのか否か、という問題にあった。歴史的出来事はある意味で一回的である。よって、繰り返して現れることも観察することもできず、法則性とは対極にあるように思える。そもそも歴史の対象たる過去は原理的に不在なので、観察も検証も原理的にできないはずなのである。だとすると、歴史的な事件を理解するとは何を求めていることになるのか。私はこの問題を見るに当たって、歴史的説明は総じて因果的説明である、というダントの示唆するテーゼを前提したい（Danto 1985, 237）。というのも、歴史的出来事の説明とは、被説明項たる出来事を近接する時期に生じた他の説明項たる出来事に言及することによって理解可能にすることであり、そうした時間経過のなかで現れる出来事間の結びつきを示すことは、（時間が関わる以上）論理的関係でもなく、（三人称的な出来事を問題にする以上）志向的関係でもなく、因果関係にもっともふさわしい役割であると思うからである。そのように捉えた上で、もし歴史的出来事の一回性を重んじ、かつそれら出来事間の関係を因果関係だとすると、ここで働く因果とは「単称因果」(singular causation) であるということになる。単称因果とは法則性を含意しない因果のことだが、私の知る限り、これは結局はかつてデュカスが規定したような、特定の時間と空間において継起する二つの変化へと帰着し、ひいてはそうした変化の観察へと切りつめられる因果関係であろう (Ducasse 1980, 116–124)。しかし、やはりこれは、継起の知覚に基づく、純粋に現象的なレベルでの関係性である。なので、真の原因は別にあって、単に見せかけの継起が現出しているだけの場合と、本当の因果関係とを区別する機制をもたない。(4) だとすれば、単なる現象ならぬ歴史的出来事の因果的説明は、それが成功し説得的であるなら、単称因果としてではなく、何らか一般的な法則性を事実上呼び込んでいると、そう考えねばならない。少なくとも、説得的であるためには法則性を呼び込むべきであるという規範的主張はここで確認できるだろう。

確かに、先の北条時政の例でも、彼の行為を理解するには、同様な状況に立った場合の人間が取る行動についての一般的な因果的法則性が介入しているといえそうである。そうでなければ、合理的な理解可能性を放棄せざるをえないようにも思える。こうした線に沿って、大胆な考え方を提示した代表がヘンペルにほかならない。ヘンペルは、自らの科学的説明の理論を歴史にも応用しようとする。彼によれば、出来事タイプCが出来事タイプEを引き起こしたことの説明は、一般に、(1)「特定の状況下での出来事タイプCの出現」、(2)「経験的証拠によって十分に確証された、出来事タイプCと出来事タイプEとを結びつける普遍的仮説」、という二つの要件に関する言明から、(3)「出来事タイプEを論理的に演繹する」ことによって達成される。(1) は「決定条件」と呼ばれ、(2) は

「一般法則」を含意するといわれる（Hempel 1970, 232）。つまり、最も単純化して示すならば、

（1）Ca
（2）(x)(Cx⊃Ex)
（3）Ea

という推論の形をとる。歴史的説明もこの推論様式にのっとるものとして理解できる、というのがヘンペルの主張である。もちろん厳密にいえば、（2）の全称の条件文はそれ自体としては因果法則を示すわけではない。それどころか、こうした形式だけでは、説明するものと説明されるものという基本的な非対称性さえも明確に差別化することができない（戸田山 2005, 108-111 参照）。私が確認したいのは、（2）のような普遍的な法則関係を実際に歴史の理解に適用するときに事実上因果関係が読み込まれてしまう、ということである。いずれにせよ、こうしたヘンペルの推論は後にドレイによって「カバー法則モデル」（The Covering Law Model）と命名され（Dray 1957, 1-21）、ヘンペル自身もその言い方を踏襲した（Hempel 1963, 143-163）。では、例の北条時政の頼朝陣営への参加という行為の場合、カバー法則は何なのだろうか。ここでは、もちろん、いくつかの背景条件も考慮されなければならず、それらを包摂したカバー法則が提示される必要があろう。たとえば、同じ治承四年四月に以仁王（最勝王）の令旨が出され平氏政権にほころびが見えはじめていたこと、源頼朝という人物がいわゆる貴種であり源氏の嫡流と見なしえたこと、頼朝と政子の間にはすでに長女大姫が生まれていた

こと、などの条件である。そうした条件を踏まえるなら、ここで機能していると思われるカバー法則は、おそらく「ある武士Aが、自分の娘が命をかけてある武士Bのもとに行き、しかもその武士Bは武士Aにとって己れの将来を託すのに十分な器量と条件の持ち主であり、そしてその武士Bが武士Aの娘のことで生じた敵を討つことを知ったならば、AはBに加担する」（CL1）といったものになるだろう。実際、『源平盛衰記』は、「北条四郎時政は、上には世間を恐て、兼隆を聟に取るといへ共、兵衛佐の心の勢を見てければ、後には深憑れり」と記している（石川 1935, 598-599）。

けれども、ここで疑問がわく。このCL1のような代物が果たして法則の名に値するのだろうか。法則としての普遍性をもちうるのだろうか。ヘンペルの主張が現れるやいなや、カバー法則モデルに対する批判が湧出した。たとえば、法則といっても、歴史の場合は時代的場所的に限定された法則であり、その限りで演繹的説明ができる、ということでしかないのではないか、といったレッシャーらの批判があった（Rescher & Joynt 1959, 383-387）。また、コリングウッドの「再演」（re-enactment）による感情移入的な歴史理解の流れを汲むドレイは、そもそも歴史的説明は法則からの演繹が問題なのではなく、人間の自由な行為についての「合理的説明」（rational expalnation）をその核心とするものであり（Dray 1963, 129-133）、歴史の因果的説明も、演繹ではなく、必要条件の提示による「操作すること」（manipulating）という側面への着目を軸にして、誰に責任があるのかを示すような形で行われるべきだ、とした（Dray 1957, 86-117）。しかし、ドレイも含めて、一般的法則がいかなる意味でも歴史的説明の背後に存在しない、という議論を展開した人はまずいない。そのように主張することは、先に見たように、単称因果に帰着し、出来事相互を結びつけて理解する、という道筋を放棄することになりうるからである。そのことを踏まえて、ここで私が注目したいのは、ＣＬ１のようなカバー法則は、単に「統計的」(statistical) なものにすぎないのではないか、という見方である。ＣＬ１のようなものが法則としては曖昧でもあり限定的でもあるとしても、何らかの法則性を帰さねばならず、しかも過去の不在性を想起するならば、統計的な性質をここに読み込むのは有望に思えるのである。事実ヘンペル自身、歴史的説明の演繹モデルは実際は「統計的な性格のもの」すなわち「確率仮説」(probability hypothesis) であり、このモデルは歴史に関してはむしろ「説明スケッチ」(explanation sketch) と呼ばれてよい、と認めていたのである (Hempel 1970, 237-238)。歴史的出来事についての仮説が、すでに述べたように、おしなべて因果関係に関するものである以上、こうした議論はすでに何度か触れた「確率的因果」(probabilistic causality) の概念を自然と呼び込むだろう。

4　ベイズ的条件づけと文脈の選択

しかし、冷静に考えてみよう。ここでいう「統計」とは何だろうか。現在でも状況を再現してデータをとれるような事柄ではもとよりない。では、武士たちの行状についての当時の似たような状況のデータに基づく統計だろうか。それは確かに可能だろうが、「似た状況」をどう解するかは曖昧である。私が思うに、こうした場合の「確率仮説」でいう「確率」とは、可能な限りでのデータにのっとった歴史家や私たちの「認識的確率」つまり「主観的確率」でしかないだろう。つまり、統計や頻度というより、ラムジーの用語でいうところの「信念の度合い」にほかならないだろうと思うのである。だが、「主観的確率」といっても普遍性と無縁なわけではない。いわゆるベイズ主義が試みたように、最初はさまざまな主観的確率から発したとしても、データの集積に応じて合理的な確率変化を定式化しうるからである。そうした確率変化は条件つき確率に関するいわゆる「ベイズの定理」を、時間的推移のファクターを加えて応用した、次の「ベイズ的条件づけ」(Bayesian Conditionalisation) によって遂行される。（hを仮説、eを証拠あるいはデータ、kを仮説に含まれていない背景知識、P(x)をxが真である確率、P(x｜y) をyが成立しているという条件のもとでのxが真である確率、とする。pri, pos はそれぞれ事前、事後の意である。）

$$P_{pos}(h \mid k) = P_{pri}(h \mid e \,\&\, k) = \frac{P_{pri}(e \mid h \,\&\, k)P_{pri}(h \mid k)}{P_{pri}(e \mid k)}$$

これは、データつまり証拠eを得たとき、仮説hが真であることへの信念の度合いをどのように改訂していくべきかの規範的指針を示すものとして提示されている。先の例でいえば、北条時政の頼朝への加担を先のCL1と整合するような仕方で証拠立てる新たな資料が見つかったならば、それに応じてCL1の事後確率が高まるのである。整合性の度合いは「尤度」(likelihood) と呼ばれる $P_{pri}(e \mid h \,\&\, k)$ が表している。

このような歴史的説明の理論の道行きを真摯に検討したマッカラは、ベイズ的条件づけを必ずしも歴史学者に対して推薦できないとして、二つの理由を挙げた。一つは、必要な事前確率を歴史的出来

事についてはは統計的に手に入れにくいという点である。もう一つは、歴史的仮説の場合、$P_{pri}(e|h)$と$P_{pri}(h|k)$とはともに高く、よって尤度$P_{pri}(e|h\&k)$はおおよそ$P_{pri}(e|k)$と等しくなるので、kが与えられてしまうとeもhもともに高い程度に予想されることになり、eが新たに与えられることのインパクトがない、という点である。第二の点についてマッカラは、歴史的仮説は日記などの資料（kに当たる）に基づくことが多く、そうした資料は追加的証拠（e）が得られる前からもともと仮説を強力に確証している、と論じている（McCullagh 1984, 57-58）。けれども、私はこの述べ方には満足できない。まず、統計が取りにくい点に関しては、私はすでに主観的確率をも、少なくとも事前確率においては、考慮に入れるべきだと述べた。さらに、歴史的仮説に関して、いつも既存資料が仮説を強力に裏づけているはずがない。日記にそれほどの信頼性を与えることは決してできない。日記を懐疑しながら利用するのが通常の歴史学の態度であろう。しかも、邪馬台国論争などから分かるように、明らかに確率的にしか算定できないような歴史的仮説は決して珍しくない。よって私は、ベイズ主義の応用は、歴史的説明に関してもう少し真剣に考慮されてもよいと考える。

とはいえ、ベイズ主義が万能のはずもない。詳しくは次章で検討するが、ベイズ的条件づけは確率の公式をそのまま仮説の確証の形式として読みかえるというものなので、仮説の確証という、実態はかなり複雑な営みを捉えるにはあまりに単純すぎて、多くの問題を呼び込む。証拠的連関（evidential relevance）や古証拠問題（the problem of old evidence）が代表的な困難である。ここでは古証拠問題だけを、次章の先取りになるが、一瞥だけしておこう。古証拠とは、すでに知られている既存の証拠で、よってそれが成立する確率は1と考えられるもののことであるが、場合によってはそう

した古証拠が仮説を確証することがあるが、ベイズ的条件づけでは $P_{pri}(e|k)=1$ の場合は、$P_{pos}(h|k)=P_{pri}(h|k)$となってしまい、こうした場合の証拠の確証力を説明することができない、というのが古証拠問題である。(5) 古証拠による仮説は自然科学でも生じるが、歴史的仮説の確証でも生じると思われる。たとえば、やはり頼朝挙兵時に例を求めてみよう。兼隆邸夜討ちの後、石橋山の合戦で敗れた頼朝は安房に逃れ、再起を図る。安房地域の有力武士である千葉介常胤と上総介広常に使者を送り、合流を呼びかける。常胤はすぐに帰順し参会したが、広常は遅参した。このことは以前からよく知られていた事実である。しかるに、関幸彦は、別な文脈で、そもそも頼朝はなぜ源義家以来源氏の勢力が強いと考えられる東国に配流されたのか、と問い、「源氏の主従関係が機能する可能性はないという見通しが前提されていた」という仮説を提起する（CL2と呼ぼう）。そしてひるがえって、広常の遅参は、世代を越えた源氏への忠誠心が機能していなかったことを裏書きするものだと論じたのである（関 2001, 72-73）。これは広常遅参という古証拠が新しい仮説（CL2）を確証する、という事態であると捉えることができよう。もう一つ、少し前の時代からも例を取ってみよう。平治の乱に破れた源義朝には常盤という妻がいたが、その常盤は義朝敗走後幼い子三人を連れて平清盛のもとに助命を願い出て、許された、という事実を私たち日本人はよく知っている。従来このことは、常盤の不節操だとか清盛の一目惚れ（よしなき心）とかのレベルで理解されていた。しかし、保立道久は、平治の乱後の平清盛が王権をめぐる朝廷内部の力関係を敏感に読み取り、乱後の自らの動きについて「きわめて政治的な立場から慎重な判断をおこなった」という仮説（CL3と呼ぼう）を提起する。そうした観点から振り返ると、清盛が常盤を許したという既知の事実（古証拠）は、常盤が近衛天皇

の中宮である九条院呈子に仕える「美女」として九条院の象徴的存在であったこと（これも古証拠といえるかもしれない）からして、むしろ新仮説ＣＬ３を確証する証拠となってくるのである[6]（保立2004, 119-134）。しかるにベイズ的条件づけではこうした確証関係を直接は説明できない。何が足りないのか。それは、新仮説を提起すると同時に生じる新しい連関性、あるいは新しい文脈を取り入れる仕組み、これがベイズ的条件づけには欠けているのである。あるいは逆に、ベイズ的条件づけがそれなりに機能しているのは、実はベイズ的条件づけを適用するときに暗黙的に適切な文脈に注目しそれを考慮しているからだ、ともいえよう。そして、歴史的説明が、たとえ確率的な説得性でしかないとしても、一定の成功に至るのは、ひとえにこの文脈の設定・選択に掛かっている。北条時政の行為がＣＬ１によって一定程度理解可能になること、上総介広常の遅参によってＣＬ２がある程度首肯しうるものになること、清盛の常盤への処遇によってＣＬ３が説得性をもつこと、それはＣＬ１やＣＬ２やＣＬ３を言外から支えている、日本中世の時代状況と武士たちのあり方に関する通常の文脈のゆえなのである。

5　物語行為による過去制作

このような文脈の選択、それこそ歴史の物語行為によって遂行される事柄にほかならない。こうして、次に「語りレベル」での因果に議論は移行しなければならない。歴史の物語論は、しかし、何らかの確率的法則性が歴史的説明に関与していることと同様に、何ら珍奇な説ではなく、過去の不在性からのストレートな帰結である。過去が不在である以上、過去についての言明は定義的に検証不能であり、よって合理性を達成するには、せいぜい確率的な信憑性への見込みのなかで、できる限り理解可能性の高い秩序のなかに出来事を配置して構成していくしかない。物語という形での歴史理解が歴史概念の発祥とともに宿されていたことは、まことに自然なことである。そして、歴史の物語論を展開した代表の一人がダントであることは疑いない。そのダントによれば、「物語文」(narrative sentences) とは次のようなものだと規定される。

それらは、少なくとも二つの時間的に隔たった出来事を指示する。ただ、それらは、指示する出来事のうちの最も早期の出来事だけ（それについてだけ）を記述する (Danto 1985, 143)。

このことは、私が挙げた頼朝の山木兼隆邸夜討ちの記述にも顕現している。私はその事件を「源氏再興の戦いの火蓋が切って落とされた」と記述した。この文は、ダントの規定に従えば、山木邸夜討ちと源氏再興という二つの時間的に隔たった出来事を指示している物語文である。しかし、この文によって記述されているのは山木邸夜討ちである。

こうした物語文が喚起する哲学的問題はほとんど無数にあるだろう。ここでは、三つのポイントだけに触れるにとどめたい。まず第一に、歴史的出来事の理解を因果関係のなかで見取るという私の問題設定にのっとって、物語行為それ自体が放つ因果的効力に注目したい。端的にいえば、物語行為が歴史理解ひいては過去の出来事の原因となっている、という可能性についての問いである。ダントは、物語文を規定した後、過去は決定されているが未来は未決定である、という常識的見方を取り上げ、その所以を探る。そして、いままで起こったことの知識と比べると今後起こることについてはきわめて不確かである、という知識の点に相違があるらしいと論じ、もしそうなら常識的見方は支持できない、なぜなら「私たちはいつも過去についての信念に改訂を加えており、よって過去が「固定されている」と想定することは歴史的探究の精神に背く」からだ、とする（Danto 1985, 145）。だとすれば、私たちは歴史を物語ることによって過去を変えたり制作したりしているのだろうか。もしそうなら、原因は現在生じて、結果は過去に生じていたのだから、因果の向きが逆転してしまわないだろうか。これに対しては、ダント自身も結局は次のように考えていたようだが（Danto 1985, 155）、かりに過去を変えたり制作したりできるとしても、私たちが治承四年の頼朝の行為そのものに直接因果的に働きかけることなどできるはずもなく、単に、治承四年の出来事がその後で生じる別な出来事との関係のもとで新たな特性を獲得する、という意味において過去が変えられるのだ、という穏和な応答がすぐに考えられよう。たとえば、後の建久年間に鎌倉幕府の基礎が固められたとき、その過去に当たる治承四年の出来事の意味が遡及的に変化させられた、ということである。けれども、この言い方は素朴な過去についての実在論に基づいている。私たちの歴史認識とは独立に過去そのものが実在しており、それは変化無用の神聖領域だ、という想定である。すでに述べたように、これは形而上学に至る立場であり、これを絶対に受け入れなければならないという拘束力はない。しかし、これを受け入れず、過去の不在性と含意性に一層真摯かつ整合的に向き合うならば、文字通り過去を変えたり制作したりしていることになるしかない。というより、かつての大森荘蔵の過去制作論の精神に沿って（大森 1992, 27-56）、過去や歴史とは、そのように物語行為によって制作されるということを本質とした事象だと、そう表現したほうがよいかもしれない。ただ、そうなると、逆向き因果を招来することになる。どうしたらよいだろうか。

おそらく、逆向き因果に対して最初から全面的拒絶反応をすることを止めてしまえば、ことは収まるだろう。第一章で「遡行確率仮説」に沿って論じたことだが、私たちの因果的な世界理解には、もともと過去に向かう逆向き因果が織り込まれているのだ、とあっさり認めてしまうという選択肢である。私はこうした見方はそれほど危険ではないと思う。というのも、一つには第一章で論じたように、私たちの日常的な世界理解に含まれる逆向き因果の契機はほぼ虚構的というべきだからであるが、それだけでなく、かりに逆向き因果を歴史の物語論のような意味で認めたとしても、因果の向きが前向きであるという見方が優越していることは動かないと思われるからである。なぜなら、たとえ物語行為が過去を制作するのだとしても、そうしたいわば（準）オントロジカルな事態の究極的な成立現場を構成する、物語行為が過去についての理解や信念を産み出す、というエピステミックな次元の因果関係は、歴史の物語論の構成上、明らかに原因が結果に先立つ前向きの関係に立たねばならないからである。こうして歴史の物語論の力強い理解可能性が保持される。

さて第二に、以上の点から連続することだが、歴史の物語論は歴史的出来事の理解が確率的、言い換えれば、偶然的なものである、というカバー法則モデルを論じたときに引き出した論点を裏書きすること、これに言及したい。上に触れたことから分かるように、ダントは、ある過去の時点の出来事の意味はその後に生じる出来事によって変化させられうるとして、そのような意味で「過去の偶然性」（past contingencies）があると論じた（Danto 1985, 195-196）。ただ、この言い方だと、物語で指示される二つの出来事がともにすでに起こってしまったときにも過去の偶然性が認められるかどうかは分からない。しかし私は、その場合でもやはり歴史的出来事の理解は確率的で偶然的でしかないと思う。二つの観点からそれがいえる。第一に、物語られる出来事の結びつきが確定したものかどうか確実性をもって断言することはできない。別な証拠や資料が発見されて異なった物語られ方をすることになる可能性は消去できないし、そうした新データがなくとも、場合によって違った（矛盾さえする）物語が語られうるからである。[7] 山木邸夜討ちを、源氏再興の発端ではなく、源氏嫡流消滅の発端として物語る可能性と説得性を完全に排除することはできないだろう（それがなければ義円、行家、義経、範頼、阿野全成、頼家、実朝、公暁の悲劇はなかったかもしれない）。第二に、歴史の物語文はなんであれ説得力があるわけではなく、物語られていることの背景をなす、日本史や特定の時代に関する一般的な共同了解と整合的でなければならないが、そうした共同了解はそれこそ何世代にも渡る証拠と証言の積み重ねによって形成されてきたもので、物語り手にとっては、抗うことのできない偶然的に与えられた条件といわねばならない。しかも原理的には、それとは異なった共同了解さえも可能なのである。いずれにせよ、やはりここでも過去の不在性というあり方が決定的な支配力を及ぼしている。

第三に、物語として歴史認識を捉えるという道筋は、濃密な意味で、曖昧な述語をもちこみながら「原因」と「理由」を織り変えつつ歴史を理解するということに必然的に至る。前段に触れた特定の時代に対する共同了解にはその時代固有のさまざまな概念が含まれているが、それらは厳密には救いがたく曖昧である。「元服する」、「呪詛する」、「挙兵する」など、境界線がはっきりしない述語に充ち満ちている。挙兵することがはじまるのはいつなのか、大将がそう述べたときなのか、兵が十人以上集まったときなのか、等々の「ソライティーズ」を誘引する構造がここには明らかに隠れているのである。もちろん、物語ること一般に用いられるすべての動詞などにも曖昧性が本質的に宿っていることは否定しえない。それゆえ、第二章の結論に沿っていうならば、歴史を語る人はそうした曖昧な述語の境界線事例のなかのどこかで「ジャンプ」を事実上していると捉えられなければならない。そして私は前章で、こうしたジャンプについて、判断主体の「傾向性」としての確率を客観的・実証的に研究していく道筋があるはずだと論じた。この論点を歴史認識の問題にぶつけるとどうなるだろうか。私は先に、歴史認識について認識的・主観的確率に基づくベイズ主義の可能性に触れた。ベイズ主義は万能ではないにせよ、そうした道筋を最初から拒絶するのは私には受け入れがたいと感じたからである。しかし、「曖昧性」の問題をここに読み込んだならば、そうした主観的確率を用いて歴史を語る人について、そうした語り手のあり方を丸ごと対象化して、その「傾向性」を実証的に研究する可能性が開かれるはずである。つまり、人はどのような状況のときどのような方向の歴史認識を語ってしまうのか、ということを、たとえば生理学的あるいは脳科学的に、計量化して研究する、いわばメタ歴史認識研究である。このような研究が実際に存在するのかどうか寡聞にして知らないが、原理的には可能だし、今日のわが国における歴史認識問題の重みを考えるとあってしかるべき研究領域のように思われる。いずれにせよ、事態がこのようであるなら、確率的という意味で確認された「偶然性」は、そうした曖昧な述語に関してどこにさしあたりの境界線をつけて使うかをそのつど決めるという、あるいは第二章の議論に再び沿っていえば、そのつど意思決定していくという、創造的様態としての「偶然性」でもあることになる。歴史認識は「確率」と「曖昧性」のうずまく不確実で偶然的な因果物語や理由づけの巣窟なのである。

けれども、このように歴史認識の偶然的な性格を強調すると、では未来の偶然性と同じことになってしまい、過去と未来の非対称性をどう説明するのか、という疑問が出るのは必定だろう。この点について私は、次の三つの有望なコントラストをさしあたり提起だけしておきたい。（1）過去時制言明には「完璧なあきらめ感」が伴うが（たとえ理論的には「逆向き因果」が可能だとしても、感覚的には諦観が伴う）[8]、未来時制言明はそうではない、（2）過去時制言明に宿る偶然性は顕在化された偶然性だが、未来時制言明の偶然性は潜在的なものにすぎない、（3）過去時制言明には責任や行為者性の帰属を行う働きがあるが、未来時制言明にはそれはない、という三つである。

6　行為論の歴史化

以上、歴史認識にかかわる因果関係について、「出来事レベル」と「語りレベル」において検討した。そして、歴史認識の不確実で偶然的なあり方を確認してきた。最後に「動機レベル」での因果関係を瞥見して、本章の議論を締めくくりたい。私が「動機レベル」の因果として解しているのは、どうして人は歴史を物語るのか、という物語行為の動機を問うときの、動機と物語行為との因果関係の問題にほかならない。この点については、野家啓一の分析が一つの手掛かりを与えている。野家は、言語行為と物語行為とを対比させて、言語行為が未来企投的で発話者の履行責任を生じさせるのに対して、物語行為は発言行為を空無化して思い出を構造化し共同化する、と論じる（野家 2005, 97-124）。

この指摘は、歴史物語の偶然性について私が示唆した論点と通底している。共同了解に即していくことが歴史物語に伴うならば、歴史物語そして歴史認識は現存の共同体というきわめて偶然的なファクターに浸潤されること、それが私の論点だったといいうるからである。けれど、議論がここで止まってしまっては、とても十分とはいえない。そうした共同化された歴史物語は、最初から共同化されていたわけではなく、共同化されるべく立ち上がってきた始元のプロセスがあるはずだからである。それを問わなければ、共同体への同化指向という事後的で形骸化された歴史物語の現れ方を単に追認するだけになりかねなく、「動機レベル」の問いに真に答えたことにはならない。そして私は、このように問いを向けたとき、あることに気づかざるをえない。すなわち、歴史物語を語り、歴史認識を表明するのは、国と国との間に緊張関係が生じたりしたときのような、何らかの危機や日常のゆらぎに面したときに、自らの正当性や存在理由、あるいは進むべき道を示すためである、ということである。歴史物語と歴史認識をそもそも動機づけるのは、危機やゆらぎに対して自分を正当化し鼓舞するという欲求なのではないか。そして実は、このことは、程度の軽重はあれ、歴史認識の及ぶ範囲の大小はあれ、正当化の現れ方はさまざまであれ（自分たちの歴史への反省も自分たちの現在の正当化である）、ほぼすべての歴史物語・歴史認識に当てはまるように私には思える。[9] 昔話による歴史物語も自らの文化の存在理由を語っていると理解できるのである。そしてそうであるなら、歴史認識の不確実性・偶然性は一層深部にまで及ぶことが見届けられねばならない。なぜなら、「すべての階級・諸集団は自らを根拠づける集団的な自伝を書いている。歴史は、ある部分では人（々）がそのアイデンティティを作り出す方法である」（ジェンキンズ 2005, 36）のだから、「異なった集団に対しては異なったことを意味する、対立する言葉/言説であるがゆえに、歴史は不確定なものにならざるをえない」（ジェンキンズ 2005, 34）からである。

だが、ここまでくると、きわめて重大な論点に至らねばならないことになる。歴史物語・歴史認識を動機づける「危機」や「ゆらぎ」それ自体、一種の歴史物語・歴史認識であるということ、これである。国と国の外交問題が発端となって歴史解釈が双方から語られるとき、外交問題それ自体が一定の経緯を経た歴史的出来事なのである（たとえ最後に物語られる歴史よりもはるかに直近の歴史だとしても）。しかるに、歴史物語・歴史認識とは本来的に偶然的なものなのであった。ならば、そうした物語と認識の動機もまた歴史的理解である以上、偶然性は歴史認識のすべてに渡って、その本質的あり方として瀰漫していると、そういわなければならない。おそらく、歴史認識とは、こうした偶然性の瀰漫のなかで、ある歴史認識に動機づけられて産まれ、そしてまた産まれた歴史認識が次の歴史認識を動機づけていくという、フィードバックの作用のなかで立ち現れるダイナミズムであり、むしろ実は、そうした歴史認識の偶然的なダイナミズムこそが歴史というものの本体なのだと、そういいうるかもしれない。

こうした歴史認識のありようは、「呼びかけと応答《コール・アンド・リスポンス》」による私たちの理解実践を見事なまでに体現している。何かの危機やゆらぎが発生するとは、すなわち、なんらかの「呼びかけ《コール》」が私に向けられることにほかならない。私はまずこれを聞き取る。ここから歴史認識が動機づけられる。この点で、大橋良介の「聞くこととしての歴史」という捉え方は正鵠を得ている（大橋 2005）。ただ、こうした「呼びかけ《コール》」は私に自己を正当化することを促すほどの切迫したものであり（そうでなければ過去に言及し理由や原因を指し示す必要性がない)、しばしば政治的なものでもあったりする。よって、「応答《リスポンス》」しないわけにはいかない。やはり、「呼びかけと応答《コール・アンド・リスポンス》」という応酬のなかに歴史認識は生成すると捉えなければならないのである。しかも、そうした歴史認識は、すでに論じたように、骨の髄まで偶然性・不確実性に浸されており、「応答《リスポンス》」には曖昧性をそのつどジャンプして境界線を大胆に創造していく営みが含まれざるをえない。たとえば、「北条時政は政子を平兼隆に嫁がせるときに、すでに政子が頼朝のもとに走るであろうことを実は期待していた」と誰かが物語ったとき、その人は「期待する」という曖昧な述語をかなり自由かつ大胆に使用しているといわねばならない。ad libitum(アドリブで、随意に)、歴史認識は本性的に「呼びかけ《コール》」に対するアドリブの即興的な「応答《リスポンス》」なのである。

以上のことは、私たちの行為一般の説明や理解に対して妥当する。すでに確認したように、実は私たちの行為を理解したり説明したりするということは、過去の事柄を認識することにほかならないからである。そもそも行為の説明・理解ということをするのは、何か説明や理解をしなければならないことがすでに行われたからである。しかも、それは大抵は日常性を逸脱した行為であり、典型的には犯罪行為などがそれに当たる。日常的な何の不思議感ももたらさない行為は、説明も理解もことさら必要でない。しかし、日常を逸脱した行為の典型である犯罪行為に対しては、私たちは説明や理解を求め(つまり、「呼びかけ《コール》」る)、裁判などに至る。そしてそこで検討される行為理解はまさしく歴史認識なのである。裁判や取り調べで調べられる行為がいわば定義的に過去に生じたものであることを否定する人は誰もいないだろう。ならば、行為論は歴史認識についての検討を踏まえなければならない。そして、私たちは行為を理解したり説明したりするとき、日常性ということで私たちが暗黙に受容している文脈や文化を何らかの意味で正当化しているのだという、そうした真相の事態を（あまりに染みつき固着しているので気づかれにくいかもしれないが）主題化しなければならない[10]。しかるに、今日の行為論の現状は必ずしもそうではない。アンスコムやデイヴィドソン以来の、欲求や意図や信念内容などの「理由」が行為を説明するのか、それとも脳に発する生理的現象としての「原因」が行為を説明するのか、という問題図式がいまでも基本的には踏襲されている。そこでは、あたかも行為一般が中立的かつ無時制的な形で主題化されているかのように見える。しかし、説明を要する行為とは何らかの意味で日常性を逸脱したと捉えられる行為であり、行為一般に関する説明などというニュートラルな問題はリアリティがないこと、そしてそうした問題化される行為とは過去に生じたものであり、よって行為論は歴史認識の問題と本性的にリンクしていること、そうした当たり前の観点からなされるべき問題設定が等閑に付されているように思われる。なるほど確かに、水本正晴が指摘しているように、ドレツキなどのような洞察力ある哲学者は、行為の因果を成立させる事実は「歴史的事実」であることを明確に押さえている（ドレツキ 2005, 水本解説 293-294）。けれども、私は、そうした歴史性を読み込んだならば、そのような歴史的な把握が「呼びかけ《コール》」によって因果的に動機づけられた「応答《リスポンス》」であること、そしてそうした「応答《リスポンス》」には「確率」と「曖昧性」という二つの不確実性・偶然性が瀰漫していること、それゆえ歴史認識ひいては行為の説明や理解は本質的に ad libitum なものにならざるをえないこと、こうした文字通りの行為論の歴史化の道筋があると、そう主張したいのである。いずれにせよ、このように考えるとき、歴史認識のありようが私たちの理解実践を体現していることは当然であることとが見えてくる。人間の行為こそ、「なぜならば」文が関わりゆく重大な領域であることは明らかだからである。

しかし、最後にあわてて付け加えたいが、ad libitum に創造される語りとして歴史認識そして行為理解を捉えることは、決して何でも構わないということを意味するのではない。すでに触れたように、おおよそ承認される証拠[11]に基づいて、ベイズ主義的な手法などに訴えながら、一定程度のインターパーソナルな実証性・客観性を目指していくことは必ず求められるし、歴史認識の対立解消の手立てはそういう方向にしかないだろう。そしてその上で、最終的には、自己を正当化するために語ったことは、他者に対する説得性という観点から評価されなければならないし、その意味で自分に「責任」（あるいは「称賛」や「功績」も）が帰せられる。すなわち、歴史の語りはその結果を待ち受けることになる。その限りでいえば、歴史認識は、それが「応答《リスポンス》」として発せられた瞬間に、未来へと眼差しを向け変えるのだ。次の最終章では、そうした未来を射程に入れた「なぜならば」文の検討を行おう。

第四章　仮説の確証　deciso

1　確率的戦略

私たちはつねに不確実性に取り巻かれている。なるほど「台風が上陸することは確実だ」などと人はいうときもある。しかし、このような確実性の主張の源泉は何だろうか。現在ただいま手に入れている情報、おそらくそれだろう。けれども、日常私たちが手にする情報のほとんどは、権威の発言やマス・メディアを媒介にした単なるまた聞きにすぎない。よって、原理的にそうした情報に完璧な信用性を置くことはできない。さらに厳密にいうなら、第一章で論じた「過去確率原理」に妥当する場合を除き、私たちが直接経験したり、権威者や目撃者自身が獲得した一次情報でさえ、不確実とみなされねばならない。なぜなら、知覚や、情報の記述のさいに使われる曖昧な言葉や、記憶といった要素には認識的限界があるからである。そして、台風の例からも推測できるように、私たちは、未来の出来事を予測したり一般法則を正当化したりという手続きのためにこれまでの情報を活用することが多い。こうした手続きは「帰納」と呼ばれる。しかるに、帰納の全手続きは、哲学的観点からすると不確実であるとみなされねばならない。というのも、信頼を置かれるべきそうした情報が端的に不確実だからである。それに、ヒュームがとうの昔に喝破したように、そもそも未来に何が生じるかは誰も知らない。未来に何が起きても反則ではない。過去と未来の間に本来的な非対称性があること、これはあまりに明らかだからである。すなわち、もし帰納的手続きというものが、虚構的な「ブーメラン決定論」は別にして、絶対的な確実性をもって未来を予測したり、完璧に合理的な仕方で一般法則を正当化したりすることを目論んでいるとするなら、そうした目論見はそもそもはじめから完全に絶望的なのである。これに対して、情報それ自体ではなく、情報を処理するときに使われる論理的な推論形式の正しさには確実性があるはずだ、と思う人もいるかもしれない。けれど、これは確実性ではなく、推論の妥当性の問題である。推論の妥当性とは、ごく一般的にいって（第二章6節参照）、もし前提が確実に真であるならば、結論が確実に真であることを保証するにすぎない。けれど、序章や第二章で触れたエジントンの「不確実性の論理」が示しているように、そもそもそうした前提が不確実でしかないなら、妥当な推論もまた不確実性のなかに巻き込まれていくしかないのである。

この最終章で私は、いま触れた帰納の問題について、すなわち未来に関わることを包含する認識について、そのいくつかの側面に焦点を合わせて論じていきたい。私が厳重に家の戸締まりをしているとき、なぜそんなことをしているのかと尋ねられて、「今夜台風がこの辺りに上陸するからですよ」と答えたとき、そうした「なぜならば」文に現れる「原因」または「理由」には、明らかに、台風というものに対する、それを伝えるメディアに対する、家の頑丈さに関する、などの帰納的知識が関与している。こうした「呼びかけと応答《コール・アンド・リスポンス》」のあり方を探ること、これが本書の最後の課題である。昨今は、どのようにして一般法則を完璧に合理的な仕方で正当化すべきか、どのようにして未来についての絶対的に確実な予測をするべきか、について説明しようとする哲学者などいない。なぜなら、そうした課題は千里眼を求めているだけだ、ということを彼らは十分に理解しているからである。よって、この問題に正面から向かう代わりに、哲学者たちは、「確証」(confirmation) の概念を導入することによって、証拠と仮説の間の関係を解明することだけに取り組み、問題を回避する。要するに、もし証拠 (e) が仮説 (h) を積極的に支持するならば、すなわち、eがhをより受容可能にするならば、そのとき、eはhを確証する、といわれる。反対に、もしeがhの受容可能の度合いを低めるならば、eはhを非確証する (disconfirm)、と表現される。大まかにいって、確証の理論として、哲学では二つの戦略がこれまで支配的であった。つまり、演繹的 (deductive) 戦略と確率的 (probabilistic) 戦略である。演繹的戦略に従えば、証拠が仮説を確証するのはその証拠がその仮説から演繹されるときであり、他方、確率的戦略は、何らかの証拠言明が与えられたときの何らかの仮説に対する「条件つき確率」(conditional probability) が存在し、それゆえ確証関係は確率関係によって分析される、と主張する (Glymour 1980, 12-13)。しかるに、演繹的戦略は、科学的活動の現場での確証にまつわる実際の状況を十全に反映させることができないようにどうしても思われる。科学的活動では、確証のプロセスは、たとえ確実性ははじめから見込まれていないとしても、新しい証拠が得られるたびに徐々にダイナミックな仕方で遂行されているからである。この意味で、確率的戦略こそが注意深く考察するに最も値すると私は思う。実際、この戦略は、先に触れた不確実性についての私の見解とよく合致しているのである。

以下の論述では、私はまず、確率的戦略のなかでの最も影響力の大きい方法、すなわち「ベイズ主義」(Bayesianism) を吟味し、同時にそれに対する伝統的かつ本質的な反論についても考察する。それから、そうした反論が描くような問題事象を正しく理解するために、別の違ったアプローチを提起したい。すなわち、確証についての諸問題に対して、確証が意思決定の何らかのプロセスに巻き込まれているという事態を見取ることによって立ち向かうというアプローチである。私は、医療の事例に言及することによってこの点を示唆したい。こうした議論は、一見、確率的戦略は受け入れられない、ということを示しているように取られるかもしれない。けれども私は最後に、ベイズ的理論は、限定的で違った意味においてではあるが、依然として十分な可能性と有意義性を保ちうるということを示したいと思う。

2　ベイズ的確証理論

さてでは、確証についてのベイズ主義とはどのような考え方なのだろうか。分かりやすさのため、あえてシンプルな例を取り上げてみよう。眼科医が次のような仮説を提起したと想定する。

(h)　ブルーベリーを摂取することは眼の働きが良くなることの原因である。

そして、私がこのような証拠をえた、とも想定する。

（*e*）　私は、ブルーベリーを摂取した後でコンピュータの前で作業をしたとき、眼精疲労に悩む度合いがそうでないときよりも実際に少なかった。

明らかに、*e*は*h*に積極的支持を与えている。それゆえ、*e*は*h*を確証する、と述べて間違いない。確率的戦略の主たる着想は、このような確証関係を「*e*はP(*h*)を高める」（*e*は*h*が真理である確率を高める）というように解釈する、というものである。証拠が仮説の確率を高めるという関係こそ確証にとって重要であると解されるのである。[(1)] この着想に沿った最も影響力の大きいアプローチこそ、これまでも何度も言及したが、「ベイズ主義」、あるいはもっと厳密にいうなら「ベイズ的認識論」(Basyesian epistemology) にほかならない。そしてそのなかでは、仮説の確率の変化は「ベイズ的条件づけ」(Bayesian Conditionalisation) によって表現される。この問題に焦点を合わせるとき、ベイズ的認識論は「ベイズ的確証理論」(Bayesian confirmation theory) とも呼ばれる。それに従えば、証拠（E）をえたことに基づいて仮説（H）の確率をどのようにアップデートしていくかについての原理を、条件つき確率と「ベイズの定理」によって（それゆえにベイズ主義と呼ばれる）、次のように定式化することができる（pri, pos はそれぞれ事前、事後の意味である）。

$$P_{pos}(H) = P_{pri}(H \mid E) = \frac{P_{pri}(H \,\&\, E)}{P_{pri}(E)}$$

$$= \frac{P_{pri}(E \mid H)P_{pri}(H)}{P_{pri}(E)} \qquad (P_{pri}(E) \neq 0)$$

$$= \frac{P_{pri}(E \mid H)P_{pri}(H)}{P_{pri}(E \mid H)P_{pri}(H) + P_{pri}(E \mid \sim H)P_{pri}(\sim H)}$$

これが「ベイズ的条件づけ」（以下BCONDと略称）の原理である。第三章では「背景知識」（k）を混ぜた定式化をしたが、ここではそれを省いている。定式化としての本質は同じである。いずれにせよ、哲学的認識論について現在の文脈で論じるとき、これを無視することはできない。

ベイズ的認識論について、二つの基本的な特徴についてここで言及しておこう。第一に、ラムジー以来「信念の度合い」として伝統的に定義されてきた認識的・主観的確率がここで使用されうるということ、とりわけ「事前確率」（prior probability, $P_{pri}(E)$や$P_{pri}(H)$のこと）にそれが使用されうるということ、これが挙げられる[(2)]。これこそがベイズ主義の最もよく知られた特徴であり、実際このことによって、過去のデータがないような新しい状況にも利用できるという、ベイズ的アプローチの広範な適用可能性が生み出されている[(3)]。第二に、ベイズ主義者たちは、そうした信念の度合いは確率の基本的な数学的法則「コルモゴロフの公理」（本書三二頁参照）を満足しなければならない、と規定する。そのことは通常、いわゆる「ダッチ・ブック議論」（Dutch Book Argument）（「損失確実契約」（sure-loss contract）とも呼ばれる）によって確立される。すなわち、「コルモゴロフの公理」を満たさないような不合理な信念の度合いをもつ人は、賭を取り仕切る胴元がその気になれば、必ず損失を被ってしまう賭けに巻き込まれうる、ということを示す議論である。この第二の特徴が示唆するように、ベイズ主義者たちは自分たちの議論を、「記述的」なものというよりむしろ「規範的」なものとして提起している。私たちの心理的事実としては確率の公理を破ってしまうこともありうるけれども、私たちの信念の度合いが合理的な「理由」となるためには、それは「コルモゴロフの公理」に従っていなければならない、というわけである。いずれにせよ、こうしてベイズ的確証理論は帰納の問題を巧妙に回避してゆく。ハッキングが指摘するように、ベイズ主義的文脈では、問題は私たちの信念が合理的かどうかではなく、新しい証拠に照らしてこのように信念を改訂していくことが合理的かどうかだ、ということになるからである（Hacking 2001, 256）。こうしたベイズ的確証理論が、確証の度合いを評価するに際して明瞭で平明な方法論であることは疑いない。もし $P_{pos}(H) > P_{pri}(H)$ であるならば、HはEによって確証されるのであり、もし $P_{pos}(H) < P_{pri}(H)$ であるならば、HはEによって非確証される。まことにシンプルであり、直観的にいって理に適ってもいるので、帰納についての私たちの常識的感覚を説明するのに十分であるように思われる。[4] 実際今日では、ベイズ的認識論は「ベイジアン・ネットワーク」(Bayesian networks) と呼ばれる、グラフ化したモデルの開発によって、強力な応用性と実用性を獲得している。「ベイジアン・ネット」は、仮説や証拠を変数と捉えて、それらを矢印でつなげる「有向非巡回グラフ」(directed acyclic graph) と、それぞれの変数に対する「確率分布」からなり、変数間の依存性・独立性を簡単に判別できるようにした概念装置である。[5]

しかしながら、どのような哲学的理論に関しても通常そうであるように、ベイズ的確証理論に対しては多くの批判が投げかけられてきた。そしてそれによって、今日に至るまで活発な論争が喚起されてきた。大まかにいって、指摘されてきた重大な困難性には二つの方向性がある、と述べてよいように私には思われる。すなわち、(1) BCONDは確証に連関しないいくつかのケースを確証の事例として含めてしまいうる、(2) BCONDは確証に連関するいくつかのケースを説明できない、という二つである。要するに、BCONDはあまりに寛容すぎるときがあったり、あまりに不寛容すぎたりするときがあるのである。

3 証拠的連関

第一の困難性は次のような本質的な問いと直接的に関わっている、すなわち、「なぜ私たちは確証の程度についての問題を端的に条件つき確率と結びつけることができるのか」という問いである。グリモアが直截的に指摘したように、「特定の証拠は、特定の理論との関連のもとで、特定の仮説を確証したり非確証したりする」(Glymour 1980, 110)、よって「もしある仮説が、ある理論との関連のもとでは、あるひとまとまりの証拠によってテストされないとしても、つねに何か別の理論が存在し、その理論との関連のもとでは、その証拠はその仮説を確証したり非確証したりする」(Glymour 1980, 120)。言い換えるならば、確証が証拠と仮説の間に成立するのは背景理論あるいは背景知識の「おかげ」なのであり、したがって証拠のそうした背景理論への連関(そしてその理論を通じた仮説への連関)が本来的に要求されるのである。にもかかわらず、BCONDそれ自体はこうした証拠的連関への要求を課していない、なぜならそれは単純に、数学的式であるベイズの定理を確証の表現と見なしているからである。この点は、第三章のように、「背景知識」(k)を入れてBCONDを定式化しても同様である。なぜなら、KとEやHとの連関性はそうした定式化だけからはくみ取りえないからである。BCONDのこのような状況は、そのような証拠的連関を欠いているにもかかわらず確証関係だと解されてしまうという、直観に反する事例を生み出しうる。この点をクリアに認識するために、BCONDに対する以下のような反例を挙げてみよう。

それは、先に言及したブルーベリーの例に関連した、因果関係に関する事例である。確かに、「ブルーベリーを摂取した後の眼精疲労の軽減」（e）が「ブルーベリーの摂取が眼の働きをよくすることの原因となる」という仮説（h）の確率を高める、という事態を認めることはできる。けれども、次のような仮説はどうだろうか。

（$^*h$）　歯を薄くブルーベリー色に染めることは眼の働きが良くなることとの原因である。

おそらく、私たちがブルーベリーを摂取するときはいつも、自動的に多かれ少なかれ歯を薄くブルーベリー色に染めている。だとすれば、私たちの経験に従うなら、歯を薄くブルーベリー色に染めることとは、眼の機能の良化と規則的に連接していることになる。そこで、次のような証拠について考えてみよう。

（$^*e$）　私は、歯を薄くブルーベリー色に染めた後でコンピュータの前で作業をしたとき、眼精疲労に悩む度合いがそうでないときよりも実際に少なかった。

条件つき確率に関する限り、*eもまた*hの確率を高めると、すなわち、*eは*hを確証すると、そういわなければならない。しかしながら、この確証関係はまったくもって受け入れられない。というのも、歯のブルーベリー色が私たちの眼に因果的影響を及ぼすなどと私たちは思っていないからである。実際、たとえ歯を薄く人工的なブルーベリー色で染めたとしても、その色が私たちの眼に関して何事かを引き起こすはずなどないだろう。これは、確率的因果の文脈でスッピスが提示したターミノロジーで言うところの「にせの原因」の問題にほかならない（Suppes 1970, 21-28. また『迷宮1』第四章も参照）。もちろん、こうした問題は、いわゆる「ろ過」(screening off) の操作によって対処可能ではあろう。ブルーベリーを注意深く歯が色づかないようにして摂取した場合と、色づくように食べた場合とで、眼が良化する確率の上昇度が変化しないとしてみよう（実際そうなるだろう）。この関係性は、「目の状態が良化する」をA、「ブルーベリーを摂取する」B、「歯をブルーベリー色に薄く染める」をCとおくと、次の等式として表せる。

$$P(A \mid B \,\&\, C) = P(A \mid B)$$

このとき、ブルーベリーの摂取は眼の良化のプロセスから歯のブルーベリー色を「ろ過」するといわれ、歯のブルーベリー色は「にせの原因」と見なされる。しかし、まさしく、このような対処を考えねばならないという事態によって、BCONDそれ単独では因果的連関を含みもつ確証のプロセスを取り扱うのには不十分である、ということが露わとなる。このように、条件つき確率と因果関係との間の概念的相違について私たちは十分に注意をはらわねばならない。しかるにBCONDそれ自体は、それが単純に条件つき確率に訴えるものである限り、確率と因果のこの微妙な相違について正確に考慮することができないのである。

もっとも、今日の「ベイジアン・ネット」の考え方は、「ろ過」の操作をあっさりと体系のなかに組み込んで、一層の洗練化を企てている。ネットワークを構築するとき、主として変数間の因果関係が手掛かりとされるが、そうした過程を導くのは、「因果的マルコフ条件」と呼ばれる次の原理である。

〈因果的マルコフ条件〉（Causal Markov Condition）
各々の変数は、それの直接的原因を条件とするとき、それの非-結果と確率的に独立である。

この「因果的マルコフ条件」は、「ある一つの原因から複数の相互に確率的に依存する結果が生じた場合、その原因を条件とするなら、それらの諸結果は独立である」とする「共通原因の原理」（the Principle of Common Cause）と結びついていて、ここに「ろ過」の考え方が組み込まれているのである（Williamson 2005, 50-52）。けれども、このような洗練化を施したとしても、やはり確率的相関と因果の相違を完全には区分けできない。「ろ過」さえできないような、因果関係にない確率的な依存がありえるからである。ジョン・ウイリアムソンは、一例として、インフルエンザに罹っているか否かと、オルトミクソウイルス（インフルエンザウイルスを含む科の名）に感染しているか否かという、意味的に連関する二つの変数は、確率的に依存しているし、共通原因を想定したとしても一方から他方を「ろ過」できないが、しかし相互に因果関係にはない、というケースを挙げる。しかし、「ベイジアン・ネット」に乗せてシンプルに推論すると、二つの変数間に因果関係が成立していることになってしまう（Williamson 2005, 53）。こうしたベイズ的認識論そしてBCONDのあり方は、確証の理論を展開するに当たっての深刻な欠陥である。なぜなら確証されるべき仮説の多くは明らかに因果的連関を包含しているからである。(6)

そのほか、問題となっている仮説に対して、無関係の仮説を連言や選言で結びつけたときにも、一つの連言肢・選言肢だけを確証する証拠によって連言全体や選言全体の確率が上昇してしまい、あたかも無関係の仮説が確証されてしまっているかのようになってしまうという反論もある。これも証拠的連関をベイズ的確証理論が考慮しえていないことの帰結であるといえよう（See Pennock 2004）。

4　古証拠問題

さて、BCONDについての第二の困難性に目を向けてみることにしよう。それはすなわち、BCONDは$P_{pri}(E)=1$の場合の確証のプロセスを記述できないという点である。なぜ記述できないかというと、この場合、$P_{pri}(H|E)$は$P_{pri}(H)$と等しくなり、したがって、$P_{pos}(H)=P_{pri}(H)$ということになり、それはつまり証拠が確証と何の関係もないということを意味するからである。(7) もちろん、$P_{pri}(E)=1$であっても、確証のプロセスが発生しないのであれば、問題はない。そうした場合は端的に確証とは連関していないのであり、よってBCONDにとって無害だからである。たとえば、論理

的真理の場合や、すでに獲得している証拠をまさしく説明するために仮説を提起する場合である。後者の場合は、証拠は仮説提出の基礎であって、その証拠が仮説を確証することはもともと期待されていない。しかし確率1はつねにＢＣＯＮＤにとって無害であるといえるだろうか。確率1をもつこれらの事柄が証拠の役割を果たして、当該の仮説を確証すると思われるようなケースがあったとしたら、それについてどう考えるべきだろうか。このように問うとき、第三章で少し先取りして論じた、あの「古証拠問題」に私たちは遭遇するのである。この問題は最初グリモアによって提起された。彼は、次のような紛れのない仕方でそれを記述している。

ニュートンは、ケプラーの第二法則と第三法則を利用して、普遍的な重力の考えを論証したが、実はケプラーの法則はニュートンのプリンキピアが刊行される前に確立していたのである。アインシュタインが彼の重力場方程式に対して一九一五年に与えた論証は、その方程式によって、半世紀も前にすでに確立されていた水星の変則的な近日点が説明されるということ、これであった…実際、古い証拠は新しい理論を確証することができる。しかし、ベイズ的運動学にしたがえば、そのような確証は不可能となってしまう（Glymour 1980, 86）。

グリモアの議論の要点は明らかである。水星の近日点についての古い証拠は、アインシュタインが重力場方程式を提起した一九一五年時点ではすでに確率1を得ていた、よって先に言及した $P_{pri}(E) = 1$ の場合の状況にしたがって、「重力場方程式が真である」を「重場」、「水星についての古証拠が

存在する」を「水古」と表して、事態を示すと、

$$P_{1915}(\text{重場}\mid\text{水古})=\frac{P_{1915}(\text{水古}\mid\text{重場})P_{1915}(\text{重場})}{P_{1915}(\text{水古})}$$
$$=P_{1915}(\text{重場}),$$

ということになる。すなわち、こうした古証拠はいかなる確証力ももたないのである。それにもかかわらず、事実として、古証拠は実際にアインシュタインの仮説を確証した。かくて、ＢＣＯＮＤはこの事実を適切に取り扱うことができないということになる。これは、ＢＣＯＮＤおよびベイズ的認識論に対する非常に深刻な批判となるように思われる。

　バス・ヴァン・フラーセンは、古証拠問題に対する三つの可能な応答を手際よく提示している（Van Fraassen 1988, 154）。（1）第一に、古証拠について実は誰も確信をもってはいない、つまり、Ｐ（古証拠）≠1だとする。「この応答は考えられる限りで最も効果的であり、これによって問題は完全に取り除かれる」。（2）第二に、この古証拠がこの仮説を確証すると述べるとき、「私たちは現在の実際の認識的状態にではなく、それに対する別の採り方に言及している」とする。すなわち、もしその古証拠が実際にそれが現れたときよりも十分に遅くに確立されたとするならば、それはこの仮説を確証したであろう、という反事実的条件文について私たちは考察しているのだ、と考える。（3）第

三に、「『Eが H を確証する』という言い方は一般の人の会話のなかでも使われてよいものだが、その場合、Eに関係し、私たちにとって実際にHを確証する何か別のものへと注意が向けられている」。言い方を変えるなら、この問題は、証拠と仮説の間それ自体の関係性ということを越えて、むしろ私たちの主観的な信念の状態、すなわち私たちによる証拠と仮説の関係性の「発見」に関するものであると解釈されるべきだ、とするのである。

　第一の応答は、「古証拠問題」をそもそも立ち上がらせないという応答なので、問題解決という点ではきわめて魅力的である。たとえば、マーク・カプランは確率1は論理的あるいは数学的真理のみに付値可能だと示唆している（Kaplan 1996, 50-51）。またティム・ウイリアムソンは、第一章で触れた「単調性」の原理を拒否することで、確率1はつねに保持できないことを主張する。ウイリアムソンはBCONDが証拠命題が確率1をえて失うことはないということを前提していると見抜き（実際ホーソンらはそう述べている。Howson & Urbach 1993, 99）、忘却の要素を強調しながら、「ベイジアンは忘却することを忘却している」（Williamson 2000, 218）と批判する。ウイリアムソンの立場もP(古証拠)≠1という主張に結びつきうるだろう。[8] しかし、この応答は「古証拠問題」への応答としては魅力的かもしれないが、確率1という概念をあまりに狭く取りすぎてしまう。第一章で私が採用した「過去確率原理」が示唆するように、確率1の概念はもう少し広く取れるはずである。もっとも、ウイリアムソンの立場では、忘却する前は論理・数学以外の情報にも確率1があてがわれることが許されている。しかしそうなると、「古証拠問題」が発生する可能性が再び生まれてくる。この点は後に触れよう。

第二の応答、つまり反事実的条件文を導入することで問題を回避しようとする応答、に一瞥を与えてみよう。ホーソンとアーバックがこの応答の典型的な議論を提示している。彼らはいう、ベイズ的理論に対する古証拠問題の定式化において「この理論が不正確な仕方で利用されてきたことは明白である。間違いがどこにあるかもまた明白である、すなわち、すべての確率を現在的知識の総体に対して相対化したこと、ここに誤りがある。もちろん、そうした確率は現在的知識からeをマイナスしたものに対して相対化されるべきだったのである」(Howson & Urbach 1993, 404ff. See also Horwich 1982, 52)。しかし、この応答に対しては、古証拠をマイナスした背景知識というものをどのように同定するのか、古証拠から論理的に演繹される情報はどう扱うのか、科学史に対する架空の反事実的想定をどう特定するのか、といった疑問が矢のように投げつけられた(See e.g. van Fraassen 1988, 155-156, and Glymour 1980, 87-91)。しかし、これらの疑問は奇妙だろう。そもそも確証というのは予測を含み、予測とは、確率を考慮に入れながら未来のいくつかの可能性を比較して予測していくことである。そこに反事実的分析が入り込むのは事柄の性質上必定である。確かに反事実的条件文の評価は難しい。しかしそのことは、確証が反事実的条件文を含むことを拒絶する根拠にはまったくならない。そもそもBCONDが、証拠が得られた後でも証拠を得る前の状態を想定して確証仮定を分析するものであることは、その定式化からして明らかである。

では、第三の応答はどうだろうか。このタイプの応答を代表するのはガーバーの議論である。その実質的な考え方は次の発言において簡潔に表現されている。

もし古証拠が新仮説の確率を高めるとするなら、それはこれまで知られていなかった論理的関係を発見することを通じてであるに違いない。古証拠問題を生じさせるようなケースで私たちが扱っているのは、仮説が、証拠それ自体によってではなく、仮説と証拠との間の論理的関係の発見によって確証されるような、そうした状況なのである（Garber 1983, 120）。

もし事態がこのようであるなら、古証拠問題は解決されるだろう。なぜなら、仮説と古証拠との間の論理的関係の発見は「いま」なされるのであり、その前はその古証拠は証拠と見なされていなかったからである。いわば、古証拠とは実は、古い来歴を実際にもっている、新たに発見された証拠なのである。こうしたガーバーの応答に対して、たとえばイアマンは、もともとの問題はデータと仮説の関係に関してだったのに、ガーバーの論じているのは仮説を研究している人の信念の心理的過程であって、そもそも筋違いである、と批判を加えた（Earman 1992, 120）。けれども、この批判はフェアではない。あたかも、確証とは人間の認識過程と独立なデータと仮説の客観的関係であると前提しているかのような批判だからである。ベイジアンが自明のこととして前提しているように、確証というのはもとからして私たちの信念に関している。このことは、かりに決定論的世界観を採用してみるならばはっきりする。というのも、その場合、確率を高めるという形の確証は客観的リアリティとは何の関わりもないことは明らかだからである。(9)

5　確証の意思決定負荷的アスペクト

私としては、古証拠問題を解決するための以上三つの応答はいずれも間違ってはいないと、そう主張したい。けれども、それらが完璧に満足のいくものであるとは思わない。なぜなら、それらは古証拠問題への応答にすぎず、それらの応答を支える見方がどのように確証の理論に貢献するかについての体系的な分析にまでは達していないように思われるからである。実際、これらの応答は、ベイズ的認識論の擁護という点についてさえ、まだ不十分である。というのも、それらの応答が、もう一つの重大な難点である、証拠的連関の問題についてどのように対処できるのか、それが明らかでないからである。よって私は、こうした行き詰まり状態を打開するため、一つのアイディアを提示したい。その際、医療的事例を取り上げることによってそれを試みたいと思う。

さて、次のような状況を典型的な事例として想定してみよう。

ある地域病院の救急室に一人の患者がやってきた。チーフレジデントの診察によれば徴候と症状から虫垂炎かもしれないという疑いが払拭できない。チーフレジデントは外科部長にコンサルトしたところ、外科部長もそうした徴候と症状は虫垂炎を疑わせるということに同意するという。外科部長は、こうした徴候と兆候をもつ患者はしばしばＮＳＡＰ（非特異的腹痛）であり、よってそのときもし手術が行われれば、不必要な手術となってしまうであろうということをわきまえている。けれども、そうした患者のなかには、虫垂に炎症を起こしていて、手術に取りかかる前に穿孔する者もいる。外科部長は、この患者を手術するかどうかを決める前に、救急室で六時間ほど休ませ様子を観察して、症状が改善するのか悪化するのか（または変化しないか）をみるのがよいかどうか考えている（Weinstein & Fineberg 1980, 13）。

これは医療的意思決定についての著名な教科書から引用したものである。もちろん、さしあたり、医学的治療についての意思決定問題は今回の私の議論の範囲外である。私がここで焦点を当てたいのは、上の例のなかでチーフレジデントが「疑いが払拭できない」と表現しているような、医学的「診断」についての不確実性である。明らかなことだが、診断と治療は医療の二つの主要な課題であり、両者は複雑な仕方で互いに絡み合いつつも、区別されている。そして、診断は（たとえば「この患者は虫垂炎をわずらっている」のような）仮説を確証するという理論的課題にほかならず、他方で治療はそうした理論の実践的適用に対応している。この意味において、医学的「診断」の場合を特別に問題にすることによって、医療的事例を確証の諸問題と結びつけることは可能なはずである。もっとも、こうした議論の立て方に対しては、本章の課題は未来に関わることを包含する「なぜならば」文の解明のはずなのに、「診断」はすでに生じたことの過去的あるいは歴史的な理解であって、本章の主題の路線から外れてしまうのではないか、という疑問が出るかもしれない。もっともな疑問である。これに対し私は、歴史認識は自己のアイデンティティの確立に主として関わり、直接的に未来に向かうのではないのに対して、医学的「診断」は、いま述べたように、かなりダイレクトに「治療」という未来の行為、そして起こりうる「症状」や「予後」の概念に絡みついており、単なる歴史認識以上の未来志向性を有していると述べたい。実際たとえば、ある患者を「メニエル病」だと「診断」したならば、今後間欠的にめまいが起こるであろうこと、難聴になることもありうることなど、未来に関する予測を同時に遂行することにもなる。あるいは逆に、歴史認識も未来の指針や方針にダイレクトに結びつくときには、それが言及される「なぜならば」文は未来包含タイプに傾斜していくといってよいだろう。もともと「なぜならば」文の過去言及タイプと未来包含タイプとの区別は厳密なものではなく、それこそ曖昧であり、境界線事例をもつのである。いずれにせよ、「診断」をここでの確証の問題の典型例として取り上げることに無理はないと考える。その上、医療的「診断」は、第三章での歴史認識の場合に劣らず、「呼びかけと応答《コール・アンド・リスポンス》」の典型であると考えられる。というのも、「診断」は患者からの「なぜ」という「呼びかけ《コール》」への「応答《リスポンス》」であり、またひるがえって患者や医療スタッフへの「呼びかけ《コール》」となり、その「応答《リスポンス》」を待って、「治療」へと連なっていく過程だからである。

さてでは、医師や臨床医は自分たちの診断をどのように確証しているのだろうか。私はいま、この問いを記述的観点から提起している。この点については、「根拠に基づく医学」[10]（ＥＢＭ）の研究の過程で豊富な経験的データがすでに蓄積されているので、それが役に立つ。まず第一に注意されるべきは、臨床の現場では、仮説すなわち診断を確証する証拠やデータは単純に与えられるのではなく、意図的に収集されねばならないということ、これである。それらの収集は、通常、いかなる種類の診断テストが実行されねばならないか、そうしたテストを遂行するためにいかなる種類のリスクが生じるのか、といったことを考慮をしながら行われる。疑いなく、これは意思決定のプロセス以外のなにものでもない。事実、診断を確証することは、基本的に、臨床的意思決定のプロセスの一つと見なされているのである。ウェインスタインとファインバーグによれば、「ほとんどの臨床的意思決定は、次の二つのカテゴリーのどちらかに入る。すなわち、（1）追加的な情報を求める（そしてそうなら、どのように求めるか）べきかどうかについての意思決定、そして（2）もしあるなら、いかなる治療が施されるべきかについての意思決定、である」（Weinstein & Fineberg 1980, 23）。あるいは、チャップマンとエルスタインはこのように述べる、「患者と医師は、治療の有益さが副作用に優るかどうか、あるいは、診断テストは、それが提供する情報に照らして、行うに値するかどうか、それらについて意思決定しなければならない」（Chapman & Elstein 2000, 189）。先の虫垂炎の例に関連していえば、「この患者を救急室で六時間ほど休ませる」というのは、追加の臨床データを集めるための一種の診断テストであり、それは、まさしく先の例が明確に示すように、現実に意思決定に巻き込まれているのである。そうであるなら、診断的仮説の確証は本来的に意思決定負荷的アスペクトを包含すると、そういえるだろう。

こうした意思決定負荷的アスペクトは別な角度からも確認できる。それは、特定の疾患や特定の症状の事前確率をどのように決定するのか、特定の症状に対する特定の疾患の尤度をどのように決定するのか、ということに関わる（事前確率の特定し難さはベイズ主義一般の困難としばしば見なされる。See Hesse（1975））。医師たちはどのようにそれらを決定しているのだろうか。通常彼らは最初に、医学文献のなかに連関する一次研究を見いだそうと試みる。けれどもこうした作業それ自体、確率的な状況に巻き込まれる、というのも、たとえば、出版バイアスがありうるからだし（肯定的な研究の方が否定的な研究よりも出版されやすいといった）（Hunink & Glasziou 2001, 225）、それらの研究で公刊されているデータが必ずしも担当している患者に適用可能であるとは限らないからである（Hunink &

Glasziou 2001, 232)。言い換えれば、もし彼らがそうした客観的なハードデータに固執するのだとしたら、彼らはそれらの間での取捨選択、つまりは意思決定をしなければならないのである。これもやはり意思決定負荷的アスペクトの現れの一つだろう。しかし、実際は医師たちは、そもそも客観的なハードデータを得ることがまったく不可能であるという臨床の現場に直面することがしばしばある。にもかかわらず、「意思決定は行われなければならず、それは不確実な出来事の確率についての判断に暗黙的に基づいている」(Weinstein & Fineberg 1980, 172)。すなわち、医師たちはしばしば認識的・主観的確率に依拠しているのであり、この点で臨床的事例はベイズ的分析に適合するのである。しかし、残念ながら、「身体検査や診断手続きによって得られる情報は本来的に多義的でありえ、違う観察者によって違った仕方で解釈されうる」(Weinstein & Fineberg 1980, 2)。医師たちが基本的な確率を決定するに際して認知的バイアスを生み出す心理的要因がいくつか指摘されてきた。たとえば、「典型性」、「手に入れやすさ」、「こだわり」などであり (Tversky & Kahneman 1974, 1124-1131)、それらは「確証バイアス」と総称される (Chapman & Elstein 2000, 187-188)。もちろん、ベイズ的考え方に従えば、そうしたバイアスは、証拠が蓄積するにつれて改訂され、おおよその一致へと至りうる、ということになろう。けれども、医療にはこのことは当てはまらない。なぜなら、臨床的な診断や治療は多かれ少なかれ緊急的であり、たくさんの証拠を十分に集めるだけの時間がないからである。そうして、そうしたバイアスを適切に減じ、確率算定を極力精確にするために、専門家たちがブラインドで確率付値をし合いながら意思決定する仕方、「デルファイ法」と呼ばれる仕方、すら提案されてきたのである (Hunink & Glasziou 2001, 237-238)。いずれにせよ、こうした状況は、臨床的な診断の確証プロセスには意思決定負荷的アスペクトが存在するということを強力に示唆している。

以上の考察によって、もう少し根底的なレベルでも同様な意思決定負荷的アスペクトが存在すること、それを容易に見取ることができるようになる。すなわち、満足のいく診断を下すために、どの背景理論に頼るべきかについての意思決定をしなければならないということ、この点である。先の虫垂炎の例を再び使えば、おそらく、漢方医は診断を下すに当たってまったく異なる見立てをするであろう。たとえば、それは腹直筋の緊張によって引き起こされていると判断するかもしれない。もしそうなら、西洋医学と東洋医学の両方の教育を受けた医師は（近頃はそうした医師は決してまれでない）、どちらの体系が適用するのにより適切かについて意思決定しなければならないはずである。同様な点はもう少し表面的な次元でも確認できる。眼精疲労の例に戻ってみよう。眼精疲労として分類される症状は、脳腫瘍や心身症の場合にも同様に出現する。それゆえ医師たちは、その症状を訴える患者を診察するとき、厳密にいえば、眼科、脳外科、心療内科のうち、どの医療科がその患者を診るべきかについての意思決定をしなければならない。これは、諸理論に関する選択の一種であると見なすことができるだろう。こうした考え方をさらに突き詰めていくなら、すでに論じた、どのようにデータを収集するか、どのように確率を算定するか、についての意思決定もまた、諸理論に関する意思決定の一種であると捉えることもできるだろうと思われる。

事実として考えて、同じことは医師たちの事例によってだけでなく、物理学者の事例によっても確証することができよう。マイケルスン-モーレイの実験に対するローレンツとポアンカレの異なった反応は、背景理論の相違が確証関係に深く影響を与える典型的な例の一つである。ローレンツはその実験の結果（エーテルドリフトが検出されない）を、エーテル理論に固執することによって、収縮仮説の証拠と見なしたが、ポアンカレはそれを、エーテル理論に疑問を投げかけることによって、相対性原理の証拠と捉えたのであった（Cushing 1998, 202-204）。要するに、診断を支持する証拠やデータは背景仮説と不可分なのであり、そのことは、グリモアの基本的着想について言及しながら私が先に確認したことにまさしく対応しているのである。[11] 実は、こうした点は「ベイジアン・ネット」の考え方にも潜在している。ネットワークを構築するとき、当然ながら出発点となる変数を「選択」しなければならないし（Pearl 1988, 122）、変数の事前確率を「決定」しなければならない（Williamson 2005, 128）。そうした場面の根底には、たとえ意識されないとしても、合理的意思決定の過程が明らかに介在している。それに、「ベイジアン・ネット」の構築には「因果的関係の事前的知識」が要求されており（Williamson 2005, 49）、したがって、体質改善に関してしばしば生じるような、病因論的な論争がある場面にネットワークを使用するときには、何らかの意思決定が事前に必要となるはずであろう。すなわち、仮説や診断を支持する証拠やデータは背景知識と不可分、よって知識のより分けと不可分だということである。

6 確証の意思決定指向的アスペクト

いずれにせよ、私の議論が意思決定理論に関係する限り、次には、以上のような記述的検討を越えて、いまや確証の意思決定負荷的アスペクトの規範的形態に問いを向けていかなければならないだろう。[12] そうした問いを適切に立てるのに絶対的に必要なのは、いかなる種類の効用あるいは価値がここで考慮されるべきなのか、それを明確にすることである。けれど、さしあたり、この問いへの答えは公的な意味ではきわめて単純である。すなわち、診断であれ治療であれ、担当している患者の良い生活の質、それこそが医療的意思決定が目指している効用なのである。そうした良い質とは、端的に死に対する生であったり、長い生存年であったり、長い「質で調整された余命」であったり、状況に応じていろいろと考えることができよう。しかし、私がここで指摘したいのは、この文脈でほとんど言及されることのないいくつかの付加的な要因である。考慮されるべき三つの付加的要因をここで提起しよう。それらは、診断の確証というものを、臨床記録をつけたり、患者に診断を伝えたりする医師の実践的行為と見なすという、きわめてプラグマティックな観点から演繹されうるような要因である。第一に、事実として、医師たちは自分たちの診断の「説得力」（多分それは明晰さと理解可能性によって獲得される）を考慮しなければならない。なぜなら、昨今、医師は臨床の現場でインフォームド・コンセントのプロセスを通過しなければならないからである。第二に、医師は、それぞれの診断を与えることが、医師自身にとってや医師が所属する医療機関にとって、その評判という点で、どれほど有意義であるか、そのことについてもいくらか配慮せざるをえない。このことは、患者が非常に特別な社会的地位のある人である場合や、患者が非常に珍しい伝染性疾患に罹っているかもしれないと疑われている場合などに、とりわけ顕在化するだろう。第三に、患者が診断を伝えられることから受ける一種の心理的影響も（それをプラシーボ効果と呼ぶべきかどうか確信できないが）、診断が下されたり伝えられたりするときに勘定に入れられなければならない。実際、多くの患者は、自分が何の病気に罹っているのか不安に思っているときと比べて、自分の病気の特定の名前を告げられると安心する。あるいは、専門の医師から詳しい検査に基づいた診断を、おそらくは配慮に満ちた会話のなかで、説明されたという事実によって癒される者もいるかもしれない。この点で、患者に診断を伝えるということ自体、何らかの臨床的価値をもっているのである。これらはすべて、先に触れたように、「診断」が「呼びかけと応答《コール・アンド・リスポンス》」という過程にほかならないことからの帰結であるといえる。かくて、もしこうした要因や価値が診断に対して臨床的に連関するなら、診断の確証はそうした価値を考慮した意思決定の場面に至ると、そういわなければならない。かくて、換言するなら、診断を確証することは、先に論じたように意思決定負荷的プロセスであるが（そこで考慮されるべき価値は端的に患者の良い生活の質である）、究極的にはそれはいま論じたような付加的価値・効用にかかわる（どういう語り方で診断を患者に伝えるかなどについての）意思決定を指向してもいるのである。

さて、では、確証の意思決定理論的（つまり意思決定負荷的かつ意思決定指向的）アスペクトをこのように露呈させることによって、先に検討した確証にまつわる諸困難についてどのように考えることができるようになったのだろうか。私が思うに、それらの困難は端的に解決されるか、あるいは少なくともそうした困難についての一層踏み込んだ理解に達することができるだろう。証拠的連関についていえば、そうした連関性は、どのような種類の診断テストが行われるべきかについての意思決定がなされると同時的に確定される、ということになる。ある意味で、診断テストについての意思決定とは、証拠の背景理論に対する連関性についての意思決定にほかならないからである。もちろん、そうした意思決定も、後になって新しいデータによって挑戦を受け、改訂されるということはありうるのだけれど。では、古証拠問題はどうだろうか。実際のところ、古証拠を通じた確証は臨床の現場では珍しくない。虫垂炎の例を思い出してみよう。その例では、特定の症状に対応する二つの仮説、すなわち、虫垂炎である、NSAPである、という二つの仮説、が考慮されている。しかし、ウェインスタインとファインバーグによれば、「急性の腹痛を訴える患者は糖尿病患者であるかもしれない」(Weinstein & Fineberg 1980, 26)。もしそうなら、そしてもし、医師がずっとこの患者は虫垂炎だろうかNSAPだろうかと思いあぐねていた後で、たとえば、血液についての臨床検査が、この患者は糖尿病を患っているという仮説をかなり強力に示唆することになったとしたら、急性の腹痛という証拠は、この患者が糖尿病を患っているという新しい仮説を確証する古証拠にほかならないことになるだろう。(13) それにもかかわらず、医師が戦略の変更を迫られるということはあるにしても、いかなる理論的な問題もここでは一切生じないのである。

診断の確証に包含されている意思決定理論的アスペクトを考慮に入れるならば、ここで何が進行しているのかは理解に難くない。古証拠による新仮説の確証は、次の二つのことを考慮することによって遂行される意思決定に基づいている、すなわち、(1) 背景理論と確率や尤度の算定とを通じて新たに提起される古証拠と新仮説との間の連関性、(2) そのようにして新たに提起された連関性によって新たに問題とされることになった効用、である。換言するならば、いわゆる古証拠は、純粋に古証拠として現れているのではなく、新たに提起された連関性と新たに問題とされてきた効用との絡みのなかで現在行われている意思決定の経過において、いわば現在的証拠として現れているのである。私が提案しているこの解決は、古証拠問題に対する三つの古典的な応答と整合するように思われる。私の解決は、古証拠の確率が1より小さいこともありえる、という考え方と背反しない。なぜなら、証拠はある背景理論のもとで仮説に相対的に評価されるものなので、証拠の確率1は異なった理論のもとでは低下しうるからである。次に、確証が一種の意思決定に基づくのである限り、反事実的分析は不可欠である。というのも、意思決定というのは普通はいくつかの可能な（反事実的な）結果を考慮しながらなされるからである。最後に、論理的関係の発見に対するガーバーの訴えは、古証拠によって新仮説を確証する際に私たちは新しい段階に入るのだ、という捉え方をしている点で、私の解決にとても似ている。

けれども、次のような二つの重大な疑問が提示される可能性があると思う。第一に、私の議論は診断を確証するという医療的事例にのみ関わっているにすぎず、私の提案が確証関係一般に当てはまりうるかどうか疑わしい、とされるだろう。これはたしかにいまだ未決の問いである。けれど、私の提案は究極的にはいかなる確証関係にも適用可能であると、そう考える方向に私は傾斜している。なぜなら、事実として、いかなる確証関係も他の人たちに向けられた一種の言語行為の形で展開されるしかないのであり、よってそこにはおのずと意思決定理論的アスペクトが埋め込まれざるをえないだろうからである。[14] このことは、私たちの認識や理解の実践を「呼びかけと応答《コール・アンド・リスポンス》」として捉えるという本書のスタンスと厳密に対応している。第二に、確証の諸問題に対する意思決定理論的アプローチという私の提案は結局ベイズ的確証理論を強化することになるのか、それとも損なうことになるのか、明らかでないと感じる人がいるだろう。一方で、私の議論はベイズ的確証理論が直面する諸困難を解決することを試みており、そのことはベイズ主義を擁護しているように響くだろう。しかし他方で、私の提案は、ベイズ的確証理論の構造を根本的に変えることによって結果は事実上ベイズ主義を破壊しているようにも思われるのである。

おそらくここでは、私の提案がまさに意思決定理論的である以上、ベイズ的確証理論ではなく、ベイズ的意思決定理論が考慮に入れられなければならないだろう。では、ベイズ的意思決定理論とは何だろうか。この点に関して少なくとも注意されるべきは、ベイズ的意思決定理論は、イールスが規定しているように（Eells 1982, 41）、行為を信念の度合い（つまり認識的・主観的確率）と望ましさによって説明する理論であるという、そうした側面を基本的にもつ点である。というのも、もしそうなら、ベイズ的意思決定理論は、BCONDに至る主観的確率を受容しているという点において、ベイズ的認識論のすべての困難を継承していることになると思われるからである。[15] そのうえ、よく知られているように、ベイズ的意思決定理論は「囚人のディレンマ」や第一章で扱った「ニューカム問題」のようなパラドックスに悩まされる。そうしたパラドックスでは、「確率行列は、一つのあるいは別の行為が選ばれるがゆえに、そしてそのときに、いずれかの仕方で変化することが予想されうる」（Jeffrey 1983, 16）。つまり、意思決定すること自体が、意思決定の根拠となっていた確率分布を変化させてしまうという状況が生じうるのである。私の提案に従えば、診断を下すことも、こうしたパラドックス的な事例と同じ構造をもっているように思われる。なぜなら、診断を下すことそれ自体にある種のプラシーボ的効果が伴われているからである。もちろん、ベイジアンたちはこうしたパラドックスへの対処を試みた。たとえば、彼らは「批准可能性」（ratifiability）と呼ばれる巧妙な戦略を考案した。「批准可能性」とは、意思決定を行う決定者に、自分が最終的に遂行しようと決定した行為を遂行しないことも可能であるという想定のもとで、もし自分がその行為を最終的に遂行しようと決定したならばもつであろう確率行列を考慮しながら、意思決定せよと要請する考え方である（Jeffrey 1983, 16）。おそらくこうした考え方を導入すれば、先のパラドックスをベイズ的枠組みのなかである程度までは適切に処理できるようになるだろう。けれども、こうした戦略は診断に関する医療的意思決定では機能しない。もし医師がこれこれの診断の告知をしようと最終決定したにもかかわらず、結局土壇場でその決定を覆してしまったとしたら、プラシーボ的効果に関して診断の全状況とこの意思決定に関わる確率行列は全面的に変わってしまうからである。臨床の現場では、すべてが実践的であり、よって批准可能性の想定はリアリスティックではない。かくして、私の提案は、少なくともBCONDの単純な適用に関する限りは、ベイズ的確証理論を強化するというよりも、それを損なっているように思われる。

一点、付言しておこう。これまで触れなかったが、以上のような「診断」を典型例とする確証の意思決定理論的アスペクトは、実は曖昧な述語の境界線に対する意思決定も実質的に包含せざるをえない。なぜなら、「診断」の証拠には、「腹が痛い」とか「目が疲れる」といった明らかに曖昧な述語が関わっているのみならず、さまざまな病気の規定それ自体、境界線領域を許すものでしかないからである。精神医療の領域などでは、このことはあまりに顕著である。人格障害のさまざまなタイプの鮮明な境界線など、素人目で考えてもとてもありそうにない。だとすれば、「診断」を典型例とする意思決定には、決定者の曖昧な述語に対する「ジャンプ」が含まれている。ということは、第二章の結論に沿っていうならば、決定者の意思決定の客観的な「傾向性」に関する実証的な研究が可能になるはずだろう。それはいわば、メタ診断学、メタ・ベイズ的確証理論、ということになろう。ただし、メタ・ベイズ的確証理論といっても、第二章13節で触れたように、「傾向性」に関するベイズ的条件づけを利用することは大いにありうる。いずれにせよ、こうした曖昧性に関する論点からしても、一階のベイズ的確証理論だけでは話が完結しないことが浮かび上がってくる。よって、私のいう確証の意思決定理論的アスペクトをさらに明らかな形に練り上げるには、一階のベイズ的確証理論ではないという意味で、何らかの非ベイズ的意思決定理論の提示が求められることになる。それはしかし、あまりに壮大な課題なので、ここではさしあたり意思決定理論的アスペクトの指摘にとどめて、あるべき非ベイズ的意思決定理論の展開は私自身の宿題としたい。

7　責任の論理

私の議論に対して、加地大介は「ベイズ的理論に対して破壊的な仕方で働くものではなく、むしろ補完的な仕方で働くだろう」(Kachi 2006, 44) という評価を与えた。これに対して私はアンビヴァレントな応じ方をしたい。ベイズ的確証理論が、確証という主題について哲学的に論じる理論たらんとして提起されているとするならば、連関性や事前確率などにまとわりつく意思決定理論的アスペクトまでをも射程に入れて、ベイズ的枠組みでそれを説明できなければならないと思う。それができないことを私の議論が示した以上、私の議論は哲学的確証理論としてはベイズ的確証理論は十全ではないことを示している。他の理論を待ってはじめて成立する理論は、哲学的理論というより、単なるテクニックでしかないだろうからである。けれども、とくに十全な哲学的確証理論としてではなく、まさしくテクニックとして、あるいは哲学的考察の手掛かりとしてベイズ的理論を捉えるならば、加地が示唆するように、私はベイズ的理論は完全に廃棄されるべきだとは思わない。というのも、もし証拠的連関や効用についての意思決定がすでに遂行されているのだとしたら、ベイズ的理論が私たちの推論、つまり合理的「理由」の提示についての見事なそして簡潔な（そして美しい）定式化であることは疑いをはさむ余地がないからである。そうした意思決定がすでになされているような場合にベイズ的着想を適用したならば、ベイズ的理論はその真価を発揮するだろう。ではそれはどのような場合だろうか。過去の事柄について問題にするような場合はどうだろうか。というのも、人々の過去における振るまいのような、過去の事柄について問いを遡及的に立てるときには、連関性や効用はまさしくそうした問いを立てることによって確立されてしまっているように思われるからである。というよりむしろ、過去の事柄を問うということはそうした連関性と効用とを認識することから立ち上がってくると、そう述べることができるだろう。私がここで焦点を当てたいのは、第三章で扱ったような、単なる歴史認識のケースではない。意思決定がすでになされているような場合というのは、すでに一定程度歴史認識についての了解が成立している場合のことであり、その上で、その内容についての評価や後始末を付けるようなケースをここで念頭に置いているのである。つまり、歴史認識をすでに共同了解として立ち上げた後の問題である。この意味において、第三章の末尾でも実は示唆しておいたが、「責任」という問題がベイズ的理論が適切に適用されうる有望な主題として浮上してくると思うのである（ただし、議論の流れとして、歴史認識についての責任とは位相差があるが）。以下私は、この主題についての私の、いくぶん暫定的ではあるが、アイディアを短く素描することで本書を締めくくりたい。望むらくは、それが「責任の論理」に至ってほしいと思っている。

まず第一に、「期待効用」ならぬ「期待害悪」（ＥＨ、expected harm）関数の定式化を提示したい。それは、期待効用の標準的定式化とパラレルな仕方で与えることができる。例の虫垂炎の例を使って例解してみよう。私がholdする（つまり「腹痛を訴える患者を救急室で六時間ほど休ませ様子を観察する」）ことを意思決定したとき、三つの可能な帰結、すなわち、改善（im）、悪化（ws）、突然死（sd）、があり、それぞれの確率は順に0.5, 0.4, 0.1, であり、またそれぞれの害悪量（ＡＨ、amount of harm）は順に、たとえば、0, 10, 90, だと、そのように想定してみよう。ＡＨの値は任意に割り振ることができるが、原則として、利益や改善、つまり正の効用が生じる場合のＡＨはすべてひとしなみに0でなければならない。なぜなら、その場合、いかなる害悪も生じていないからである。ただし、そうした場合のＡＨでも、もし帰結がきわめて価値があって、それを試みることがリスクや可能な害悪を賭けるに真に値するほどだったとしたならば、負の数を取りうるかもしれない。これは、患者の状況がきわめて危険で、何も処置しなければただ単にほどなく死んでしまうようなときに、医師があえて、成功の確率がきわめて低い（死をもたらしてしまう確率が高い）困難な緊急手術を行ったような場合に対応するだろう。そうした場合に手術が成功したならば、手術行為のＡＨは負の数になり、成功しなかったとしても、ＡＨを減じることができるかもしれない。いずれにせよ、虫垂炎の例における「六時間ほど患者を休ませる」ことの過去の時刻ｔにおけるＥＨは次のように表すことができるだろう。

$$EH_t(hold) = AH_t(im)P_t(im) + AH_t(ws)P_t(ws) + AH_t(sd)P_t(sd)$$

$$=0\times 0.5+10\times 0.4+90\times 0.1$$
$$=13$$

act_iを（診断や確証であれ身体的行為であれ）意思決定に基づく特定の行為、rをその可能な結果を表すとすると、私の考えは、r_1からr_nまでのn個の可能な結果のみが存在するという条件のもとで、次のように一般化されうる。

$$\mathrm{EH}_t(act_i)=\mathrm{AH}_t(r_1)\mathrm{P}_t(r_1)+\mathrm{AH}_t(r_2)\mathrm{P}_t(r_2)+\cdots\cdots+\mathrm{AH}_t(r_n)\mathrm{P}_t(r_n)$$
$$=\sum_{i=1}^{n}\mathrm{AH}(r_i)\mathrm{P}(r_i)$$
$$(\mathrm{P}_t(r_1)+\mathrm{P}_t(r_2)+\cdots\cdots+\mathrm{P}_t(r_n)=1)$$

おのおのの確率は、おそらくＢＣＯＮＤを「規範的かつ遡及的に」適用することによって計算しうるだろう[16]。すなわち、たとえば、この医師はこれこれのデータが与えられたならばこれこれの結果についてのこれこれの認識的・主観的確率をもつ「べきだった」、あるいはアップデートす「べきだった」、というようにである。この点で、私の考えはベイズ的理論と非常にうまく適合するように思われる[17]。実際、過去の事象そのものについての確率は、事柄の性質上、主観的確率としてしか扱うことができない（主観的確率を使って判断する人の推論のありようはその人の「傾向性」によって実証的に研究しうるとしても）。もちろん、さらに新たな証拠や証言が出てきて、前提となるデータの内容が変わったならば、BCONDに従ってそれを遡及的に改訂していけばよい。

最後に、EHを用いて責任度（DR、degrees of responsibility）の定式化を提示したい。(mah)を絶対的な意味での（おそらく残忍な殺人によって引き起こされる害悪のような）最大害悪量を表すとして、すべてのrのなかの一つであるr_mが結局実際に生じたと想定せよ。すると、行為者が過去の時間tにおいてact_iを遂行し、r_mが実際に生じた場合のDRは次のように定式化することができるだろう。

$$\mathrm{DR}\,(act_i \ \&\ r_m) = \frac{\mathrm{EH}_t(act_i)\,\mathrm{AH}(r_m)}{(mah)^2} \times \omega$$

ωは、0から1の間の値をとりうる「意図重みづけ」（intention-weight）である。$\omega=0$は、その行為者が選択の余地なく機械的にact_iを遂行したと考えられる事態を意味し、$\omega=1$は、その行為者が全面的に意図的にact_iを遂行したと考えられる事態（たとえば「悪意」（mens rea）から遂行された場合）を意味する。この定式化は論理的連言と類比的に考えることで得られる。明らかに、DRは0から1の間を動く。そのことによって、AHに任意に割り当てられる異なった値に関わりなく、このシステムが安定的に機能することが可能となる。もし行為者が首を切り落とすような完全に確実な方法によって残忍な殺人を悪意によって全面的に意図的に行ったとすれば、EH_t(この殺人)$=(mah)$

すなわち最大責任度となる。反対に、もし行為者が、物理的に避けることがまったく不可能なプロセスによって他人を殺してしまった場合は、EHやAHがどのような値を取ろうとも、DR(この殺人＆この死)＝0、すなわち最小責任度となる、というのも、ω＝0だからである。また、未遂の場合も、必ずしもAH(この未遂)＝0だから責任度ゼロとなるわけではなく、未遂行為によって引き起こされた害悪（たとえば恐怖や不安）が認定されるならば、AH(この未遂)＞0ということになり、責任を帰せることになる。

おそらく、DRは有罪性の程度と等価ではないだろうし、量刑にも直接的には寄与しないだろう。医療過誤裁判も含めて、法の問題というのは、行為者の責任能力[18]、行為者がそのような行為をなした社会的・対人的・家族的事情、などの他のさまざまな要素を吟味することによって判断されるものだからである。私が望むのはただ、DRについての私の提案が責任の諸問題を整理するときの出発点における一つの概念装置になりうるということ、これだけである。そしてそれは、ベイズ的考え方を利用することになるだろう。ともあれ、総括してみよう。私は、確率的戦略あるいはベイズ的認識論の文脈で提起される確証についての哲学的諸問題は、その意思決定理論的アスペクトを考慮することによって考察されなければならず、そしてそうした道筋は、ベイズ的理論をある意味で保存できるような特有の可能性を示唆すると、そう論じたのである。すなわち、遡及的観点からする責任度の意思決定理論的な定式化、つまりは責任の論理、である。もしそれが正しければ、ベイズ的理論は依然として強力であり続けていることになるだろう。

こうして、「原因」と「理由」の迷宮の探索は、「不確実性の認識論」という主題設定のもと、「なぜならば」文を「呼びかけと応答《コール・アンド・リスポンス》」という場面で捉え返しつつ「確率」と「曖昧性」という二つの不確実性の位相をめぐって、あるいはその二つの位相の絡み合い・混合し合いをめぐって、ついに「責任」の問題へと収斂してきた。deciso（決然と）、過去物語を提示すること、意思決定をしてその責を潔く担うこと、責任のありかを決然と断ずること、そうした「応答《リスポンス》」の響かせ方が理解実践の核をなす歴史認識と仮説確証の両面から浮かび上がってきた。しかし、これは考えてみれば自然な成り行きであろう。というのも、不確実性のなかで判断し行為し意思決定していくということは、それが不確実性である以上、結局は「そうであるはずだ」という断定を「ジャンプ」して行ってしまうこと、つまり飛躍して創造してしまうことになるからであり、そのことは、意思決定をして飛躍・創造をしていく人に「責任」（あるいは「功績」）が発生するということと同義であろうからである。そして、これしか道筋がないならば、実はこうした飛躍と創造の果実のなかで広く承認されたものが私たちの理解実践の岩盤をなす「実在」なのだといえるのではないか。『迷宮1』で述べた「制度的実在」はここに不確実性や「責任」概念との連携のもとで姿を現す。いずれにせよ、このようにして、「呼びかけ《コール》」への「応答《リスポンス》」は、「応答可能性《リスポンシビリティ》」すなわち「責任」を見越しているという自然な事態のありようが私たちの理解実践の分析を通じて露わとなってきた。こうした事態には、おそらく、「責任」が「説明責任」という「理由」として発現するという事情も自然に包摂されているが、それだけでなく、「責任」が「原因」ともともと同義であったという事情への連結可能性も組み込まれている（ギリシャ語の「アイティア」、日本語の「何々のせい」という表現は「原因」と「責任」の両方を表す）。「原因」と「理由」の迷宮の探究が「責任」に至りついたというのは、「呼びかけと応答《コール・アンド・リスポンス》」という理解実践に焦点を合わせるという問題設定からして、事柄それ自体が誘引する帰結だったのだろう。そして、ここまでの私の議論は、それ自体、あなたへの「呼びかけ《コール》」である。あなたからの「応答《リスポンス》」は、「呼びかけ《コール》」を聞いたその瞬間から実ははじまってしまっているはずだ。それはどういう「応答《リスポンス》」なのですか。

かくして、『迷宮1』に発した私の因果性についての迷宮の探究は、「理由」概念との対比を経て、いよいよ「原因」と「責任」をめぐる探究、いわば因果の迷宮の本丸と呼ぶべき主題へと向けられねばならなくなってきたようである。この私自身の「呼びかけ《コール》」に私自身で「応答《リスポンス》」すること、そしてそれを再びあなたに「呼びかけ《コール》」て、あなたの「応答《リスポンス》」を待つこと、それが次なる『迷宮3』の課題である。

註

序章

(1) 桜井雅人の研究によると、「黒人霊歌」に関しては実はヨーロッパ音楽を模倣したものであるとする考え方がある。たとえば、ジョージ・プリン・ジャクソンは「コール・アンド・リスポンス」や繰り返しやシンコペーションもアフリカと結び付けるべきではなく、キャンプ・ミーティングでの白人の歌唱から発達し、黒人が特に強調していたものである」と主張しているとされる(桜井 1993, 328)。こうした考え方が現れることは、むしろ、「コール・アンド・リスポンス」という表現形式がきわめて普遍的な性質をもとからもっていて、それゆえに人間文化に遍在していたことを示唆しているように思われる。

(2) 「音声」以外に、発話の意味は「表情」や「しぐさ」にも当然関わっている。こうした要素を私の議論の文脈にどう位置づけていくかはなかなか難しい。ただ、音声は表情の変化とともに発せられ、そこに一定のしぐさが伴うのも自然である。それらは音声と因果的に連結しているというべきなのか、それともスーパーヴィーンしているとでもいおうか。しかし、「表情」や「しぐさ」も時間経過の中で発現し、その意味で何らかのリズムをもっていることは確かである。いずれにせよ、こうした点をさらに詰めることは、将来の課題としたい。

(3) 「persona」と「persono」との関連について私は、坂本百大氏から示唆を受けた。私にとって、研究の方向性に関わる重大な示唆であった。記して感謝したい。

第一章

(1) 「そうでない仕方で行為することもできた」という他行為可能性と自由概念との連関については、私は一ノ瀬(2005c)においてヒュームに即して少し論じた。参照してほしい。

(2) ロバート・オーディは次のように述べている。「意思決定理論における多くの問題は行為論における問題と交差している。しかし、このことが広く理解されているにもかかわらず、この二つの領域の間の連関性が文献のなかで体系的に議論されたことは滅多になかった」(Audi 1986, 207)。そして彼は、行為論的には「行動的」意思決定と「心理的」意思決定が区別されるとして、そうした区別を意思決定理論にどう反映させていくか、という問いから論を立てていく。この二つの領域の交流に関して、私の実感でもオーディと同様にきわめて希薄だったと感じる。加えて我が国では、伊藤邦武の正鵠を射た仕事などを別とすれば*、意思決定理論を哲学研究者が扱うことそれ自体がまれである。この点は、英米の哲学教育において意思決定の問題が当然のように取り上げられ、哲学者たち(ラムジー、デイヴィッド・ルイス、ノージック、メラー、リーヴァイ、スカームズなど)が論争に寄与していることと比較すると、好ましくない偏りを感ぜざるをえない。この点を鑑み、本書で私は、わずかだが、意思決定の領域に踏み込む議論を展開していくことで事態打開の糸口を探りたい。*伊藤(1997)参照。

(3) 事実問題として捉えた場合、一般に人々は、たとえ冷静かつ真面目に「確率」を適用している場合でも、端的に誤っていたり、何らかのバイアスを加えていたりすることが多い。こうしたことは認知心理学においてかなり詳細に研究されている。たとえば、「三囚人問題」や「タクシー問題」などは明らかに確率の適用を誤ってしまっている事例だし、さまざまな「ヒューリスティックス」はバイアスが関与してしまう場合である。この辺りについては、市川(1998)や広田・増田・坂上(2002)などを参照すればよく分かる。本書第四章でもこの点について再び触れる。

(4) 私が英国オックスフォード大学にて在外研究をしていた二〇〇二年一〇月三一日、デイヴィッド・パピノーも「Decisions in No-Collapse Universe」(非崩壊宇宙における意思決定)というタイトルのもとオックスフォード科学哲学スピーカーズ・シリーズにて話をしたとき、同様の問いを投げかけていた。パピノーは、確率に基づく期待効用の概念に訴える意思決定理論の正統的立場をエベレット流の多世界説と比較して、確率に基づく期待効用の原理は予想していない結果の現実化という形で終結してしまうことがあるが、実は意思決定理論においては現実の結果こそが何よりも最大に重要なのだ、と述べたのである。

(5) さしあたり私は、確率の担い手が何であるかという問いに関して、(1) 出来事それ自体、(2) 集合、(3)「その出来事が生じる」という文、という可能な候補三つのどれを担い手と考えてもかまわない、というゆるい立場に立っておく。というのも、私の議論は、この問いの捉え方には影響されないからである。

(6) その他、「主観的」(subjective) と「客観的」(objective) という言い方も一般的だが、現代哲学、とりわけベイズ主義をめぐる現代認識論の論争の文脈に鑑みるとき、この言い方は誤解を招く怖れがないとはいえない (第四章参照)。よって、今回私は、「認識的」と「物理的」という最も紛れのない述べ方を基本的に採用したのである。なお、私は『迷宮1』では確率解釈を「論理的」「主観的」「客観的」の三つに分けて論じた (一ノ瀬 2001, 208)。用語の変化はあるが、いま述べたように、誤解を避けたいという事情からにすぎず、内容的な齟齬はない。See also Gillies (2000), 1-3.

(7) この指摘は、二〇〇三年一〇月に来日したヒュー・メラーにこの部分の草稿を読んでもらったときに、受けたものである。

(8) ここで、厳密を期すため、ある現象をたったいま現実に観察したにもかかわらず、その現象を表す文「SはPである」に対して確率1を付与できないような場合、それゆえそうした観察内容を文として記述できにくいような場合、について言及しなければならない。こうした不確実な証拠を伴う状況は、リチャード・ジェフリーによって最初に注目された。彼は次のような例を挙げている。ある行為者がろうそくの灯りのもとで一片の布きれを検査している。そして彼は、それは緑色であるという印象を得た。ただ、もしかしたら青色かもしれないし、(ほとんどありそうもないが) バイオレットということさえあるかもしれないという譲歩つきである。こうした状況において、それを証拠として何らかの仮説 (たとえば「この布きれは私のシャツのあて布に適する」といった仮説など）の事後確率を定式化するために、ジェフリーは次のような「条件づけ」を提案した。（一層明瞭にするため、少し書き方を変えてある。pri は証拠獲得の「事前」、pos は「事後」を意味する。また、上の例に沿っていえば、h は「この布きれは私のシャツのあて布に適する」に、e は「この布きれは緑色である」に、~e は「この布きれは緑色ではない（青色かバイオレットか）」に当たると考えると分かりやすい。）

$$P_{pos}(h) = P_{pri}(h \mid e)P_{pos}(e) + P_{pri}(h \mid {\sim}e)P_{pos}({\sim}e)$$

これは「ジェフリー条件づけ」（Jeffrey Conditionalisation）と呼ばれる。ジェフリーは、この定式化はいわゆる「ベイズ的条件づけ」（Bayesian Conditionalisation）と本質的には異ならないと主張している。$P_{pos}(e)=1$ ということが認められるときには、両者とも同一となるからである。See Jeffrey (1983), 164-172.「ベイズ的条件づけ」については第三章と第四章で主題的に触れたい。さて、

それでは、この「ジェフリー条件づけ」のなかで「過去確率原理」はどのように捉えられるべきだろうか。ジェフリーの例において「過去確率原理」によって考察されるべきは「布きれがろうそくの灯りによって照らされている」という出来事にほかならない。ある出来事が観察されるとき、その観察を記述する多数の文がありうるが、出来事が観察されているという事実は確定的である。そうした確定的事実に関する限り、確率1をあてがうことができる。実際、「ジェフリー条件づけ」も、$P_{pos}(e)+P_{pos}({\sim}e)=1$ という事態に対応するような意味での確率1がなければ、そもそも作動し始めることができないはずである。それはたとえば、いま見ている布きれは緑色かそうでないかのいずれかだということが成立しているときの確率1であり、それは同時に「いまそれを見ている」ということをいわば文法的に確定的なものとして織り込ませてもいると思われる。その意味で、「過去確率原理」は確率の「標本空間」をたったいま同定したときの、その同定行為の生起した確率といえるだろう。換言するならば、「ジェフリー条件づけ」は不確実な証拠による「信念の中

身」のアップデイトの度合いを主題化しているが、「過去確率原理」は、確実であれ不確実であれ、何かが証拠としてたったいま観察されたという「出来事」の生起確率1に焦点を当てているのである。そして実際ジェフリー自身も、たったいま観察された出来事には、論理や数学の真理と同様の確実性を認めていたと思われる。というのもジェフリーは、例外的に確信を持てる（つまり確率1を考える必要のない、「ジェフリー条件づけ」をあてがえる）知識の例として、論理や数学と並んで「経験に直接的に関わる真理」を挙げ、「この紙は白い」などという例さえ挙げているからであるし（Jeffrey 1968, 30）、経験内容に対応する命題の可能性の全体を尽くした総和が確率1になることを「観察のための基礎」と捉えているからである（ibid., 36-37）。

(9) 確率はしばしば確実性と対比されるが、もちろんいうまでもなく、これは誤りである。確率は確実性と不確実性の両方をカバーする概念だからである。P(something)＝1のとき確率は確実性と等価であり、P(something)＜1のとき確率は不確実性として扱われる。しかしでは、まさしく確実性こそ現実性と必然性の両方に共通する確率1の本質的特徴でなければならないと、そういえるだろうか。確かにそうした言い方は、ハッキングが実際確実性を基準とした確率1の説明をしていたことからも想像できるように（Hacking 2001, 58-59）、一つの手掛かりを提供するかもしれない。しかし、問題が現実性や必然性と絡むとき、そう簡単に根本的な解明にはつながらないだろう。なぜなら、私が理解する限り、現実性と必然性は典型的な様相概念であるのに対して、確実性は認識的概念であるという、重大な文脈の違いがあるからである。

(10) たとえば、コーエンとギリスなどは明示的に確率解釈についての多元論を提案している。See Cohen (1989) and Gillies (2000). ちなみにいえば、私自身は多元論に与しない。なるほど、確率の複数の解釈が現実に機能していることは確かだが、そう述べることは事実の記述にすぎない。そうした解釈のすべてに貫通している何かもっと根源的な契機があるのではないかと、そう問うべきではないか。たとえば、確率概念を用いるときの私たちの実践的態度に関して、あるいは確率と時制概念との関連性に関して、もしかしたらすべての確率解釈に共通する何かがあるのではないか。本書は、望むらくは、すべての確率解釈に共通する根源的モメントを考察する一つの試みたらんと意図している。

(11) 私は二〇〇三年四月にティム・ウイリアムソン自身に、「単調性」を拒絶する戦略は過去についての反実在論に至ることになるのかどうか、について直接個人的に質問してみた。彼は即座に、自分の立場はダメット的な意味での反実在論ではないと応答した。そうかもしれない。いずれにせよこの問題は確率の値が過去概念に不可分の構成要素として内的に包摂されているのかどうかという点に依存する。もしそのように包摂されているとしたら、「単調性」の拒絶は文字通り過去を変えるという事態にたどり着くだろう。しかし、確率値は過去に外的に添付される単なる何らかの数値だとするなら、この問題は反実在論とは何の関わりもないことになろう。これは、たとえていえば、誕生日の日付が自分の過去の歴史に関与しているかいなか、ということと似た問いかけである。後になって誕生日の日付が違っていたということになったとき、私のこれまでの人生それ自体が何かの変化を被るだろうか。私の感触をあえていうなら、確率の変化が過去に影響を及ぼすのと及ぼさないのとの両方の文脈がときに応じて可能なように思われる。それゆえ、「単調性」の拒絶が過去を変えることに結びつくというケースは、やはり、少なくとも、考慮に入れて検討してみる価値はあると思うのである。確率1を有していた出来事が確率1の値を後に失ったとしたら、その出来事それ自体のプロパティーが変化したといってよい語り方があることは、さしあたり私には確かなように思われる。この言い方から分かるように、この問題は、確率解釈の認識説／物理説の相違を持ち出しても解決しない。なぜなら、認識的観点から出来事それ自体のいわば物理的性質が変化したと思われる、という事態の可能性を射程に入れているからである。

(12) デイヴィッド・ヒュームはかつて、『人間本性論』のなかの「非哲学的確率について」と題した章のなかでこの第二の困難と似た問題を提出した。ヒュームによれば、私たちの知識はおしなべてすべて、時の経過とともに、確からしさが減じられていかねばならない、なぜなら私たちの記憶はどんどん薄れていくからである。これは非常に興味深い議論であり、決して看過できない論点をついていると思うが、恐ろしいことに、この議論は哲学者たち自身の議論にも自己破壊的な仕方で適用されてしまうであろう。ヒュームの議論そのものの確かな説得力もやがては減じられていかねばならないということを、ヒュームの議論は説得力ある仕方で示唆しているのだ。この破滅的な論点は確率1に関する私の第二の困難にも当てはまってしまうかもしれない。See Hume (1978), 143-155.

(13) 因果的困難は、時間的困難に対してならまだしも、様相的困難に果たしてどのように関わるのか、と疑問に思う人がいるかもしれない。しかし、そう思う人は、様相概念をはなから無時間的で非経験的なものと決めつけていないだろうか。私には、必然性や現実性がどのような原因によって成立してくるのかという問いかけがまったくのナンセンスとは思えないのである。実際、たとえば、マイケル・トゥーリーが展開しているような「時間の因果説」のような考え方では、現実性は因果的プロセスによって説明されているのである。論理的必然性でさえ、それが「私たちが」用いる概念の一つとして受け取られる限り、その因果的ステイタスに関して問われることも可能なはずである。形而上学的あるいは論理的問題というのは、一般に思われているよりもずっと因果性と深く関わっている、というのが私の考えである (See Tooley 1997, esp. Part Ⅳ)。もっとも、そうはいっても、「過去確率原理」と論理的必然性の確率1との関係を理解するのは確かに難しい。この点に関し暫定的に私が提案できることは、「過去確率原理」に相等しい別の原理を提示して、その二つの原理の関係性を示唆することだけである。その別の原理とは次のようなもので、私はそれを「必然的真理の確率原理」(the Principle of Probability of Necessary Truth、「必然確率原理」と略称)と呼びたい。

〈必然確率原理〉
ある文が必然的真理だと見なされるやいなや、その真理である確率は1とならなければならない。

このように「必然確率原理」によって必然的真理の

確率1のケースを定式化できるならば、必然性の確率1は「過去確率原理」のもとに包摂されるといえるかもしれない。なぜならば、私たちがその文を必然的だと見なすというのも時間のなかで生じる出来事なので、結局、その文を必然的だとたったいま「すでに」見なしたということと事実上同値な事態だと考えられるからである。けれども、もちろん、このようにすると次の二つの疑問に直ちに答えなければならなくなる。(1)私たちがその文を必然的だと見なす前には、その文が真理である確率は1より小さかったのか、(2)論理的必然的真理の確率1は未来には変化しうるのか。(1)に関していえば、一つにはこう考えられる。すなわち、必然的真理を表現する文を構成する言葉は、その言葉でなければならないということはなく、別の表現や語彙でもよかったはずなので、場合によってはトートロジーでも必然的でもないものであった可能性があるゆえ、実際、必然的だと見なす以前のその文の(というよりその文を構成するという出来事の)確率は1より小さかったのだ、と。この考え方の道筋は、第一章冒頭で示した、迷いから意思決定というプロセスが、振る舞いや認識のみならず論理にまで瀰漫しているというかなりラディカルな捉え方を示唆することになろう。しかしこれよりもっと穏和なそれゆえ説得的な考え方としては、私たちがその文を論理的に必然だと見なすやいなや、私たちはそうした必然性を、無時間的に捉えることによって、いわば遡及的に過去へと拡張させていくのだ、とする道筋があろう。このような道筋の説得性からして、必然性と過去の概念は互いに緊密な親和性をもつように私には思えるのである。しかし、では、未来はどうだろうか。もしある文が無時間的に必然的であるなら、それは未来においてさえ永久的に必然的といえないだろうか。この問いはもちろん(2)の疑問へと結びつく。そしてそれは、もはや明らかなように、私のいう確率1の時間的困難にほかならないのである。

(14) See Eells (1991), 1, and Mellor (1995), 67. ここで「さしあたり」という但し書きを挿入したのは、この定式化では単なる確率的相関にすぎず因果的相関ではないような「にせの原因」をふるい落とせないからである。この点については『迷宮1』第四章で主題的に扱ったので、それを参照してほしい

(一ノ瀬 2001)。

(15) 「ろ過」については第四章で具体例とともに説明する。

(16) たとえば、ミシェル・パティーは最近量子論における確率概念の解釈についての考えを発表し、量子物理学における二つの確率の意味を注意深く区別すべきだ、と主張した。それは、理論的(関係的および数学的)と経験的(統計的な意味で)という二つの意味である。私は、こうした多少陳腐に響く整理に対して、その二つの意味相互はどのように連関しているのか、なぜ一つの理論のなかで同じ「確率」という概念として利用されているのか、それらをさらに解明すべきだといいたい。See Paty (2001), 235-255.

(17) 量子力学を射程に入れながら確率の物理的(客観的)解釈と認識的(主観的)解釈との関係を考察しようとしたとき、私はLogue (1995) からいくつかのヒントを得た。加えて私は、二〇〇三年の春にオックスフォード大学においてローグ氏の講義に参加する機会も得た。それは「確率と帰納の哲学」と題された講義であり、そこからも多くを学んだ。しかしその後しばらくして、惜しくもローグ氏は急逝してしまった。記して感謝するとともに、ここに冥福をお祈りしたい。

(18) とはいえ、私の知る限り、たとえば、いわゆる「多世界アプローチ」でさえやはり別種の突然の変化に巻き込まれるであろうと思われる。というのも、もし私たちが一定の量子的現象を観察し、私たちはこの特定の世界にいるということを認識したとするなら、そのときその直前の世界とは別の異なる条件の世界へと突然移動するという事態が生じたと考えてよいと思われるからである。たとえそれが、コペンハーゲン解釈が取り扱ったような確率概念に関する変化とは無関係だとしても、突然の移動という変化があったことは間違いない。この点は、ポーキングホーンによる多世界アプローチの次の記述からも確認することができる。「観測をするたびに、物理的実在は分離された宇宙の多様性の中へと分割されてゆき、その各々の宇宙のなかで、異なる(クローンの)実験者たちがその観測の異なる可能的な結果を観察しているのである」(Polkinghorne 2002, 52)。このアプローチは、確率概念を決定的要素として用いるという道筋を避ける方法を案出したわけだが、突然の変化が生じるという点ではコペンハーゲン解釈と構造上厳密にパラレルである。よって、私たちは同様にこう問うことができよう。そうした突然の移動という変化を引き起こした原因は何か、と。この問いは、たとえ確率概念を用いていないとしても、私が提示した因果的困難とまさしく同等である。

(19) 私はここで過去にのみ言及し、現在には言及しない。なぜなら、現在というのはつねに消滅していくものであり、それをそれとして現実に把握するのが困難な様相だからである。チンマーマンが擁護しようとしているような、時間について現在の存在だけを認める現在主義（Presentism）は、私の観点からすれば、現在のこうした消滅しゆく経験的特徴を致命的に軽視しているように思われる。そうした特徴は、少なくともさしあたりは対峙されるべき問題として自覚されるべきであろう。See Zimmerman (1998), 206-219. しかし、他方で、過去の概念も固有の困難を抱えている。すなわち、過去はもはや存在せず、よって厳密にいえば、過去時制の文について真理の制作者（truth maker）が何であるのかを理解するのが根本的に困難なのである。これはアリストテレス以来の伝統的なパズルであり、明らかに探究する価値がある問題である。この問題の周辺については、9節で少し触れ、そして第三章でやや立ち入って論じる。

(20) もし観察行為を観察する主体に引きつけて捉え返し、さらにはそうした主体性を自我や精神の概念と結びつけるならば、「確率崩壊仮説」はかつてジョージ・バークリが提示した古典的な因果論の一つのヴァリアントと見なせるだろう。バークリは、原因性をすべて「知覚すること」（percipere）という精神の能動性に帰着させ、その上で「存在するとは知覚されることである」（esse is percipi）と言い放ったのである。たとえば、See Berkeley (1951), section 30. ちなみにいえば、バークリはポパーによって、量子力学にも関わりうる科学的道具主義の立場のパイオニアの一人として高く評価された。See Popper (1963), 97-119. 序章で触れたように、私は自分の議論がある面でバークリから影響されていることを否定しない。

(21)「ハンフリーズのパラドックス」については、私は『迷宮1』209-210ですでに言及し、傾向性解釈にとってこのパズルは致命的である、と簡単に片付けている。しかしそれは、「確率的因果」の「基礎」として使えないということを述べる文脈であって、「ハンフリーズのパラドックス」が確率の解釈としての傾向性解釈を即座に斥けるという意味でもないし、「基礎」というのとは違った仕方で傾向性が確率的因果に関わりうることを排除することを意味するものでもない。もっとも、私が傾向性解釈の魅力に気づいたのが『迷宮1』を公刊した後であったのは確かであるが。いずれにせよ、あらぬ誤解を避けるため、一言しておく。

(22) ここでの「観察」や「確認」の概念はきわめて曖昧ではないかといぶかしく思う人がいるかもしれない。というのも、なにかを手で握ることも触覚的な意味での一種の確認となりうるからである。もっとも、それを「触覚的観察」(?)と呼べるかどうかは定かではないが。しかし、いずれにせよ、こうした疑いは、必要ならば、条件をさらに次のように修正することで簡単に晴らすことができる。すなわち、木製の箱に入れられた各々の不良品の缶切りに一から一二五までのナンバーがランダムに付けられていて、その上で、私がその中のどれかの数を選ぶようにといわれ、その後で、私が選んだ数の付いた特定の缶切りが近代的な機械Bによって生産された確率はいくつかと問われる、というようにである。このように修正すれば、確認や観察の概念にまつわる疑念はさしあたり回避することができるだろう。

(23) 小島寛之はユニークな著書小島(2004)「終章」において、仮定法過去完了として確率を捉えるという考え方を展開し、そうであったかもしれない世界を考慮に入れた意思決定理論の可能性を示唆している。これは確率概念を論じるときに「時制」を本質的なファクターとして取り入れるというスタンスであり、本書での私の確率概念理解と軌を一にしている。実際、私が言及した「後悔」という事態は、小島のいうような可能世界への考慮と間違いなく調和していく。ただ、私の論じる「過去についての決定論」は小島説と整合しないのではないか、という疑念が生じるかもしれない。しかし、そうであったかもしれない世界は、あくまでも現実には過去がすでに一つに決定されてしまっているという事実を前提してはじめて、「そうであったかもしれない」と形容されて立ち上がってくる。その意味で、私のいう「過去についての決定論」は小島説の基盤ともなるように思われる。いずれにせよ、私自身、小島から学ぶことが多かった。

(24) ウイリアムソンは、私がオックスフォード・ニュー・コレッジの彼の研究室に訪ねていった二〇〇三年五月二九日、こうした寸評を述べてくれた。

(25) 「そうでない仕方で行為することもできた」の性質に関して、私がそれを反事実的条件文として吟味する必要性を痛感するにいたったのは、二〇〇三年に在外研究先のオックスフォード大学トリニティ学期に参加したマーサ・クラインの講義においてであった。「自由意志・道徳的責任・刑罰」というタイトルでなされた彼女の講義はまことに刺激的であり、洞察に満ちていた。ここに謝意を表したい。ただ、反事実的条件文の分析から自由意志を論じるという道筋を十分に展開することは、次作『原因と責任の迷宮』(『迷宮3』)での課題としておきたい。なお、Klein (1990) も参照。

(26) スッピス自身は因果関係は前向きに働くことを堅く信じており、「強く反転的」ではないシステムが自然の中には広がっており、そのことによって前向き因果という常識的見解を支持する私たちの個人的経験が強化されているのだと、そう強調している。See Suppes (2001), 212.

第二章

(1) 「反明輝性」とは、「すべての事態αにおいてCが成立しているならば、αにおいて人はCが成立していることを知りうる立場にいる」という明輝性のテーゼが成り立たないとする立場のことである (Williamson 2000, 95ff)。換言すれば、知りえない・無知であらざるをえない領域があることを知識の不可避のファクターと捉える立場であり、後に触れる、ウイリアムソンの「ソライティーズ・パラドックス」に対する「認識説」の立場を一般化した見地であるといえる。この点については、一ノ瀬 (2004) を参照。

(2) 鮮明な境界線をもつ動詞や形容詞や副詞がある

のかどうかについて、私は確言できない。身体の時空的位置関係によって境界線を鮮明に規定するような、人工的な動詞は可能かもしれない。あるいは、固有名詞ならぬ固有動詞なるものがあれば、適用の可否についての境界線をもつといえるかもしれない。もっとも、そうしたものはおそらく日常的には役に立たない代物であろう。

(3) 曖昧性の問題に関する歴史的経緯については、中島 (2004) が簡潔に整理している。

(4) ハイドのいう「条件的ソライティーズ」があからさまな矛盾をもたらすことまでを同時に示してしまう「ソライティーズ」の定式化として、スコット・ソームズの「ソライティーズの特殊化版」(Particularized Version of the Sorites) にのっとった定式化がある。それは次のようである (Soames 1999, 208)。

P1. a_0はFである。
P2. a_nはFでない。
P3. a_0がFである（でない）のは、a_1がFである（でない）とき、そしてそのときに限る。
a_1がFである（でない）のは、a_2がFである（でない）とき、そしてそのときに限る。
…
a_{n-1}がFである（でない）のは、a_nがFである（でない）とき、そしてそのときに限る。
C. a_nはFであり、かつa_nはFでない。

このソームズ版で問題を捉えていくことも一つのやり方であろう。

(5) 私はSainsbury (1988) の邦訳書において supervaluation を「重評価」ではなく「超厳格評価」と訳した。そのように訳した理由は二重にある。すなわち、この考え方は、「中間部」の本来は境界線を引けないところに対して精確化を施し「厳格に」線を引いて真か偽かの評価をする立場であり、さらに、すべての精確化において真であるものとして「厳格に」真理の値を評価して「超真理」の概念を提示しているものだからである。しかし、やや意訳的な訳なので、原語に字義的にもっと即した訳としてここでは「重評価」という訳し方を採用することにする。

(6) この言い方はマシーナによる。See Machina (1976), 177.

(7) See Priest (1986), 99.「ダイアレテイズム」という言葉のもともとの意味からすると、「ダイア」は「二つの」、「アレテイア」はギリシャ語で「真理」の意なので、「二つの真理」ということになる。それゆえ私は、「ダイアレテイズム」が一般に「真なる矛盾」として規定されていることを知りつつも、「双真理説」という訳語が適切だと考えているのである。

(8)「自然主義的認識論」については、私は一ノ瀬(2005e) において主題的に論じた。そこで私は、「ソライティーズ」との関わり以外に、「認識は自然現象である」と「認識論は自然科学の一部である」という二つの主張の相違、「小笠原は東京都に属する」などの制度的知識の位置づけ、知的財産権の概念の処理、などに絡めて自然主義的認識論を批判的に検討した。

(9) たとえば、セインズブリーが Sainsbury (1990), 252-253 で「人工妊娠中絶」の問題に言及している。私自身も曖昧性と中絶の問題の連関性について Ichinose (2004) で多少論じた。

(10) この点は Singer (1993), 138 参照。

(11) 出口康夫氏は、二〇〇五年一二月四日の日本科学哲学会第三八回大会にて私がオーガナイズしたワークショップ「不確実性の論理――確率と曖昧性」において、「確率の曖昧性」に関するきわめて刺激的な提題を行った。出口氏のいうように、厳密にいえば、実は確率概念それ自体が、解釈や数値付与など多様な次元において曖昧である。ということは、確率と曖昧性は相互に混合しているというのが実態なのである。本書の主題に引きつけていえば、これは、確率が因果性に、曖昧性が理由づけにおもに関わっている限り、「原因」と「理由」が相互に反転し合う関係にあることと対応しているといえるだろう。

(12) 参考までに、「第一トリヴィアリティ結果」の証明を記しておく。実質含意とは異なる、「ラムジー・テスト」にかけられる条件的結合子をルイスは「普遍的確率条件法」(a universal probability conditional) と呼び、「→」で表す。そして、まず

「ストルネイカーの仮説」を前提として立てる。

$$(1)\quad P(A \rightarrow C) = P(C \mid A)$$

(1) にBに対する条件づけを施すと、

$$(2)\quad P(A \rightarrow C \mid B) = P(C \mid AB)$$

が出てくる。この (2) のBをCまたは~Cに置き換えると、

$$(3)\quad P(A \rightarrow C \mid C) = P(C \mid AC) = 1$$
$$(4)\quad P(A \rightarrow C \mid \sim C) = P(C \mid A \,\&\, \sim C) = 0$$

しかるに、任意の文Dに関して、全確率の公式に従って次の等式が成立する。

$$(5)\quad P(D) = P(D \mid C)P(C) + P(D \mid \sim C)P(\sim C)$$

ここでDをA→Cとおく。すると、(1)、(3)、(4)、(5) より、

$$(6)\quad P(C \mid A) = 1 \times P(C) + 0 \times P(\sim C) = P(C)$$

すなわち、いかなるAとCに関しても、それらは確率的に独立ということになる (Lewis 1976, 131-132)。

(13) この点は、註 (11) で言及したワークショップにおいて、提題者であり私のかつての学生であった鈴木聡氏から私の提題 (本章の基礎になっている) に対してなされた質問によって明確になってきた。いつもながらの鈴木氏の鋭敏な洞察力に敬意を表したい。

(14) もっとも、「ソライティーズ」に現れる前提を条件文と捉えたとき、それが直説法なのか仮定法なのかについては議論の余地があるだろう。スカームズの議論はあくまでも仮定法条件文に関するものにすぎないので、その点注記しておく。ただし、本論中に述べたように、厳密には、私自身は「ソライティーズ」の前提を条件文として扱う道を採らない。

(15) 確率的因果について私は、『迷宮1』第四章においていくらかのことを論じたし、本書第一章でも少し触れた。

(16) Eells & Sober (1983), 43-44. もっとも、たとえばハウスマンは、多くの論者とは違って、確率的因果の理論を構築するには非推移性を避けなければならないと論じている（Hausman 1998, 194-197）。

(17) 「高階の曖昧性」を解消するという点については、私とは異なる観点からだが、吉満（2003）が興味深い議論を展開している。

(18) もっとも、そうした連動のありようは簡単ではないだろう。ここで私がベイズ的理論を曖昧性に適用することで目指しているのは、単に、曖昧な概念の境界線に関してであって、それはたとえば、曖昧な概念によって状況を理解しなければならない条件下で意思決定しなければならない場合に対して、直接的には寄与しないかもしれない。しかし、そうした意思決定の場合でも、意思決定の主体の状況理解のなかではなく、たとえば、意思決定するための素材としての第三者の証言中に現れる曖昧性については、「ソライティーズ」へのベイズ主義の適用という、私の提案は一定程度有効性をもちうるだろうと思っている。その場合、証言者を被験者にした実証的検証によって、その証言者が一般的な「傾向性」のもとで証言をしているかどうかが、ひいては証言の信頼性が「ソライティーズの因果説」によって計られ、よってもって全体の意思決定に反映されていくだろうからである。この辺りの、リスク論における曖昧性の位置づけの現状については、竹村他（2004）, 12-20 を参照。

(19) このように「確証」ではなく「創造」であると私が論じるのは、確証の理論としてのベイズ主義には根本的な困難がある、という事情にも促されている。第四章で論じることの先取りになるが、私はそうした困難を回避しつつ、ベイズ的理論の利点を生かす領域として、「文脈」のすでに定まった過去の事柄、とりわけ「責任」を確定するという問題領域があるのではないかという提案を行う。それに対してここでは、ベイズ的理論を活用するもう一つ別のあり方として、言葉の意味の「創造」という場面を取り上げてみたわけである。もっとも、ラフな言い方をするなら、統計的操作全般に関して、少なくとも哲学的見地からは、ある種の「創造」的アスペクトが見出されると論じることは可能だろう。

(20) 私は一〇年以上前に曖昧性についての小さな英

語論文を書いて、最後の節を「Back to Black's Argument」と題した。今回、まったく新たな観点から同じ主題を検討し直して、自分の議論の全面的な改訂を目論んだが、結局は発想的に似たところに再びたどり着いてしまった。ブラックの議論から最初に受けた衝撃がいまなお根づいていることに改めて思い至り、自分の思考の歴史の無自覚的な方向性に遭遇した気がしている。このことを、自分の思考スタイルのゆらぎに対する検証だとすると、これは「発見」なのだろうか「創造」なのだろうか、という問いが出てくるかもしれない。曖昧性の問題との関わりは別にしても、一人の人物のディスポジションを鮮明な仕方で輪郭づけることは、一人称的にさえ難しいといえるだろう。Ichinose (1995), xxiv-xxvii.

第三章

(1) 厳密にいうと、「不在性の支配」という事態が現れるのは「過去」に関してだけではない。「私の死」という未来事象も、いわば定義的に経験を越えた不在的な事象であるにもかかわらず、私たちの認識や行為を支配する。「過去」と「私の死」という両者のこの共通性をどう理解していくかは、過去と未来の非対称性を論じる上での必須の課題であると私は考えている。この非対称性については、本論五節で少し触れる。

(2) ジェンキンズ (2005), 19-20。ちなみにジェンキンズは、歴史が認識論的に脆弱である次の四つの点を列挙している。(1) 過去の出来事の内容は果てしなく、いかなる歴史家も過去全体を扱ったり復元したりできない、(2) いかなる記述も、出来事である過去そのものを復元できない、(3) 歴史は「語り手」としての歴史家の視点から免れることができない、(4) 歴史はつねに過去を合成し、変更し、誇張している (ジェンキンズ 2005, 21-25)、この四つである。

(3) 石川 (1935), 597-598. ちなみに、歴史学者の渡辺保によれば、この政子の逃避行についての『源平盛衰記』の記述は、全くの創作ではなく、かなり信用できる」という (渡辺 1961, 6)。

(4) トゥーリーは、因果的過程に神が介入していて真の原因は神である場合、神が介入していない場合と知覚経験的には相違がない、よって因果関係を直接的知覚と捉える単称因果の立場はこうした区別ができないのだから説得力をもたない、と論じている(Tooley 1997, 95)。

(5) 古証拠問題はグリモアによって提起された。Glymour (1980), esp. 86. 本書第四章を参照。

(6) ただし、厳密にいえば、過去の不在性からして、既知の事実とて確率1が無条件に付与されることはありえない。ここでは単に「ベイズ主義」の難点を示すために、おおまかに既知の事実が確率1であると見なされている状況を仮定して論じたにすぎない。けれども、第一章で論じた意味での「遡行確率仮説」に基づく過去についての決定論を想起するなら、こうした戦略は、「虚構的」という限定がつくにしても、必ずしも奇怪ではない。それに、たったいま行われた行為についての説明や理解についていえば(それも過去・歴史認識の一つである)、確率1は付値可能だし、よって「古証拠問題」が文字通り発生しうる。

(7) 証拠の捏造や「嘘の供述」を心理的に迫ることによる冤罪のケースは、歴史の物語文の確率的性格・偶然性が暴力的な仕方で露わとなってしまう場面である。こうした点については、浜田 (2004) が一つの手掛かりを与えてくれる。

(8) 私は一ノ瀬 (2002) において、「偶然性」について、それが「意図外部性」という様相のもとで「偶然～した」という過去時制で語られる概念であることに注目して考察した。それを参照してほしい。

(9) かつてアンスコムは、因果性を理解するときには「干渉と抑止」(interference and prevention)の契機に注目しなければならないと論じた。つまり、因果的理解は日常や正常からの逸脱から立ち上がるという、その事態に注目したのであり、この観点は私の議論と発想を共有している。Anscombe (1981), 147. この点は、本章の末尾で触れているように、人間の行為についての説明や理解がことさら問題となるのは、犯罪などの、日常からの逸脱の場合であることと明確に対応している。

(10) おそらく、触法精神障害者の問題について、その刑事責任を論じるため、なされた行為の説明や理解を試みるとき、私たちが奥底でほぼ無自覚的に保守あるいは正当化しようとしている文脈や文化が露わとなってくるのではないかと私には思われる。

(11) 第四章でも触れるが、厳密にいえば、「証拠」概念もまた絶対的に客観的で文句なく確率1を与えられるようなものではありえない。この点は歴史学者ジェンキンズも確認しており、証拠とは証拠として用いられたときにはじめて証拠になるのであって、歴史家の言説が産み出すものである、と喝破している(ジェンキンズ 2005, 97)。もっとも、こうした見方を突き詰めていくと、歴史認識に対する全面的懐疑論ひいては認識一般の自己破滅を招来しかねない。ここで大切なのが、私が目指すような、不確実性を不可欠の要素としてポジティブに組み込む認識論なのである。どんなに疑念をはさみうる事態であろうと、私たちは事実として何らかの認識や行為をしてしまっている。おそらく、何かの飛躍を犯しながら。しかし、こうした「してしまっている」という事実感・実在感(リアリティ)から思考をはじめよう、というのが私のスタンスである。これは『迷宮1』で述べた「制度的実在」の概念にぴったり対応した考え方である。『迷宮1』序章参照。

第四章

(1) フィッシャー以来の確率の頻度解釈に基づく伝統的な統計学に従えば、証拠(e)が一つ与えられただけでは仮説(h)についてまだほとんど何もいえない。たくさんのデータを集めなければ確率は意味をなさないわけだし、またブルーベリーを摂取しなかった場合のデータとの比較をしなければ統計的有意性は導けないとされるのである。しかし、ベイズ主義は認識的・主観的確率を用いるので、一つの証拠(e)だけでも、何らかの信念変化が生じるという、その点にスポットを当てる。ここに、良かれ悪しかれ、伝統的統計学に対するベイズ主義の特徴がある。私は、日常的な推論という点からして、ベイズ主義を無視することはできないというスタンスから議論をおこしている。

(2) 確率概念の諸解釈についてはGillies (2000)を参照。また、確率概念そのものについては第一章を見よ。

(3) けれども、まさしく認識的・主観的確率を容認するがゆえに、ベイズ的アプローチはしばしばある

種の哲学者たちによって忌避される。その代わりに、尤度（likelihood, $P_{pri}(E|H)$のこと）に照明が当てられることがある。というのも、尤度は比較的客観的な仕方で評価可能であり、また、尤度比は異なった仮説の比較をするときに容易で便利な道具でもあるからである。そうした観点はときおり「尤度主義」（Likelihoodism）と呼ばれる。ベイズ主義と尤度主義にまつわるいくつかの問題については、Sober（2002），21-38を参照。ホーソンもまた尤度主義について興味深い論点を提示している、すなわち、尤度主義を有意味なものにするためには、結局私たちはベイズ的理論に訴えることになる、というのである。Howson（2002），51-53を参照。

（4） Talbott（2001）は、ベイズ的認識論の基本的な考え方や問題点を知るのに有用である。また、Bovens & Hartmann（2003）は、現在のコンテキストのなかでのベイズ的認識論の位置づけを知る格好の案内であり、そこでは確証だけでなく、整合性（coherence）や信頼性（reliability）の問題も丁寧に論じられている。

（5） See Pearl（1988），116-131 and Williamson (2005), esp. 14-48. ちなみに、ジョン・ウィリアムソンは、「ベイジアン・ネット」は必ずしもベイズ主義的な主観的確率を用いることを含意せず、単に「ベイズ的条件づけ」を用いるから「ベイジアン」と呼ぶだけだ、としている（Williamson 2005, p. 51 note）。ウイリアムソン自身は、公共的に受け入れるべきとされる間個人的な確率を基にする「客観的ベイズ主義」（Objective Bayesianism）の立場を打ち出している（see ibid. 65-106）。本書第一章3節も参照。

（6） 近年の確率的因果の理論は、因果的連関の問題を考慮に入れることによって一層の展開が図られている。たとえばナンシー・カートライトがジョン・デュプレの用語法を借りて導入した「全文脈的一致」（contexual unanimity）の概念などがこの流れを反映している。この概念は、確率的因果における原因は文脈独立的であること、つまりいかなる連関性が関わろうと原因は原因である、という条件をクリアすべきであるという要請を含意する。See Cartwright（1989），143 et al. けれども、この概念もまたさらに批判的に吟味されている、なぜならいくつかの反例が想像可能だからである。See Hitchcock (2002), 16. ちなみに、この話題に関連して、Twardy & Korb (2003) も注目に値する。彼らは「客観的同質性」(objective homogeneity) というさらに洗練された概念を提起して、確率的因果の新しい戦略を提案しているからである。「客観的同質性」は「全文脈的一致」を定義する基礎として提案されている。そして彼らは「客観的同質性」の概念を「ベイジアン・ネットワーク」と結びつけている。彼らの議論は「ベイジアン・ネットワーク」についての私の議論に大いに影響を与えるかもしれないが、それを考察するには時間が必要なので、その検討と評価は今後の課題としたい。

(7) この点は次のように簡単に証明できる。「条件つき確率」の定義からして次の(1)が成り立つ。

(1) $P_{pri}(H|E)=\dfrac{P_{pri}(H \& E)}{P_{pri}(E)}$

また、確率の一般的な加法定理からして次の(2)が成り立つ。

(2) $P_{pri}(H \& E)=P_{pri}(H)+P_{pri}(E)-P_{pri}(H \vee E)$.

仮定より次の(3)が成り立っている。

(3) $P_{pri}(E)=1$.

Eは$H \vee E$を論理的に伴立するので、$P_{pri}(H \vee E)$は$P_{pri}(E)$より小さくなることはありえない。それゆえ次の(4)が成り立つ。

(4) $P_{pri}(H \vee E)=1$.

よって、(3)と(4)を(2)に代入して、次の(5)をえる。

(5) $P_{pri}(H \& E)=P_{pri}(H)+1-1$
$=P_{pri}(H)$.

かくして、(3)と(5)を(1)に代入して次の(6)をえる。

(6) $P_{pri}(H|E)=P_{pri}(H)$. (証明終わり)

(8) 第一章註(8)で触れたように、証拠の確率が1かどうかということを論じるとき、厳密には、「ジェフリー条件づけ」を考慮に入れなければならないだろう。しかし、BCONDがベイズ的確証理論の核心であることは間違いないので、ベイズ的確証理論という大きな影響力のある立場を検討するために、さしあたりBCONDに焦点を合わせることは的外れではないと考えている。

(9) なるほど確かに、「客観的ベイズ主義」(objective Bayesianism) と呼ばれる立場は確証力を算定するときに客観的要素を重要視している。しかし、註(5)で触れたように、その場合の客観的要素とは間個人的な仕方で事前確率を確定することにのみ関わっているにすぎない。つまり、物理的確率ではなくやはり認識的確率に訴えているのである。とりわけ、ある種の無差別原理がそうした確定のためにしばしば拠り所とされる。もっとも、よく知られているように、この無差別原理を明確に定式化して使い物になるようにすることは絶望的に困難である。See Talbott (2001), section 5.1.

(10) 「根拠に基づく医学」については、鎌江 (2005) が簡潔にして要を得た論考であり、専門家でなくとも明快に理解できる。

(11) 私のここでの議論は、グリモアの議論だけでなく、クリストファー・ヒッチコックの因果関係についての議論にも対応しているかもしれない。ヒッチコックは、因果関係は原因と結果の二項関係として研究されるべきではなく、原因、結果、そして文脈や背景理論から推理される別の可能な原因、という三項関係として研究されるべきだと強調する。けれども、私はむしろ、そうした文脈をどのように選ぶのか、という点に関心がある。こうした問いはヒッチコックの議論のなかでは真剣に提起されてはいない。See Hitchcock (1996), pp. 267-282.

(12) 意思決定理論の文脈における「記述的」と「規範的」の区別に関しては、私は Mellor (2003) から多くを学んだ。そこでメラーは、規範的および主観的アスペクトを重視する標準的なトレンドに対比的に、意思決定理論における記述的かつ客観的なアスペクトの重要な役割を強調している。

(13) こうした糖尿病という新しい診断を確証する過程で、次のような事態が生じるのはまれではない。医師が患者の腹痛を再び確認して、その後直ちに血液検査の結果を知り、腹痛とは独立に糖尿病という診断に辿りつき、そしてその直後に(つまり腹痛という証拠を忘れないうちに)、実は腹痛が糖尿病という診断をさらに確証する証拠でもあることに気づくという、そうした事態である。こうした場合、たとえウイリアムソンの「単調性」拒否という戦略を採用しても、「古証拠問題」はやはり出現する。

(14) Howie (2002) によれば、確率の主観的解釈は事実として18世紀から今日に至るまで自然科学の歴史のなかでつねに支配的だったという。ただし、公的には頻度解釈がずっと拠り所だとされてきたのだが。もし私の提案が、ベイズ的確証理論のように、仮説を確証する際に私たちは主観的確率を利用しているという経験的事実に多少とも基づいているのだとすると、ホーウィーの議論は、私の提案が医学以外の他の自然科学の分野にも当てはまりうるということを示唆しているかもしれない。

(15) 現実に、ベイズ的意思決定理論は因果的連関の問題(証拠的連関の問題の一つ)を十分に考慮に入れていないということでしばしば批判される。そしてそこから、いわゆる因果的意思決定理論が立ち上がってきたのである。See Resnik (1987), 112-115.

(16) ヒュー・メラーはこの論考の初期の草稿を親切に読んでくれ、期待害悪は期待効用を裏返しにしたもの(たとえば損失関数に類するもの)にすぎないのではないか、という洞察力あふれる問いを提起した。彼は、期待害悪の観念は期待効用の観念と果たして概念的に異なるのか訝しく思っているのである。これは非常に自然な疑問である。しかし、私の議論がおそらく示しているだろうように、少なくとも両者の間の二つの相違に気づくことができる。第一に、期待害悪は遡及的にのみ計算されるべきなのに対して、期待効用(あるいはそれに相関する平均損失)は、将来の行為についての意思決定に使用されるのだから、普通は展望的に算定される。第二に、効用は害悪に反比例しない。すでに述べたように、正の効用は負の害悪と等価ではない。なぜなら、正の効用についての期待害悪はひとしなみにゼロでなければならないからである。もっとも、この点は損失関数も同様であり、目標値に達したものがいくら正的に大きく評価されても損失はゼロである。しかし、おそらく、効用を算定する基準としての最初の状況がきわめて十分すぎるほどのものであった場合、負の効用すなわち損失は、正の害悪と必ずしも対応しないだろう。たとえば、月収一〇〇万ポンドの非常に裕福な人がたまたま月収七五万ポンドに減収になった場合、効用はその人の当初の観点からすれば負であると、つまり損失であると算定されるかもしれないが、いかなる害悪も生じていないというべきだろう。このように、害悪という概念が、効用や損失のように比較的客観的かつシンプルに数値化可能なものと比べて、規範や文脈など複雑な要素に依存しているがゆえに、期待害悪は、期待効用や損失関数とは独立に定式化されなければならないと思われるのである。統計学的な定式化としてこれをどう洗練させるかについては、識者のご示唆を待ちたいと思う。

(17) 実際、法理論の文脈のなかで——そこではもちろん責任が重要問題となるわけだが——犯罪についての仮説とDNA証拠との間の関係を理解するためにベイズ的理論がすでに使用されている。たとえば、Dawid (2002) を見よ。さらに、裁判過程一般に関してベイズ的理論の適用可能性をもっと大々的に追求した論考として、Redmayne (2001) がある。

(18) とりわけ、触法精神障害者の刑事責任の問題は注意深く吟味されなければならないと思う。なぜなら、この問題は、自由と責任に関わる哲学の伝統的文脈にきわめて位置づけにくい事柄であるにもかかわらず、責任概念にとって現実には中核にあると考えられる主題だからである。See Schopp (1991).

あとがき

　暑い夏の日だった。東京から戻ると、大変なことが待ち受けていた。妻が、近所をふらついていた雌のゴールデン・レトリーバーをかわいそうなので保護したいと言い出したのである。捨て犬らしく、猛暑の中何日もふらついていたようで、あばら骨が浮き上がるほどやせて、みずぼらしく汚れていた。自宅近くに高速道路のインターチェンジがあり、以前から、そこで犬を車から降ろし、自分は車で脱兎のごとく立ち去る、というような冷酷な人がたまにいて、このゴールデンもそんな風に捨てられたのかと推測した。私もいささか憐憫の情を感じ、結局拙宅で一時的に保護することになった。しかし、これが苦闘の日々のはじまりだったのである。

　私は実は、そのわずか二十日前の二〇〇三年七月二〇日にイギリスでの在外研究から戻って来たばかりだった。オックスフォード大学にて、ニュー・コレッジのティモシー・ウイリアムソン教授に客員研究員として受け入れていただいて、まる一年間の研究生活を送ってきたのである。二〇〇一年に『原因と結果の迷宮』を勁草書房から上梓し、三部作として次に続くべき『原因と理由の迷宮』をまとめるべく、ウイリアムソン教授のもとで、因果、確率、曖昧性、ベイズ主義、意思決定といった問題について徹底的に考える時間をもつ、というのが私の在外研究の大きな目的だった。日本人哲学研究者の在外研究の活用仕方にはおおよそ二つのタイプがある。それを与えられた自由な時間と捉えて（日本語での）執筆活動に費やすというタイプと、滞在地の研究環境に入り込んでゼミや学会に足繁く通うというタイプの二つである。私は完全に後者のタイプだった。生来の貧乏性のゆえか、せっかくイギリスにいるのだからと、オックスフォードのさまざまなゼミやイベントに忙しく顔を出し、ウイリアムソン教授やデレク・パーフィット教授をはじめとする哲学部のスタッフと交流したり（ピーター・ストローソン教授のご自宅にも伺った。先頃のご逝去には、謹んでご冥福をお祈りしたい）、あるいはロンドン大学やケンブリッジ大学にも何度も足をのばし、知り合いの教授たちと交流した。さらには、バーミンガム大学やレディング大学にも出かけて、分析哲学関係の学会に参加した。私にとってかけがえのない財産となった。今回、実際に本書『原因と理由の迷宮』を刊行する運びとなったが、そこにはイギリスでの学問的交流の成果がいたるところに反映されている。イギリスは、かつての大英帝国の面影を引きずりつつも、現在は実際はそんなに大きな国ではない。しかし、オックスフォードやケンブリッジのあの学問的雰囲気と伝統は強力な磁石のように人を引きつけ、イギリスの（国力の割には驚くほど）高い国際的なステイタスに大きく貢献している。私は、今後もイギリスの哲学者との交流を続け、三部作最後の『原因と責任の迷宮』の完成に努めたいと考えている。

けれども、私が本書で展開した「不確実性の認識論」は、あのゴールデンレトリーバーとの日々なしには、真にリアリティをもって私の頭に形を結んでこなかったであろうと感じている。ゴールデンを保護したのはいいが、拙宅には二匹の先住犬がいて（柴系ミックスの「しずか」と柴の「牛若」）、どうしても彼らとの相性が悪いのである。よって、住環境も十分なものを用意できない。そして、散歩も三匹一緒には行けず、二度手間になる。さすがの犬好きの私も、時間的にきついと感じるようになってきた。何とか新しい飼い主を見つけなければならない。知り合いに捨て犬などの里親捜しをしてくださるボランティアの方がいて、里親はすぐに見つかるだろうなどと甘く見越していたので、保護したという背景もあったのだが、そうしたボランティアの方を通じて、さまざまな形で里親捜しをしても、なかなか良縁に恵まれなかった。私はゴールデンの彼女を、「よい里親が見つかるのは今日か明日か」と思っていたので、「あすか」と呼んでいた。里親になってくれそうな人がいるという連絡をボランティアのTさんからいただくたびに、私はあすかを連れて行く。ところが、車からおろしてTさんを待とうとすると、あすかは強い力で必死になって車に戻ろうとするのである。おそらく、車から降ろされて捨てられた記憶が甦るのであろう。私は哀れでならなかった。どうして犬を捨てるのか。怒りがわき上がる。あすかの目を見る。明らかになにかを語りかけている。訴えている。しかし、何を訴えているのか、完全には分からない。不確実なのである。けれど、いや不確実だからこそか、そこには恐ろしいほどリアルで濃密なコミュニケーションが成立していた。理解実践が成立していた。そう記述する以外にすべがないほどの圧倒的な実在感なのだ。「まえがき」に記したように、私はほぼすべての状況において不確実性をつねに意識しているが、あすかとの間に感じた不確実性は突出するほど重くリアルだったのである。もちろん、しずかや牛若とも毎日リアルかつ不確実なコミュニケーションをしているのだが、彼らの場合私の持ち犬なので、あすかのような哀感は伴わず、切実な印象を引きずらないのである。その後あすかは、Tさんの本当に頭の下がるような助力のおかげで、幸いにも東京の獣医師Mさん宅に温かく受け入れていただき、「あすか」という呼び名のまましあわせに暮らしている。そう決着したのは私が保護して八ヶ月後のことであった。こうした経緯の中、私には、どうにも消せない罪悪感が残った。あすかを自分で預かりきれなかったという悔いが残った。あすかの目が語りかける不確実な内容を想起すると、私はすくんでしまう。しかし、同時に、これほど互いに理解するということもなかったのではないか、とも実感する。「不確実な理解実践のリアリティ」という本書のコンセプトは、実にこのような仕方でまさしくリアルに形をなしてきたのである。あすか、そして、しずかと牛若、ありがとう。

本書の内容は、『原因と理由の迷宮』をまとめようという意図のもとで、そのつどの到達地点を吟味していく作業として、これまでいくつかの機会に発表してきた原稿に基づいている。もちろん、私の考えは刻一刻と変遷していくので、今回大きな変更や修正を加えてまとめた。感覚としては、ほとんど書き下ろしに近いといってよいと思う。念のため、各章のもととなった初出の論文を記しておく。本書への活用を許可していただいた日本哲学会と岩波書店に感謝申し上げたい。それぞれのさらに詳しい書誌情報は文献表を参照していただきたい。

序　章　書き下ろし
第一章　「Does Probability Collapse or Retroact?」(*Philosophical Studies* 23, 2005)
第二章　「曖昧性の浸潤――ソライティーズの因果説の試み」(『哲学研究論集』第二号、二〇〇五

年）
「「ソライティーズ・パラドックス」をめぐる確率と因果」（『論集』第二四号、二〇〇六年）［この論文は二〇〇五年一二月四日の第三八回日本科学哲学会大会ワークショップⅣ「不確実性の論理――確率と曖昧性」の発表用原稿である］

第三章　「歴史認識における因果と確率」（日本哲学会『哲学』第五六号、二〇〇五年）

第四章　「ベイズ的認識論の可能性――医療的意思決定を視野に入れて」（岩波書店『思想』第九七六号、二〇〇五年）
「Bayesianism, Medical Decisions, and Responsibility」(*Philosophy of Uncertainty and Medical Decisions*, 2006)

なお、第二章のもととなった一部は二〇〇五年七月三〇日に「哲学若手研究者フォーラム」テーマレクチャーにおいて「不確実性の認識論――確率・因果・曖昧性をめぐって」という表題で発表したものであり、その発表原稿がフォーラム発行の『哲学の探求』第三三号（二〇〇六年）に掲載される予定である。

『原因と結果の迷宮』に引き続いて、今回も私は、英語圏の哲学をおもな手掛かりとしながらも、自分自身の主張を全面に出して論じた。「確率崩壊仮説」、「遡行確率仮説」、「ブーメラン決定論」、「ソライティーズの因果説」、「不在性の支配」、「偶然性の瀰漫」、「確証の意思決定負荷的アスペクト」、

「責任の論理」など、拙く不格好だと自覚しつつも、なんとか自分の思考と言葉とを結びつけようとした。さらに、「音楽化された認識論」などという、私の従来の発想を貫こうともした。本書が扱っている話題は、現代分析哲学の最もホットな問題圏に属しているが、それらは日本ではまだ必ずしも十分に知られていないトピックなので、私も多少の解説や整理を試みた。しかし、それはあくまで補助線であって、本筋は私自身の主張の展開にある。日本語で書かれた哲学の本ということで、西洋の哲学思潮の堅実な紹介とその解釈や論評のみを期待する方々には目をむかれるかもしれない。あるいは、怪しげなので、単に無視されるだけかもしれない。しかし、これは気質的なものかもしれないが、私は自分の身近な実感に即していかないと哲学の議論ができない。そして、身近な実感はおそらく私固有の体験と密着しており、それを普遍的にロゴス化するときに既成の概念からどうしても外れてしまう場合がある。そうした流れに素直に従うこと、それが私の執筆方針だった。というより、それしかできなかった。しかし、冷静に考えてみれば、哲学の本を出すということは、自分の理解仕方や考え方を発表するということにほかならないのではなかろうか。そういえばわが国でも、そうしたごく当たり前の哲学書が最近は少しずつ刊行されているように思われる。願わくば、本書もそうした趨勢のなかに位置づけられるものであってほしい。いずれにせよ、すでにこのように書物となってしまう以上、もはやそれは私の手からは離れてしまう。あとは、ご意見やご批判をいさぎよく受けとめるだけである。自分の理解仕方や考え方を発表するということは、同時にその内容に一切の責任を負うことなのだから。こうして、本書の主張は本書それ自体に当てはまってゆく。不確実性のなかで理解するということは、問い（「呼《コ》び《ー》か《ル》け」）に対して意思決定を経たうえで「原因」や「理由」という答え

（「応答《リスポンス》」）を示すことであり、それはその後の責任（「応答可能性《リスポンシビリティ》」）を見越した実践であらねばならないのである。

本書がなるまでに、多くの方々からの恩恵を受けた。オックスフォードのウイリアムソン教授はいうまでもなく、ケンブリッジのヒュー・メラー教授、ロンドンのドナルド・ギリス教授、同じくロンドンのコリン・ホーソン教授、メルボルン大学のグレアム・プリースト教授には、さまざまな有益なコメントをいただいた。深く感謝申し上げたい。また、本書の内容は、本務校である東京大学での講義だけでなく、京都大学での集中講義でも一部話し、思考を鍛え上げることができた。集中講義に招いていただいた伊藤邦武教授と出口康夫助教授、ならびにいろいろと質問をしてくれた東大と京大の学生諸氏に深くお礼申し上げたい。もちろん、東京大学大学院人文社会系研究科哲学研究室の同僚の先生方にも、不断に学問的刺激を与えていただいていることに感謝申し上げたい。さらに、東京大学二一世紀COE「死生学の構築」での世話人としての活動も、本書の執筆に大きなはずみを与えてくれた。死生学プロジェクトのリーダーである島薗進教授、世話人であり年来の畏友でもある熊野純彦助教授、その他のスタッフの方々に、ここに謝意を記したい。それと、歴史認識の問題について論じ詰める貴重な機会を与えていただいた日本哲学会と会長の野家啓一教授にも感謝いたしたい。さらには、因果性に関して、心理学や統計学の学会シンポジウムに私をお誘いいただいた繁桝算男教授に厚くお礼を申し上げたい。そして今回も、執筆と編集の過程で勁草書房の富岡勝氏に大変にお世話になった。富岡氏が、自分が定年を迎える前にもう一冊、というように私を励ましてくれた（プレッシャーをかけてくれた？）おかげで、私も自分の仕事をまとめることができた。いつもながらの見事な操縦術と産婆術に敬服すると同時に、謝意を表す次第である。同じく勁草書房の土井美智子氏にもお礼申し上げたい。さらに最後に、私事ながら、妻りつ子に感謝したい。彼女と音楽について語り合うことがなかったなら、本書はならなかったであろう。

本書が読者の皆さんの思考のよすがとなりますように。

二〇〇六年二月　土浦市の自宅にて

一ノ瀬正樹

人名索引

あ 行

か 行

さ 行

た 行

ま，や，ら，わ行

事項索引

（対応する欧語は必要と思われる事項にのみ記した）

あ　行

か　行

さ　行

た　行

な　行

は　行

ま，や，ら，わ行

文献表

欧文文献（邦訳は実際に参照したものだけを記載した）

Adams, E. W. 1975. *The Logic of Conditionals*. D. Reidel.

Anscombe, G. E. M. 1976. *Intention*. Basil Blackwell.（『インテンション――実践知の考察』, 菅豊彦訳, 1984 年, 産業図書）

――――1981. Causality and Determination. In *Metaphysics and the Philosophy of Mind*, Basil Blackwell. 133-147.

Audi, R. 1986. Action Theory as a Resource for Decision Theory. In *Action, Decision, and Intention*, Reprinted from *Theory and Decision* Vol. 20, No. 3, ed. R. Audi. D. Reidel. 207-221.

Augustin. 1947. *LA MUSIQUE*. Finaert, G. et Thonnard, F. -J. : *Œuvres de Saint Augustin 1re Série : Opuscules VII. Dialogues Philosophiques IV.*, Desclée.（『音楽論』, 原正幸訳, 『アウグスティヌス著作集』第三巻, 1989 年, 教文館）

Ayer, A. J. 1940. *The Foundation of Empirical Knowledge*. Macmillan Press.

Barrett, J. A. 1999. *The Quantum Mechanics of Minds and Worlds*. Oxford University Press.

Beall, JC. ed. 2003. *Liars and Heaps : New Essays on Paradox*. Oxford University Press.

――――2004. Introduction : At the Intersection of Truth and Falasity. In *The Law of Non-Contadiction : New Philosophical Essays*, ed. by G. Priest, JC. Beall, and B. Armour-Garb. Oxford University Press. 1-19.

Berkeley, G. 1951. *De Motu*. In *The Works of George Berkeley. Volume 4*. ed. A. A. Luce and T. E. Jessop, Thomas Nelson and Sons Ltd.

Black, M. 1937. Vagueness : An exercise in logical analysis. *Philosophy of Science 4* : 427-455.

Bovens, L. and Hartmann, S. 2003. *Bayesian Epistemology*. Oxford University Press.

Burns, L. C. 1991. *Vagueness: An Investigation into Natural Languages and the Sorites Paradox*. Kluwer Academic Publishers.

Call and response (music). 2005. *Wikipedia, the free encyclopedia*. http://en. wikipedia. org/wiki/Call_and_response_ (music)

Campbell, R. 1985. Background for the Uninitiated. In *Paradoxes of Rationality and Cooperation*, ed. R. Campbell and L. Sowden, The University of British Columbia Press.

Carnap, R. 1950. *Logical Foundations of Probability*, 2nd Edition, University of Chicago Press, 1963.

Cartwright, N. 1979. Causal Laws and Effective Strategies. Noûs 13 : 419-437.

———1989. *Nature's Capacities and their Measurement*. Oxford University Press.

Chapman, G. B. and Elstein, A. S. 2000. Cognitive Processes and Biases in Medical Decision Making. In Chapman & Sonnenberg, eds. 2000. 183-210.

Chapman, G. B. and Sonnenberg, F. A. eds. 2000. *Decision Making in Health Care*. Cambridge University Press.

Cohen, L. J. 1989. *An Introduction to the Philosophy of Probability and Induction*, Oxford University Press.

Compact Oxford English Dictionary, Second Edition, Revised. 2000. ed. C. Soanes. Oxford University Press.

Crisp, R. 2004. How to Allocate Health Care Resources : QALYs or the Virtues? A paper read at the University of Tokyo as a special lecture on 14th October 2004. (「医療資源の配分，QALYsか徳か?」麻生享志訳，『死生学研究』2005年秋号所収，21世紀COE「死生学の構築」，東京大学大学院人文社会系研究科，246 (147) -237 (156).)

Cushing, J. 1998. *Philosophical Concepts in Physics*. Cambridge University Press.

Danto, A. C. 1985. *Narration and Knowledge*. Columbia University Press. (本書のもととなった *Analytical Philosophy of History* には，

邦訳『物語としての歴史』（河本英夫訳，国文社，1989年）がある。）
Davidson, D. 1980. *Essays on Actions and Events*. Oxford University Press.（『行為と出来事』，服部裕幸・柴田正良訳，1990年，勁草書房）
Dawid, A. P. 2002. Bayes's Theorem and Weighing Evidence by Juries. In Swinburne, ed. 2002. 71-90.
Dirac, P. A. M. 1930. *The Principles of Quantum Mechanics*, 1st edition. Oxford University Press.
———1958. *The Principles of Quantum Mechanics*, 4th edition. Oxford University Press.
Dray, W. 1957. *Laws and Explanation in History*. Oxford University Press.
———1963. The Historical Explanation of Actions Reconsidered. In *Philosophy and History*, ed. S. Hook. New York University Press. 105-135.
Ducasse, C. J. 1980. On the Nature and the Observability of the Causal Relation. In *Causation and Conditionals*, ed. E. Sosa. Oxford University Press. 114-125.
Dummett, M. 1969. The Reality of the Past. Quoted from Dummett, M. 1978. *Truth and other enigmas*. Harvard University Press. 358-374.（『真理という謎』，藤田晋吾訳，1986年，勁草書房）
———1970. Wang's Paradox. Quoted from Dummett, M. 1978. *Truth and other enigmas*. Harvard University Press. 248-268,
Earman, J. 1992. Bayes or Bust? The MIT Press.
Edgington, D. 1992. Validity, uncertainty and vagueness. *Analysis* 52 : 193-204.
———1995. The logic of uncertainty. *Critica* 27 : 27-54.
———1996. Vagueness by degrees. In Keefe & Smith 1996, 294-316.
Eells, E. 1982. *Rational Decision and Causality*. Cambridge University Press.
———1991. *Probabilistic Causality*. Cambridge University Press.
Eells E. and Sober, E. 1983. Probabilistic Causality and the Ques-

tion of Transitivity. *Philosophy of Science* 50 : 35-57.

Evans, G. 1978. Can there be vague objects? *Analysis* 38 : 208.

Fetzer, J. H. 1981. *Scientific Knowledge : Causation, Explanation, and Corroboration, Boston Studies in the Philosophy of Science,* Vol. 69, D. Reidel.

Feynman, R. 1998. *The Meaning of It All.* Penguin Books.

Fine, K. 1975. Vagueness, truth and logic, *Synthese* 30 : 265-300.

Galavotti, M. C., Suppes, P., and Constantini, D. eds. 2001. *Stochastic Causality.* CSLI publications.

Garber, D. 1983. Old Evidence and Logical Omniscience. *In Testing Scientific Theories,* ed. J. Earman. University of Minnesota Press. 99-131.

Gibbard, A. and Harper, W. L. 1978. Counterfactuals and Two Kinds of Expected Utility. In Harper, Stalnaker, and Pearce, eds. 1981. 153-190.

Gillies, D. 2000. *Philosophical Theories of Probability.* Routledge. (『確率の哲学理論』, 中山智香子訳, 2004 年, 日本経済評論社)

――――2002. Causality, Propensity, and Bayesian Networks. *Synthese* 132 : 63-88.

Glymour, C. 1980. *Theory and Evidence.* Princeton University Press.

Goodman, N. 1978. *Ways of Worldmaking.* Hacket Publishing Company. (『世界制作の方法』, 菅野盾樹・中村雅之訳, 1987 年, みすず書房)

Gorman, J. L. 1998. Objectivity and Truth in History. In *History and Theory : Contemporary Readings,* eds. B. Fay, P. Pomper, and R. T. Vann. Blackwell Publishers Ltd. 320-341.

Graff, D. 2000. Shifting Sands : An Interest-Relative Theory of Vagueness. *Philosophical Topics* 28 : 45-81.

Hacking, I. 2001. *An Introduction to Probability and Inductive Logic.* Cambridge University Press.

Harper, W. L., Stalnaker, R., and Pearce, G. eds. 1981. *Ifs.* D. Reidel.

Hausman, D. M. 1998. *Causal Asymmetries.* Cambridge University

Press.

Heisenberg, W. 1927. Über den anschaulichen Inhalt der quantentheoretischen Kinematik und Mechanik. *Zeitschrift für Physik* 43 : 172-198. (「量子論的な運動学および力学の直観的内容について」, 河辺六男訳, 世界の名著 80『現代の科学 II』所収, 1978 年, 325-355, 中央公論社)

———1930. *The Physical Principles of Quantum Theory*. Dover.

Hempel, C. G. 1942. The Function of General Laws in History. Quoted from *Aspects of Scientific Explanation*, 1970, The Free Press. 231-243.

———1963. Reasons and Covering Laws in Historical Explanation. In *Philosophy and History*, ed. S. Hook. New York University Press. 143-163.

Hesse, M. 1975. Bayesian Methods and the Initial Probabilities of Theories. In *Induction, Probability, and Confirmation*. eds. G. Maxwell and R. M. Anderson. University of Minnesota Press. 50-105.

Hitchcock, C. 1996. Farewell to Binary Causation. *Canadian Journal of Philosophy*, 26 : 267-282.

———2002. Probabilistic causation. In *The Stanford Encyclopedia of Philosophy* (*Fall* 2002 Edition), ed. E. N. Zalta, http://plato.stanford.edu/entries/causation-probabilistic/

Horgan, T. 1994. Robust Vagueness and the Forced-March Sorites Paradox. *Philosophical Perspectives* 8 : *Logic and Language*, 159-88.

Horwich, P. 1982. *Probability and Evidence*. Cambridge University Press.

———1987. *Asymmetries in Time*. The MIT Press.

Howie, D. 2002. *Interpreting Probability*. Cambridge University Press.

Howson, C. 2002. Bayesianism in Statistics. In Swinburne, ed. 2002. 39-69.

Howson, C. and Urbach, P. 1993. *Scientific Reasoning*. Second Edition, Open Court.

Hume, D. 1975. *An Enquiry concerning Human Understanding*. ed. L. A. Selby-Bigge, Third edition by P. H. Nidditch, Oxford University Press. (『人間知性研究』, 斎藤繁雄・一ノ瀬正樹訳, 2004 年, 法政大学出版局)

———1978. *A Treatise of Human Nature*. edited by L. A. Selby-Bigge, second edition revised by P. H. Nidditch, Oxford at the Clarendon Press. (『人性論』1～4 巻, 大槻春彦訳, 1995 年, 岩波文庫)

Humphreys, P. 1985. Why Propensities Cannot Be Probabilities. *The Philosophical Review* 94 : 557-570.

Hunink, M and Glasziou, P. eds. 2001. *Decision Making in Health and Medicine*. Cambridge University Press.

Hyde, D. 2004. Sorites Paradox, In *The Stanford Encyclopedia of Philosophy*, (Fall 2005 Edition), ed E. N. Zalta, http://plato.stanford.edu/entries/sorites-paradox/

Ichinose, M. 1995. Vagueness and Our Linguistic Activity. *Haku-san-Tetsugaku* 29 : i-xxix, Department of Philosophy, Faculty of Literature, Toyo University.

———2004. A Note on Abortion and the Sorites Paradox. *The Journal of Applied Ethics and Philosophy* 2 : 1-9, Department of Philosophy, Graduate School of Humanities and Sociology, The University of Tokyo.

———2005. Does Probability Collapse or Retroact? *Philosophical Studies* 23 : 19-53, Department of Philosophy, Graduate School of Humanities and Sociology, The University of Tokyo.

———2006. Bayesianism, Medical Decisions, and Responsibility. In *The Philosophy of Uncertainty and Medical Decisions. Bulletin of Death and Life Studies Vol. 2*. 21st Century COE Program, Graduate School of Humanities and Sociology, The University of Tokyo. 15-42.

Jaynes, E. T. 2003. *Probability Theory : The Logic of Science*. ed. G. L. Bretthorst, Cambridge University Press.

Jeffrey, R. 1968. Probable Knowledge. Quoted from Jeffrey, R. 1992. *Probability and the Art of Judgment*, Cambridge Universi-

ty Press. 30-43.

———1983. *The Logic of Decision*, Second edition, University of Chicago Press.

Kachi, D. 2006. Is a Decision-Theorist a Friend or Foe of a Bayesian-Theorist? Comments on Professor Ichinose's Paper. In *The Philosophy of Uncertainty and Medical Decisions. Bulletin of Death and Life Studies Vol. 2*. 21st Century COE Program, Graduate School of Humanities and Sociology, The University of Tokyo. 43-45.

Kamp, H. 1981. The paradox of the heap. In *Aspects of Philosophical Logic*. ed. U. Mönnich, D. Reidel, 225-277.

Kaplan, M. 1996. *Decision Theory as Philosophy*. Cambridge University Press.

Keefe, R. and Smith, P. eds. 1996. *Vagueness : A Reader*. The MIT Press.

Keynes, J. M. 1921. *A Treatise on Probability*, Macmillan, 1963.

Klein, M. 1990. *Determinism, Blameworthiness and Deprivation*. Oxford University Press.

Kruse, R., Schwecke, E. and Heinsohn, J. 1991. *Uncertainty and Vagueness in Knowledge Based Systems*. Springer-Verlag.

Lewis, D. 1970. General Semantics. *Synthese* 22 : 18-67.

———1976. Probabilities of Conditionals and Conditional Probabilities. In Harper, Stalnaker, and Pearce, eds. 1981. 129-147.

———1986. A Subjectivist's Guide to Objective Chance. In *Philosophical Papers, Volume II*, Oxford University Press.

Logue, J. 1995. *Projective Probability*. Oxford University Press.

Machina, K. F. 1976. Truth, belief and vagueness. Quoted from Keefe & Smith 1996, 174-203.

Mackie, J. L. 1974. *The Cement of the Universe : A Study of Causation*. Oxford University Press.

———1985. Newcomb's Paradox and the Direction of Causation. In Mackie, J. L. *Logic and Knowledge*, Oxford University Press. 145-158.

McCullagh, C. B. 1984. *Justifying Historical Descriptions*. Cambridge

University Press.
McCurdy, C. S. 1996. Humphreys' Paradox and the Interpretation of Inverse Conditional Propensities. *Synthese* 108 : 105-125.
Mellor, D. H. 1995. *The Facts of Causation*, Routledge.
———2003. What does decision theory tell us? A paper read at the University of Tokyo as a special lecture on 7th October 2003. (「意思決定理論は何を語るのか」鈴木聡・岩本敦訳,『死生学研究』2004年春号所収, 21世紀COE「死生学の構築」, 東京大学大学院人文社会系研究科, 265 (126)-249 (142).)
Milne, P. 1986. Can There be a Realist Single-Case Interpretation of Probability? *Erkenntnis* 25 : 129-132.
Miller, R. A. and Geissbuhler, A. 1999. Clinical Diagnostic Decision Support System : An Overview. In *Clinical Decision Support System*, ed. E. S. Berner. Springer. 3-34.
Niiniluoto, I. 1988. Probability, Possibility, and Plentitude. In *Probability and Causality*, ed. J. H.. Fetzer, D. Reidel. 91-108.
Nozick, R. 1985. Newcomb's Problem and Two Principles of Choices. In *Paradoxes of Rationality and Cooperation*, ed. R. Campbell and L. Sowden, The University of British Columbia Press. 107-133.
———1993. *The Nature of Rationality*. Princeton University Press.
Osada, R. 2005, Fitch's Argument and the Knowability Principle as the Principle concerning Truth of Judgment. *Philosophical Studies* 23 : 321-329, Department of Philosophy, Graduate School of Humanities and Sociology, The University of Tokyo.
Papineau, D. 2001. Metaphysics over Methodology-or, Why Infidelity Provides No Grounds to Divorce Causes from Probabilities. In Galavotti, Suppes, and Constantini, eds. 2001, 15-38.
Passmore, J. 1974. The Objectivity of History. In *The Philosophy of History*, ed. P. Gardiner. Oxford University Press. 145-160.
Paty, M. 2001. Physical Quantum States and the Meaning of Probability. In Galavotti, Suppes, and Constantini, eds. 2001, 235-255.
Peacocke, C. 1999. *Being Known*. Oxford University Press.

Pearl, J. 1988. *Probabilistic Reasoning in Intelligent Systems*. Revised Second Edition. Morgan Kaufmann Publishers.

Peirce, C.S. 1986. *Writings of Charles S. Peirce*, vol. 3. Indiana University Press.

Pennock, R, T. 2004. Bayesianism, Ravens, and Evidential Relevance. *Annals of the Japan Association for Philosophy of Science*, 13. 1 : 1-26.

Polkinghorne, J. 2002. *Quantum Theory : A Very Short Introduction*. Oxford University Press.

Popper, K. 1959. *The Logic of Scientific Discovery*. Harper Torchbooks.（『科学的発見の論理』上・下，大内義一・森博訳，1971-2 年，恒星社厚生閣）

――――1963. *Conjectures and Refutations*. Routledge.（『推測と反駁』，藤本隆志・石垣壽郎・森博訳，1980 年，法政大学出版局）

――――1982. *Quantum Theory and the Schism in Physics*. Routledge.（『量子論と物理学の分裂』，小河原誠・蔭山泰之・篠崎研二訳，2003 年，岩波書店）

Priest, G. 1986. Contradiction, belief and rationality. *Proceedings of the Aristotelian Society* 86 : 99-116.

――――2001. *An Introduction to Non-Classical Logic*. Cambridge University Press.

――――2003. A Site for Sorites. In Beall, ed. 2003, 9-23.

Priest, G. and Tanaka, K. 2004. Paraconsistent Logic. In *The Stanford Encyclopedia of Philosophy* (Winter 2004 Edition), ed. E.N. Zalta, http://plato. stanford. edu/entries/logic-paraconsistent/

Quine W.V.O. 1981. What price bivalence? *Journal of Philosophy* 77 : 90-95.

Raffman, D. 1994. Vagueness Without Paradox. *The Philosophical Review* 103 : 41-74.

Ramsey, F.P. 1990. *Philosophical Papers*. ed. D.H. Mellor, Cambridge University Press.（『ラムジー哲学論文集』，伊藤邦武・橋本康二訳，1996 年，勁草書房）

Redmayne, M. 2001. *Expert Evidence and Criminal Justice*. Oxford University Press.

Rescher, R. and Joynt, B. 1959. On Explanation in History. *Mind*, vol. 68.
Resnik, M. D. 1987. *Choices : An Introduction to Decision Theory*. University of Minnesota Press.
Russell, B. 1971. *The Analysis of Mind*. Allen & Unwin. (『心の分析』, 竹尾治一郎訳, 1993年, 勁草書房)
Sainsbury, R. M. 1988. *Paradoxes*. Cambridge University Press. (『パラドックスの哲学』, 一ノ瀬正樹訳, 1993年, 勁草書房)
――――1989. What is a vague object? *Analysis* 49 : 99-103.
――――1990. *Concepts without boundaries*, an Inaugural Lecture at King's College London. Quoted from Keefe & Smith 1996, 251-264.
Salmon, W. C. 1979. Propensities : a Discussion Review of D. H. Mellor *The Matter of Chance*. *Erkenntnis* 14 : 183-216.
――――1984. *Scientific Explanation and the Causal Structure of the World*. Princeton University Press.
Schopenhauer, A. 1977. *Über die vierfache Wurzel des Satzes vom zureichenden Grunde*. In *Arthur Schopenhauer Zurcher Ausgabe. Band V. Kleinere Schriften I*. Diogenes.
Schopp, R. F. 1991. *Automatism, Insanity, and the Psychology of Criminal Responsibility*. Cambridge University Press.
Shapiro, S. 2003. Vagueness and Conversation. In Beall, ed, 2003, 39-72.
Singer, P. 1993. *Practical Ethics*, second edition. Cambridge University Press. (『実践の倫理』, 山内友三郎・塚崎智監訳, 1999年, 昭和堂)
Skyrms, B. 1978. The Prior Propensity Account of Subjunctive Conditionals, In Harper, Stalnaker, and Pearce, eds. 1981, 41-55.
――――1990. Ratifiability and Logic of Decision, In *Philosophy and the Human Science, eds.* P. French, T. Uehling and H. Wettstein. *Midwest Studies in Philosophy* Vol. 15. Notre Dame University Press. 44-56.
Soames, S. 1999. *Understanding Truth*. Oxford University Press.
――――2002. Replies. *Philosophy and Phenomenological Research*

65 : 429-452.

Sober, E. 2002. Bayesianism-its Scope and Limits. In Swinburne. ed. 2002.

Sorensen, R. 2001. *Vagueness and Contradiction*. Oxford University Press.

Stalnaker, R. 1968. A Theory of Conditionals. In Harper, Stalnaker, and Pearce, eds. 1981. 41-55.

———1970. Probability and Conditionals. In Harper, Stalnaker, and Pearce, eds. 1981. 107-128.

Stanley, J. 2003. Context, interest relativity and the sorites. *Analysis* 63. 4 : 269-280.

Sucar, L. E., Gillies, D. F. and Gillies, D. A. 1993. Objective Probabilities in Expert Systems. *Artificial Intelligence* 61 : 187-203.

Suppes, P. 1970. *A Probabilistic Theory of Causality*. North-Holland Publishing Company.

———2001. Weak and Strong Reversibility of Causal Processes. In Galavotti, Suppes, and Constantini, eds. 2001, 203-220.

Swinburne, R. ed. 2002. *Bayes's Theorem*. Oxford University Press.

Talbott, W. 2001, Bayesian Epistemology. In *The Stanford Encyclopedia of Philosophy* (Fall 2001 Edition), ed. E. N. Zalta, http://plato. stanford. edu / archives / fall 2001 / entries / epistemology - bayesian/〉.

Tooley, M. 1983. *Abortion and Infanticide*. Oxford University Press.

———1997. *Time, Tense, and Causation*. Oxford University Press.

Tversky, A. and Kahneman, D. 1974. Judgment under Uncertainty : Heuristics and Biases. *Science* 185 : 1124-1131.

Twardy, C. R. and Korb, K. B. 2003. A Criterion of Probabilistic Causality. http://www. csse. monash. edu. au/~korb/probcause. pdf

Tye, M. 1994. Sorites paradoxes and the semantics of vagueness. Quoted from Keefe & Smith 1996, 281-293.

Van Fraassen, B. C. 1968. Presuppositions, implication, and self-reference. *Journal of Philosophy* 65 : 136-152.

———1988. The Problem of Old Evidence. In *Philosophical Analy-*

sis: A Defense of Example, ed. D. Austin, D. Kluwer. 153-165.

Von Mises, R. 1957. *Probability, Statistics and Truth*. Dover Publications.

Weinstein, M. S. and Fineberg, H. V. 1980. *Clinical Decision Analysis*. W. B. Saunders Company.（『臨床決断分析——医療における意思決定理論』，日野原重明・福井次矢監訳，1992年，医歯薬出版株式会社）

Williamson, J. 2005. *Bayesian Nets and Causality*. Oxford University Press.

Williamson, T. 1994. *Vagueness*. Routledge.

———2000. *Knowledge and its Limits*. Oxford University Press.

Wright, C. 1975. On the coherence of vague predicates. *Synthese* 30: 325-365.

Zimmerman, D. W. 1998. Temporary Intrinsics and Presentism. In *Metaphysics*, ed. P. van Inwagen and D. W. Zimmerman, Blackwell, 206-220.

邦文文献

池内友次郎・野村良雄・服部幸三・皆川達夫（編）1977.『新音楽辞典』，音楽之友社

石川核（校訂）1935.『源平盛衰記』上巻，有朋堂書店

伊藤邦武 1997.『人間的な合理性の哲学——パスカルから現代まで』，勁草書房

市川伸一 1998.『確率の理解を探る——3囚人問題とその周辺』，共立出版株式会社

一ノ瀬正樹 1999.「音楽化された認識論に向けて」，『感覚——世界の境界線』，河本英夫・佐藤康邦編，165-199，白菁社

———2001.『原因と結果の迷宮』，勁草書房

———2002.「偶然性」，『哲学の木』，279-281，講談社

———2004.「ウイリアムソン哲学の知識第一説——認識説・反明輝性・証拠的条件づけ」，『哲学研究論集』第1号，1-17，東京大学大学院人文社会系研究科哲学研究室

———2005a.「曖昧性の浸潤——ソライティーズの因果説の試み」，『哲学研究論集』第2号，1-42，東京大学大学院人文社会系研究科哲

学研究室
————2005b.「歴史認識における因果と確率」,『哲学』第56号, 日本哲学会編, 42-62, 法政大学出版局
————2005c.「自由・偶然・必然――ヒューム因果論が遭遇する暗黒」,『ヒューム読本』, 中才敏郎編, 61-85, 法政大学出版局
————2005d.「ベイズ的認識論の可能性――医療的意思決定を視野に入れて」,『思想』第976号(2005年8月号), 106-124, 岩波書店
————2005e.「自然主義的認識論のゆらぎ――制度と曖昧性をめぐる考察」,『自然主義と反自然主義』, 哲学会, 1-28, 有斐閣
————2006.「「ソライティーズ・パラドックス」をめぐる確率と因果」,『論集』第24号, 20-39, 東京大学大学院人文社会系研究科哲学研究室
大塚公子 1993.『死刑執行人の苦悩』, 角川文庫
大橋良介 2005.『聞くこととしての歴史――歴史の完成とその構造』, 名古屋大学出版会
大森荘蔵 1992.『時間と自我』, 青土社
鎌江伊三夫 2005.「患者中心医療における意思決定――ベイズ主義の適用と限界」,『思想』第976号(2005年8月号), 78-96, 岩波書店
カント, I. 2005.『純粋理性批判』上・中・下, 原佑訳・渡邊二郎補訂, 平凡社
黒田亘 1992.『行為と規範』, 勁草書房
小島寛之 2004.『確率的発想法』, NHK ブックス
後藤丈志 2005.「音階について」, http://www.ma.noda.tus.ac.jp/u/tg/scale.html
桜井雅人 1993.「黒人霊歌とその起源論争」,『一橋論叢』第109巻第3号, 317-335, 一橋大学一橋学会
ジェンキンズ, K. 2005.『歴史を考えなおす』, 岡本充弘訳, 法政大学出版局
関幸彦 2001.『源頼朝――鎌倉殿誕生』, PHP 新書
竹村和久・吉川肇子・藤井聡 2004.「不確実性の分類とリスク評価――理論枠組の提案」,『社会技術研究論文集』Vol. 2, 12-20, 社会技術研究会
戸田山和久 2005.『科学哲学の冒険――サイエンスの目的と方法をさぐる』, NHK ブックス

ドレツキ，F. 2005.『行動を説明する——因果の世界における理由』，水本正晴訳，勁草書房
中島信之 2004.「あいまいさ vagueness の系譜を尋ねて」，http://www3. toyama-u. ac. jp/~nakanobu/vagueness04. pdf
野家啓一 2005.『物語の哲学』，岩波現代文庫
浜田寿美男 2004.『取調室の心理学』，平凡社新書
広田すみれ・増田真也・坂上貴之（編著）2002.『心理学が描くリスクの世界——行動的意思決定入門』，慶應義塾大学出版会
保立道久 2004.『義経の登場』，NHK ブックス
村上勝三 2005.『数学あるいは存在の重み——デカルト研究 2』，知泉書館
吉満昭宏 2003.「高階の曖昧性の概念そのものについて」，*Nagoya Journal of Philosophy* 2 : 55-74. Nagoya University.
渡辺保 1961.『北条政子』，日本歴史学会編集，吉川弘文館

著者略歴

1957 年　土浦市に生まれる
1988 年　東京大学大学院人文科学研究科哲学専攻博士課程単位修得
博士（文学）
2011 年　オックスフォード大学 Hanorary Fellow（現在に至る）
現　在　東京大学大学院人文社会系研究科・文学部教授
第 10 回和辻哲郎文化賞および第 6 回中村元賞受賞
著　書　『人格知識論の生成――ジョン・ロックの瞬間』（東京大学出版会）
『原因と結果の迷宮』（勁草書房）
『死の所有』（東京大学出版会）
『確率と曖昧性の哲学』（岩波書店）
“Normativity, probability, and meta-vagueness”（*Synthese,* DOI: 10.1007/s11229-015-0950-7）ほか

原因と理由の迷宮
「なぜならば」の哲学　　双書エニグマ⑪

2006 年 5 月 12 日　第 1 版第 1 刷発行
2017 年 5 月 20 日　第 1 版第 2 刷発行

著 者　一《いち》ノ《の》瀬《せ》正《まさ》樹《き》

発行者　井 村 寿 人

発行所　株式会社　勁《けい》 草《そう》 書 房

112-0005 東京都文京区水道 2-1-1　振替 00150-2-175253
（編集）電話 03-3815-5277／FAX 03-3814-6968
（営業）電話 03-3814-6861／FAX 03-3814-6854
大日本法令印刷・松岳社

ISBN 978-4-326-19914-3　　Printed in Japan